Die Europäisierung der Normdurchsetzung im Marktmissbrauchsrecht

Europäische Hochschulschriften

European University Studies

Publications Universitaires Européennes

Reihe II **Rechtswissenschaft**

Series II Law

Série II Droit

Band/Volume **6031**

Christian Altenhofen

Die Europäisierung der Normdurchsetzung im Marktmissbrauchsrecht

PETER LANG

Bibliografische Information der Deutschen Nationalbibliothek
Die Deutsche Nationalbibliothek verzeichnet diese Publikation in der Deutschen Nationalbibliografie; detaillierte bibliografische Daten sind im Internet über http://dnb.d-nb.de abrufbar.

Zugl.: Passau, Univ., Diss., 2018

D-739
ISBN 978-3-631-75941-7 (PRINT)
ISBN 978-3-631-75998-1 (E-PDF)
ISBN 978-3-631-75999-8 (E-PUB)
ISBN 978-3-631-76000-0 (MOBI)

DOI 10.3726 / b14613

Peter Lang – Berlin · Bern · Bruxelles · New York · Oxford · Warszawa · Wien

Diese Publikation wurde begutachtet.

www.peterlang.com

Inhaltsverzeichnis

Einleitung 17

1. Kapitel: Anlass der Untersuchung 17

§ 1 Neue Vorgaben durch das Europäische Unionsrecht 17

A. Die Marktmissbrauchsverordnung 18

B. Die Rechtsprechung des EuGH zum Wettbewerbsrecht 19

§ 2 Fälle von Marktmissbrauch aus der Praxis 20

2. Kapitel: Gang der Darstellung 22

3. Kapitel: Untersuchungsgegenstand und Terminologie 22

4. Kapitel: Zielsetzung 24

Erster Teil: Grundlagen 25

1. Kapitel: Aktuelle Fallbeispiele 25

§ 1 Der Libor-Skandal der Deutschen Bank 26

§ 2 Vorwurf des Insiderhandels gegen den Deutsche-Börse-Vorstandsvorsitzenden Carsten Kengeter 27

§ 3 Der VW-Abgasskandal 28

2. Kapitel: Das „Warum“ der Normdurchsetzung 31

§ 1 Die Funktionen des Kapitalmarktes 31

A. Finanzierungsfunktion des Kapitalmarktes 31

I. Liquiditätssicherung am Primärmarkt 32

II. Bessere Bewertungsmöglichkeit des Unternehmens 32

III. Portfoliooptimierung für Anleger 33

IV. Vermeidung von Signaling-Kosten für Konkurrenten 33

B. Unternehmenskontrolle 33

I. Principal-agent conflict 33

II. Das Board of Directors in den USA 36

III. Externe Kontrolle auch in Deutschland? 37

§ 2 Ökonomische Theorie 38
A. Die Neue Institutionenökonomik 38
B. Informationsarbitragemodell 39
C. Notwendigkeit staatlicher Regulierung 40
§ 3 Folgerungen für die rechtswissenschaftliche Untersuchung 42
3. Kapitel: Das „Wie“ der Normdurchsetzung 43
§ 1 Verwaltungsrechtliche Normdurchsetzung 43
§ 2 Strafrechtliche Normdurchsetzung 44
§ 3 Privatrechtliche Normdurchsetzung 45
A. Ausgleichsfunktion 45
B. Strafe 47
C. Prävention 48
§ 4 Fazit 49

Zweiter Teil: Normdurchsetzung bei Marktmissbrauch nach bisherigem Verständnis - kritische Bestandsaufnahme 51

1. Kapitel: Die Rechtsfolgen bei Marktmanipulation 51
§ 1 Strafrechtliche Sanktionen 51
§ 2 Aufsichtsrechtliche Sanktionen 52
A. Aufgaben und Befugnisse 52
B. Festsetzung von Bußgeldern 53
§ 3 Zivilrechtliche Sanktionen 54
A. Schadensersatzansprüche der Anleger 54
I. Ansprüche gem. § 823 Abs. 2 BGB i. V. m. Schutzgesetzverletzung 54
1. Die Schutzgesetzeigenschaft verneinend 54
2. Die Schutzgesetzeigenschaft bejahend 56
3. Die IKB-Entscheidung des XI. Zivilsenats 57
4. Stellungnahme 58
a) Die Kompensationsfunktion des Schadensersatzes 58
b) Deliktische Haftung bei reinen Vermögensschäden 60

c) Die Haftung im deliktsrechtlichen Gesamtsystem ... 60
aa) Die Funktion von § 826 BGB im deliktsrechtlichen Gesamtkonzept ... 60
bb) Das Vorsatzerfordernis ... 62
d) Zwischenergebnis ... 64
5. Rechtsfolge: Der zu ersetzende Schaden ... 64
a) Der Kursdifferenzschaden ... 65
aa) Der maßgebliche Zeitpunkt für die Berechnung des Schadens ... 65
bb) Berechnung des Kursdifferenzschadens ... 65
b) Der Vertragsabschlussschaden (negatives Interesse) ... 66
6. Adressat der Haftung ... 66
a) Die Haftung des Unternehmensträgers ... 66
b) Die Haftung der Organwalter ... 67
aa) Haftung des Vorstands für Vorsatzdelikte, unmittelbare Verletzungshandlungen und Schutzgesetzverletzungen ... 67
bb) Haftung des Vorstands für Verkehrspflichtverletzungen ... 68
(1) Die Befürworter einer Haftung im Innenverhältnis ... 68
(2) Die Befürworter einer Haftung (auch) im Außenverhältnis ... 69
cc) Haftung des Aufsichtsrates ... 71
7. Ergebnis ... 71
II. Ansprüche gem. § 826 BGB ... 71
III. Ansprüche gem. §§ 37b, c WpHG a. F. ... 71
B. Schadensersatzansprüche des Emittenten ... 72
I. Ansprüche aus § 823 I BGB in Verbindung mit den Grundsätzen des eingerichteten und ausgeübten Gewerbebetriebs ... 72
II. Ansprüche gem. § 823 Abs. 2 BGB i. V. m. Schutzgesetzverletzung ... 73
III. Ansprüche gem. § 824 BGB ... 73
IV. Ansprüche gem. § 826 BGB ... 73
C. Nichtigkeit des zugrunde liegenden Vertragsverhältnisses ... 74
§ 4 Zusammenfassung mit Blick auf die Normdurchsetzung ... 74

2. Kapitel: Die Rechtsfolgen bei Insidergeschäften ... 74
§ 1 Strafrechtliche Folgen ... 74
A. Primär- und Sekundärinsider ... 74
B. Rechtsfolgen ... 76
§ 2 Verwaltungsrechtliche Konsequenzen (insbesondere Geldbußen) ... 76
§ 3 Zivilrechtliche Folgen ... 77
A. Schadensersatzansprüche beim Börsenumsatzgeschäft ... 78
I. § 823 Abs. 2 i. V. m. § 14 WpHG a. F. ... 78
1. Die Befürworter einer Haftung ... 78
2. Die herrschende Gegenansicht ... 78
3. Der differenzierende Ansatz ... 79
4. Stellungnahme ... 80
a) Keine Abgrenzbarkeit des geschützten Personenkreises ... 80
b) Kein Schaden der Anleger ... 81
c) Das Fehlen von Kausalität ... 84
II. § 826 BGB ... 85
III. Exkurs: Sonstige zivilrechtliche Rechtsfolgen ... 85
B. Rechtsfolgen beim Face-to-Face-Geschäft ... 86
I. Schadensersatzansprüche ... 86
1. Deliktische Ansprüche ... 86
2. Haftung aus culpa in contrahendo (c. i. c.) ... 86
a) Haftung aus c. i. c. bei Insiderhandel nach Ansicht der Literatur ... 86
b) Stellungnahme ... 86
II. Sonstige Rechtsfolgen ... 87
1. Nichtigkeit gemäß § 134 BGB ... 87
2. Nichtigkeit gemäß § 138 BGB ... 88
3. Anfechtbarkeit ... 89
C. Ergebnis ... 89
§ 4 Zusammenfassung mit Blick auf die Normdurchsetzung ... 89
3. Kapitel: Die Rechtsfolgen bei Verstößen gegen die Ad-hoc-Publizitätspflicht ... 90
§ 1 Strafrechtliche Konsequenzen ... 90

§ 2 Verwaltungsrechtliche Sanktionen 90
§ 3 Zivilrechtliche Folgen 91
A. Die Haftung nach §§ 37b, c WpHG 91
I. Aktivlegitimation und Pflichtverletzung 91
II. Verschulden 92
III. Schadensersatz 92
1. Kursdifferenzschaden 93
2. Rückabwicklung der Transaktion (Vertragsabschlussschaden) 93
3. Wahl des Geschädigten zwischen Rückabwicklung der Transaktion und Kursdifferenzschaden 94
4. Stellungnahme 94
IV. Haftungsadressat 95
B. Kritische Auseinandersetzung mit der Haftung nach §§ 37b, c WpHG a. F. 95
I. Kritik an den §§ 37b, c WpHG a. F. aus der Literatur 95
1. Missbrauchsgefahr 95
2. Gesamtwirtschaftliche und individuelle Überkompensation 96
3. Die Ungleichbehandlung der in-and-out traders 99
4. Verstoß gegen das Verbot des Erwerbs eigener Aktien (§ 71 AktG)? 100
5. Die Verlagerung des allgemeinen Marktrisikos auf den Emittenten 100
II. Stellungnahme 101
1. Schützenswertes Vertrauen bei Verstößen gegen die Ad-hoc-Mitteilungspflicht? 101
2. Ungerechtfertigte Ungleichbehandlung der Anleger 104
a) Der Schaden der Altanleger 105
b) Ungerechtfertigte Schlechterstellung der Altanleger 106
c) Friktionen im Normdurchsetzungsgefüge 107
C. Weitere zivilrechtliche Anspruchsgrundlagen 110
I. Bürgerlich-rechtliche Prospekthaftung 110
II. § 823 Abs. 2 BGB i. V. m. Verletzung eines Schutzgesetzes 111

III. § 826 BGB ... 112
D. Ergebnis ... 113
§ 4 Zusammenfassung mit Blick auf die Normdurchsetzung ... 113
4. Kapitel: Zusammenfassung der Ergebnisse ... 114

Dritter Teil: Das „europäische" Normdurchsetzungsmodell ... 117

1. Kapitel: Die Neuerungen nach der Marktmissbrauchsverordnung ... 117
§ 1 Die neue Rechtslage bei Marktmanipulation (Art. 15 i. V. m. Art. 12 MMVO) ... 117
A. Verwaltungsrechtliche Befugnisse und Sanktionen ... 117
I. Die Befugnisse der BaFin nach neuer Rechtslage ... 117
II. Bußgelder ... 120
B. Strafrechtliche Sanktionen ... 121
C. Zivilrechtliche Rechtsfolgen ... 122
D. Sonstige Neuerungen ... 122
I. Beteiligung der Marktteilnehmer sonstiger Wirtschaftsakteure ... 122
II. Das Whistleblowing ... 122
§ 2 Die neue Rechtslage beim Insiderhandel ... 124
A. Verwaltungsrechtliche Befugnisse und Sanktionen ... 124
B. Strafrechtliche Sanktionen ... 125
C. Zivilrechtliche Rechtsfolgen ... 125
§ 3 Die neue Rechtslage bei Verstößen gegen die Ad-hoc-Mitteilungspflicht ... 126
A. Verwaltungsrechtliche Befugnisse und Sanktionen ... 126
B. Strafrechtliche Sanktionen ... 126
C. Zivilrechtliche Rechtsfolgen ... 126
§ 4 Zusammenfassung ... 126
2. Kapitel: Die Rechtsprechung des EuGH zum Lauterkeitsrecht ... 127
§ 1 Die Rechtsprechung des EuGH zum Kartell- und Lauterkeitsrecht ... 128
A. Francovich ... 128
B. Courage ... 129
C. Manfredi ... 131

D. Muñoz 132
E. Pfleiderer und Donau Chemie 133
F. Kone 134
G. Zusammenfassung 135
§ 2 Übertragbarkeit der EuGH-Rechtsprechung auf das Kapitalmarktrecht? 136
A. Die Befürworter einer Übertragung der Rechtsprechungsgrundsätze 136
B. Die Gegenstimmen 136
C. Stellungnahme 138
I. Zu den Argumenten gegen eine Übertragung 138
1. Die Entstehungsgeschichte der MMVO 138
a) Der historische Hintergrund der MMVO 138
b) Der De-Larosière-Bericht 139
c) Stellungnahme der Europäischen Kommission 142
d) Fazit 143
2. Mögliche Überabschreckung? 145
3. Das Whistleblowing 145
II. Rechtliche Kriterien hinsichtlich der Übertragbarkeit 146
1. Ineffizienz des bestehenden Regelungssystems 146
a) Abhängigkeit von politischen Einflüssen und Interessen 147
b) Aufklärungskosten 147
c) Konzentration auf bedeutsame Fälle 149
d) Die persönliche Komponente der öffentlich-rechtlichen Normdurchsetzung 149
2. Voraussetzungen der funktionalen Subjektivierung 150
a) Durchsetzungskosten 150
b) Leitbild des Homo oeconomicus 151
c) Wahrnehmung des Anreizes 152
d) Fazit 153
§ 3 Folgen für die Normdurchsetzung 153
A. Die neue, „europäisierte“ Perspektive 154

I. Aufgabe der Schutznormtheorie für das Marktmissbrauchsrecht 154
II. Kriterien für den Schadensersatzanspruch 155
B. Exkurs: Regulierungstheoretische Möglichkeit der Normdurchsetzung durch Private 156
§ 4 Zusammenfassung 158
3. Kapitel: Die Auswirkungen auf die Rechtslage im Konkreten 159
§ 1 Privatrechtliche Normdurchsetzung bei Marktmanipulation – Haftung gem. § 823 Abs. 2 BGB 160
A. Die Schutzgesetzeigenschaft des Art. 15 MMVO 160
I. Wortlaut und Wille des Gesetzgebers – Begründung der Schutzgesetzeigenschaft vor dem Hintergrund der Schutznormtheorie 161
1. Wortlaut und Gesetzessystematik von Art. 15 MMVO 161
2. Art. 1 MMVO 161
3. Die Erwägungsgründe der MMVO 162
a) Die Erwägungsgründe der Richtlinie 162
b) Die Erwägungsgründe der MMVO 163
4. Fazit 164
II. Teleologische Betrachtung im Lichte des unionsrechtlichen Effektivitätsgrundsatzes 164
1. Funktionale Auslegung als alleiniger Maßstab für die Auslegung des § 823 Abs. 2 BGB 165
2. Beschränkung auf informationsgestützte Marktmanipulation? 165
3. Ansprüche des Emittenten und mittelbar Geschädigter 167
III. Ergebnis 168
B. Schaden 169
I. Effektivitätsgrundsatz 169
II. Äquivalenzgebot 170
III. Ergebnis 171
C. Kausalität 172
I. Kausalität beim Kursdifferenzschaden 172
II. Kausalität und Vertragsabschlussschaden 172

D. Verschulden ... 173
E. Haftungsadressat ... 174
F. Zusammenfassung ... 174
§ 2 Privatrechtliche Normdurchsetzung bei verbotenem Insiderhandel – Haftung gem. § 823 Abs. 2 BGB ... 174
A. Die Schutzgesetzeigenschaft des Art. 14 MMVO ... 175
I. Paradigmenwechsel in der Literatur ... 175
II. Stellungnahme ... 175
B. Schaden ... 176
I. Kursdifferenz- und Vertragsabschlussschaden ... 176
II. Differenzierungsvorschläge aus der Literatur ... 177
1. Die Unterscheidung zwischen Informationshändlern und anderen Marktteilnehmern ... 178
2. Die Begrenzung auf positive Informationen ... 179
III. Ergebnis ... 182
C. Kausalität ... 182
I. Rechtmäßiges Alternativverhalten ... 182
II. Vorteilsanrechnung ... 183
III. Zwischenergebnis ... 184
D. Verschulden ... 184
E. Haftungsadressat ... 185
F. Zusammenfassung ... 185
§ 3 Privatrechtliche Normdurchsetzung bei Verstoß gegen die Ad-hoc-Mitteilungspflicht ... 186
A. Haftung gemäß §§ 37b, c WpHG ... 186
I. Schaden ... 186
II. Kausalität ... 187
III. Ergebnis ... 187
B. Haftung gem. § 823 Abs. 2 BGB – Die Schutzgesetzeigenschaft des Art. 17 MMVO ... 188
I. Verschuldensmaßstab ... 188
1. Der Verschuldensmaßstab vor dem Hintergrund des Effektivitätsgrundsatzes ... 188

a) Zukünftige Ereignisse 189
b) Mehrstufige Entscheidungsprozesse 191
c) Kursrelevanz 192
d) Zwischenergebnis 195
2. Der Verschuldensmaßstab im Lichte des Äquivalenzgrundsatzes 195
II. Außenhaftung der Organe 195
1. Organhaftung vor dem Hintergrund des Effektivitätsgrundsatzes 196
2. Außenhaftung im Lichte des Äquivalenzgrundsatzes 196
III. Ergebnis 196
C. Fazit 197

4. Kapitel: Zusammenfassung 197

Vierter Teil: Europäisierung ohne Ausweg? 199

1. Kapitel: Vorteile der öffentlich-rechtlichen Normdurchsetzung 199
§ 1 Steuerung durch Schaffen gezielter Anreize 200
§ 2 Stabilisierung und Kontinuität durch behördliche Kontrolle 200
§ 3 Dauer der Normdurchsetzung 201
§ 4 Bessere Aufklärungsmöglichkeiten 201
§ 5 Ergebnis 203

2. Kapitel: Beseitigung der Schwächen des bisherigen Normdurchsetzungssystems 203
§ 1 Die Höhe der Bußgelder 203
A. Erhöhung der Bußgelder 203
B. Exkurs: Verhältnismäßigkeit der hohen Bußgelder 204
I. Kritik der Literatur 204
II. Stellungnahme 205
§ 2 Die Erhöhung der Entdeckungswahrscheinlichkeit 206
A. Der dezentrale Ansatz des EuGH 207
B. Whistleblowing – ohne finanziellen Anreiz 207
I. Die allgemeine Bedeutung von Whistleblowing für die Aufklärung von Marktmissbrauch 207

II. Keine finanziellen Anreize ... 208
III. Stellungnahme ... 209
IV. Ergebnis ... 211
§ 3 Ergebnis ... 211

Zusammenfassung – zugleich Maßnahmenkatalog zur Effektuierung des bisherigen Normdurchsetzungsansatzes ... 213

Literaturverzeichnis ... 217

Einleitung

In seiner Grundsatzentscheidung aus dem Jahr 2011 entschied der XI. Zivilsenat des BGH, dass das Verbot der Marktmanipulation gemäß § 20a Abs. 1 S. 1 Nr. 1 WpHG a. F. kein Schutzgesetz im Sinne des § 823 Abs. 2 BGB sei.[1] Die Literatur diskutierte die Frage nach der Schutzgesetzeigenschaft des § 20a Abs. 1 S. 1 Nr. 1 WpHG a. F. zuvor bereits kontrovers, wobei sie von der herrschenden Ansicht mit unterschiedlicher Begründung verneint wurde.[2] Ebenfalls wurde die Schutzgesetzeigenschaft von § 14 WpHG a. F., der Insidergeschäfte verbot, von weiten Teilen der Literatur abgelehnt.[3] Die Frage nach der Schutzgesetzqualität von § 15 WpHG a. F. stellte sich angesichts der Regelung des § 15 Abs. 6 S. 1 WpHG a. F. erst gar nicht, der einen Schadensersatzanspruch wegen Verstoß gegen die Ad-hoc-Mitteilungspflicht nur unter den Voraussetzungen der §§ 37b, c WpHG a. F. vorsah.[4]

Abgesehen von den §§ 37b, c WpHG a. F. und der deliktischen „Generalklausel"[5] in § 826 BGB standen den Geschädigten somit nach bisheriger Rechtslage im Falle von Marktmissbrauch[6] keine Schadensersatzansprüche zur Verfügung. Bedenkt man, dass § 826 BGB aufgrund seiner hohen tatbestandlichen Anforderungen nur auf Ausnahmefälle beschränkt ist[7] und die §§ 37b, c WpHG – wie sich noch zeigen wird – ersatzlos zu streichen sind, besteht im deutschen Recht faktisch keine zivilrechtliche Haftung bei Marktmissbrauch.

1. Kapitel: Anlass der Untersuchung

Es lohnt sich, diese bisher geltende Rechtslage aus zwei Gründen kritisch zu überprüfen.

§ 1 Neue Vorgaben durch das Europäische Unionsrecht

In Deutschland erhält die Diskussion um zivilrechtliche Schadensersatzansprüche im Falle von Marktmissbrauch frischen Wind, zum einen durch die neu in

1 BGH v. 13.12.2011, XI ZR 51/10, BGHZ 192, 90 (97 ff.) = NJW 2012, 1800 – IKB.
2 Vgl. statt vieler *Vogel*, in: Assmann/Schneider, WpHG, § 20a Rn. 31.
3 Vgl. nur *Schwark/Kruse*, in: Schwark/Zimmer, KmRK, § 14 Rn. 5.
4 BGHZ 160, 134 (146) = NJW 2004, 2664 (2667) = ZIP 2004, 1599 – Infomatec.
5 *von Caemmerer*, in: FS 100 Jahre Deutscher Juristentag, Bd. II, S. 49 (67 f.).
6 Siehe zu dem hier verwendeten Oberbegriff ausführlich unten Einleitung, 3. Kapitel.
7 Vgl. *Poelzig*, ZGR 2015, 801 (804).

Kraft getretene Marktmissbrauchsverordnung (MMVO),[8] zum anderen durch die Rechtsprechung des Europäischen Gerichtshofs (EuGH) zum Wettbewerbsrecht, die dort eine zivilrechtliche Durchsetzung der Regelungen für zwingend notwendig hält und deren Leitgedanken nach Ansicht einiger Literaturstimmen auf das Kapitalmarktrecht zu übertragen ist.

A. Die Marktmissbrauchsverordnung

Die Frage, wie Regelungen in Deutschland durchgesetzt werden sollen, insbesondere ob eine zivilrechtliche Haftung für marktmissbräuchliches Verhalten bestehen soll, stellt sich zunächst mit Blick auf die in allen EU-Staaten geltende MMVO, die das deutsche Recht vielfach verändert[9] und das „Mosaik" Kapitalmarktrecht noch vergrößert.[10] Bisher war das Verbot von Insidergeschäften in § 14 WpHG a. F., die Ad-hoc-Mitteilungspflicht in § 15 WpHG a. F. und das Verbot der Marktmanipulation in § 20a WpHG a. F. geregelt.[11] Seit dem 3. Juli 2016 gilt nunmehr (umfassend[12]) die bereits im Juli 2014 in Kraft getretene VO (EG) Nr. 596/2014 (MMVO).[13] Die notwendigen Anpassungen im WpHG und die Umsetzung der RL 2014/57/EU über strafrechtliche Sanktionen (CRIM-MAD)[14] wurden durch das Erste Gesetz zur Novellierung von Finanzmarktvorschriften auf Grund europäischer Rechtsakte (1. FiMaNoG)[15] vorgenommen, welches am 2. Juli 2016 in Kraft trat. Durch die MMVO werden dabei nicht nur die bestehenden öffentlich-rechtlichen Sanktionen verschärft, auch kommen – neben

---

8 VO (EU) Nr. 596/2014 des Europäischen Parlaments und des Rates vom 16.4.2014 über Marktmissbrauch (Marktmissbrauchsverordnung) und zur Aufhebung der RL 2003/6/EG des Europäischen Parlaments und des Rates und der Richtlinien 2003/124/EG, 2003/125/ EG und 2004/72/EG der Kommission, ABl. 2014 L 173 vom 12.6.2014, S. 1.

9 Dazu überblicksartig *von der Linden*, DStR 2016, 1036.

10 Vgl. *Hellgardt*, Kapitalmarktdeliktsrecht, S. 2.

11 Diese Normen erfolgten in Umsetzung der RL 2003/6/EG des Europäischen Parlaments und des Rates vom 28.1.2003 über Insidergeschäfte und Marktmanipulation (Marktmissbrauch), ABl. 2003 L 96 vom 12.4.2003, S. 16 (MAD).

12 Siehe Art. 39 MMVO.

13 Siehe oben Fn. 8.

14 RL 2014/57/EU des Europäischen Parlaments und des Rates vom 16.4.2014 über strafrechtliche Sanktionen bei Marktmanipulation (Marktmissbrauchsrichtlinie), ABl. 2014 L 173 vom 12.6.2014, S. 179.

15 Gesetzentwurf Erstes Finanzmarktnovellierungsgesetz, BT-Drucks. 18/7482 vom 8.2.2016.

einer Erweiterung des Regelungsbereiches[16] – neue Durchsetzungsmittel hinzu, wie beispielsweise das sog. *naming and shaming* und das sog. Whistleblowing, von denen sich der europäische Verordnungsgeber eine hohe Abschreckungswirkung und damit weniger Marktmissbrauch verspricht.[17] Schadensersatzansprüche oder sonstige Formen zivilrechtlicher Normdurchsetzung sind von der MMVO nicht vorgesehen.

B. Die Rechtsprechung des EuGH zum Wettbewerbsrecht

Vor diesem Hintergrund ist zu untersuchen, welche Konsequenzen die Geltung der MMVO für die zivilrechtliche Normdurchsetzung in Deutschland zeitigt. Denn das Schweigen der MMVO zu zivilrechtlichen Sanktionen bedeutet für den nationalen Gesetzgeber keinesfalls, dass er bei der Implementierung der MMVO in das deutsche Recht nach freiem Ermessen handeln darf.[18] Es stellt sich die Frage, wie der deutsche Gesetzgeber die europäischen Vorgaben umzusetzen hat. Denn nach der ständigen Rechtsprechung des EuGH sind die Mitgliedstaaten dazu verpflichtet, Verstöße gegen das Europarecht so zu sanktionieren, dass die volle und praktische Wirksamkeit der jeweiligen Vorschrift gewährleistet wird (Effektivitätsgebot).[19] Aus diesem Effektivitätsgebot, das der Loyalitätspflicht der Mitgliedstaaten gegenüber der Europäischen Union (Art. 4 Abs. 3 UAbs. 2, 3 EUV) entspringt,[20] hat der EuGH in mehreren Entscheidungen zum europäischen Kartellrecht die Pflicht der Mitgliedstaaten hergeleitet, den Geschädigten bei Verstößen gegen europäisches Kartellrecht Schadensersatzansprüche zur Verfügung zu stellen, unabhängig davon, ob das nationale Recht hierfür Ansprüche

---

16 Der Anwendungsbereich der MMVO ist deutlich weiter als nach dem bisherigen Marktmissbrauchsrecht. Gemäß Art. 2 Abs. 1 MMVO gilt die MMVO für Finanzinstrumente, die zum Handel an einem geregelten Markt zugelassen sind, Finanzinstrumente, die in einem multilateralen Handelssystem (sog. *Multilateral Trading Facility - MTF*) gehandelt werden, Finanzinstrumente die in einem organisierten Handelssystem (sog. *Organised Trading Facility - OTF*) gehandelt werden und solche, die nicht unter die vorgenannten Punkte fallen, deren Kurse der Wert jedoch von dem Kurs oder Wert eines der vorgenannten Finanzinstrumente abhängt oder sich darauf auswirkt (z.B. Kreditausfall Swaps, Differenzkontrakte etc.).

17 Kritisch dazu *Poelzig*, NZG 2016, 492 (499 f.), insbesondere im Hinblick auf die Bekanntmachung von nicht bestands- oder rechtskräftigen Entscheidungen.

18 *Klöhn*, in: Kalss/Fleischer/Vogt, Gesellschafts- und Kapitalmarktrecht in Deutschland, Österreich und der Schweiz 2013, S. 231: „[…] keinesfalls eine rechtspolitische Frage".

19 Vgl. EuGH, Rs. 68/88 (Kommission/Griechenland), Slg. 1989, 2965 (2979) Rn. 23.

20 Vgl. nur *Calliess/Kahl/Puttler*, in: Calliess/Ruffert, EUV/AEUV, Art. 4 EUV Rn. 55.

vorsieht oder nicht. Nach Ansicht des EuGH kann nur eine zusätzliche zivilrechtliche Haftung eine effektive Normdurchsetzung gewährleisten.[21]

Einige Autoren in der Literatur befürworten eine Übertragung dieses Gedanken auf das europäische Kapitalmarktrecht.[22] Das zeitigt die Frage, welche Konsequenzen dies für die Normdurchsetzung in Deutschland hat, ob somit dem Geschädigten als Folge dieser Rechtsprechung für sämtliche Varianten des Marktmissbrauchs ein Schadensersatzanspruch zur Verfügung stehen muss. Vor diesem Hintergrund ist insbesondere zu klären, ob die europäischen Regelungen hinsichtlich Marktmanipulation, Insiderhandel und Ad-hoc-Mitteilungspflicht nunmehr als Schutzgesetze im Sinne des § 823 Abs. 2 BGB einzuordnen sind.

§ 2 Fälle von Marktmissbrauch aus der Praxis

Die Frage, ob die Regelungen des Marktmissbrauchsrechts effektiv mittels öffentlich-rechtlicher Sanktionen durchgesetzt werden oder ob es einer Veränderung des Normdurchsetzungssystems bedarf, stellt sich auch vor dem Hintergrund aktueller Fälle von Marktmissbrauch. Beispiele aus der Praxis nähren Zweifel daran, dass das deutsche Sanktionsregime im Falle von Marktmissbrauch, das bislang ganz überwiegend auf öffentlich-rechtliche Sanktionen setzt, effizient ausgestaltet ist.

So wurde die Weltöffentlichkeit am 18. September 2015 seitens der US-Umweltbehörde darüber informiert, was in der Folgezeit unter dem Topos „Dieselgate“ Gegenstand zahlreicher Berichte in den Medien und Fachzeitschriften wurde und bis heute die öffentliche Debatte bestimmt: VW hatte bei Millionen Dieselfahrzeugen eine Software eingesetzt, um die Abgaswerte zu manipulieren. Weil in der Folge dieser Mitteilung durch die US-Behörde der Kurs der VW-Aktie massiv einbrach, stellt sich nunmehr nicht nur die Frage nach der Haftung aufgrund der Manipulationen selbst, sondern auch danach, ob VW Marktmissbrauch in Form einer unterlassenen Ad-hoc-Mitteilungspflicht beging.

Auch die Deutsche Bank AG war in den letzten Jahren in eine Vielzahl von Rechtsstreitigkeiten verwickelt.[23] Nach der juristischen Aufarbeitung der Causa

---

21 EuGH, Rs. C-453/99, ECLI:EU:C:2001:465 = Slg. 2001, I-6297 = EuZW 2001, 715 – Courage; EuGH, Rs. C-295/04 bis C-298/04, Slg. 2006, I-6619 = EuZW 2006, 529 – Manfredi; EuGH, Rs. C-253/00, Slg. 2002, I-7289 = BeckRS 2004, 75459 – Muñoz.

22 Für den Fall der Marktmanipulation siehe nur *Poelzig*, ZGR 2015, 801 ff.; für das Insiderhandelsverbot *Beneke/Thelen*, BKR 2017, 12 ff.; für die Ad-hoc-Mitteilungspflicht *Hellgardt*, AG 2012, 154 ff.

23 Zu dem neuesten Rechtsstreit um Regressansprüche gegen den ehemaligen Gesellschafter der Privatbank Sal. Oppenheim, Matthias Graf von Krockow, vgl. *Votsmeier u.a.*, in: Handelsblatt print, Nr. 97 vom 23.5.2016, S. 32.

Kirch[24] und Rechtsstreitigkeiten um „faule“ Hypothekenpapiere[25] ging es zuletzt um den sogenannten Libor-Skandal. Hintergrund war die Beteiligung der Deutschen Bank an einem Kartell internationaler Banken, das über Jahre hinweg den globalen Interbanken-Zinssatz Libor manipuliert hatte.

Schließlich sorgt ein weiterer Fall möglichen Marktmissbrauchs seit Januar 2017 für Schlagzeilen: So soll der ehemalige Vorstandsvorsitzende der Deutschen Börse AG, *Carsten Kengeter*, Aktien der Deutschen Börse AG in Kenntnis der Fusionsabsicht mit der englischen Börse erworben haben. Sollte sich dies als zutreffend erweisen,[26] hat sich Kengeter des Insiderhandels strafbar gemacht, womit auch die Frage nach einer zivilrechtlichen Haftung *Kengeters* einhergeht.

Mit dem VW-Konzern, der Deutschen Bank AG und der Deutschen Börse AG stehen drei der größten deutschen Unternehmen respektive deren Organe im Verdacht, marktmissbräuchlich gehandelt zu haben. Und das, obwohl sie aufgrund ihrer Größe, Geschichte und Bedeutung ständig im Fokus der Öffentlichkeit und insbesondere der Behörden stehen und daher im eigenen Interesse besonderen Wert auf legales Handeln legen müssten.

Angesichts der Tatsache, dass es in Deutschland trotz einer Vielzahl von Vorschriften, die einen effektiven Kapitalmarkt gewährleisten sollen, zu derartigen Rechtsverstößen kommt, muss das in Deutschland existierende Normdurchsetzungssystem auf seine Wirksamkeit überprüft werden. Vor allem ist kritisch zu hinterfragen, ob die bestehenden Regelungen in der Rechtswirklichkeit effektiv angewandt werden. In einem Zeitungsartikel zum Insiderhandel heißt es dazu:

> *Dennoch, in der Realität schrecken weltweit die härteren Bußen für Marktmissbrauch offenbar Insider nicht davon ab, etwa Informationen über Fusionen und Übernahmen durchzustechen. Die Vorteile eines sog. Leaks scheinen die Risiken noch immer zu übertreffen, denn der Preisaufschlag auf den Aktienkurs bei börsennotierten Unternehmen steigt danach in der Regel auf das Doppelte.*[27]

---

24 Hierbei musste die Bank an die Kirch-Erben 925 Millionen Euro zahlen, vgl. *Narat u.a.*, in: Handelsblatt print, Nr. 038 vom 24.2.2014, S. 32.

25 Dabei ging es um verbriefte Immobilienkredite im Volumen von ca. 810 Millionen Dollar, die die BayernLB von der Deutschen Bank vor der Finanzkrise gekauft hatte und wodurch sie erhebliche Verluste erlitt, vgl. Handelsblatt print, Nr. 156 vom 15.8.2014, S. 28 (o.V.).

26 Bislang wurde lediglich ein Ermittlungsverfahren eingeleitet – es gilt daher die Unschuldsvermutung.

27 *Landgraf*, in: Handelsblatt print, Nr. 26 vom 6.2.2017, S. 29.

2. Kapitel: Gang der Darstellung

Im Kern geht es in der vorliegenden Arbeit um die Frage, wie ein sinnvolles Ordnungssystem geschaffen werden kann, damit Marktmissbrauch in Zukunft verhindert wird. Richtige Regulierung hat zur Folge, dass der Kapitalmarkt möglichst optimal, ungestört und lauter funktioniert. Wie und warum der Kapitalmarkt in der Theorie ungestört funktioniert und insbesondere Preise bildet, erklärt die Wirtschaftswissenschaft. Daher werden in einem einleitenden ersten Teil die entsprechenden Theorien und Einflussfaktoren vorgestellt und die Funktionen des Kapitalmarktes erörtert. Auf dieser Basis erfolgt später die Untersuchung der einzelnen Tatbestände mit Blick auf die Rechtsprechung des EuGH und die Forderung nach effektiver praktischer Durchsetzung des Gemeinschaftsrechts einerseits und die teleologische Auslegung der Normen nach nationalem Recht andererseits.

Im zweiten Teil wird das derzeit in Deutschland geltende System der Normdurchsetzung bezüglich des Marktmissbrauchs nachgezeichnet. Dabei soll nicht nur das normative System als Überblick über die einschlägigen Normen vorgestellt werden, sondern zugleich die praktische Umsetzung mit ihren Stärken und Schwächen aufgezeigt werden.

Der dritte Teil der Arbeit widmet sich der Frage, unter welchen Voraussetzungen die Leitgedanken des EuGH auf das Kapitalmarktrecht übertragen werden können. Im Anschluss daran wird das neue System vorgestellt, das durch die Übertragung der EuGH-Rechtsprechung entstünde. Auch das neue System soll sowohl in seinen Einzelheiten als auch in seiner Gesamtheit untersucht und Vor- sowie Nachteile herausgearbeitet werden.

Im vierten und letzten Teil dieser Arbeit werden Möglichkeiten hinsichtlich einer Beibehaltung des ursprünglichen Normdurchsetzungsansatzes aufgezeigt.

3. Kapitel: Untersuchungsgegenstand und Terminologie

Untersuchungsgegenstand der vorliegenden Arbeit ist die Durchsetzung von Verhaltenspflichten am Sekundärmarkt. Während man unter dem Primärmarkt denjenigen Markt versteht, auf dem die Finanzinstrumente (zum Beispiel Aktien) zum ersten Mal untergebracht werden (sog. *Initial Public Offering – IPO*),[28] wird als Sekundärmarkt der (meist börsliche) Handel mit diesen Finanzinstrumenten bezeichnet.[29] Nur auf letzteren fokussiert sich diese Arbeit.

28 Instruktiv *Grunewald/Schlitt*, Einführung in das Kapitalmarktrecht, S. 19 ff.

29 Vgl. *Buck-Heeb*, Kapitalmarktrecht, Rn. 73.

In der vorliegenden Arbeit soll der Frage nachgegangen werden, ob die Marktmissbrauchsverbote mit zivilrechtlichen Sanktionen durchgesetzt werden müssen, insbesondere ob die unterschiedlichen Marktmissbrauchsregelungen Schutzgesetze im Sinne des § 823 Abs. 2 BGB sind. Unter Marktmissbrauch werden Verstöße gegen das Verbot von Insiderhandel und Marktmanipulation sowie Verstöße gegen die Pflicht zur Veröffentlichung von Ad-hoc-Mitteilungen verstanden.[30] Diese Trias stellt die zentralen Regelungen hinsichtlich dysfunktionalen Marktverhaltens im Zusammenhang mit dem Wertpapierhandel am Sekundärmarkt dar.[31]

Im Rahmen der vorliegenden Untersuchung wird zwischen öffentlich-rechtlicher und privatrechtlicher Normdurchsetzung unterschieden. Dabei werden bewusst nicht die US-amerikanischen Begriffe des *public enforcement* respektive des *private enforcement* gewählt. Die Übernahme dieser Begriffe in die deutsche Sprache suggeriert eine Differenzierung hinsichtlich der jeweiligen zur Durchsetzung berufenen Institution.[32] Es ist jedoch in Deutschland durchaus möglich, dass auch staatliche Behörden privatrechtliche Klagen erheben, wenn sie nicht hoheitlich tätig werden, sondern gleichrangig als Privatrechtssubjekt am Wirtschaftsverkehr teilnehmen (sog. Verwaltungsprivatrecht). Im Rahmen dieser Arbeit soll jedoch vielmehr zwischen dem Einsatz öffentlich-rechtlicher, also straf- und verwaltungsrechtlicher Sanktionen und dem Einsatz privatrechtlicher Steuerungsinstrumente, insbesondere Schadensersatzklagen, unterschieden werden.[33]

Normdurchsetzung geschieht sowohl mittels außerrechtlicher Konsequenzen als auch mittels rechtlicher, nicht freiwilliger[34] Konsequenzen (Sanktionen). Außerrechtliche Konsequenzen, die zum Beispiel gesellschaftliche oder moralische Nachteile sein können, sollen in der vorliegenden Arbeit nur eine untergeordnete Rolle spielen. Hauptsächlich werden die Sanktionen analysiert. Spricht die Arbeit von Sanktionen, sind damit nicht nur solche im strafrechtlichen Sinne

30 Insoweit orientiert sich die Arbeit an MMVO, Erwägungsgrund 7.

31 Vgl. Erwägungsgrund 7 MMVO; davor schon Erwägungsgrund 12 MAD; so auch *Thaler*, Sanktionen bei Marktmissbrauch, S. 1; *Fleischer*, in: Fuchs, WpHG, vor § 20a Rn. 1: „Kernstück des integren Wertpapierhandels" und *Wagner*, in: MüKo BGB, § 823 Rn. 508: „zentrale Bestimmungen des Kapitalmarktrechts"; kritisch gegen die Verwendung des Begriffs des Marktmissbrauchs als umfassende Klammer dagegen *Schwark*, in: FS Kümpel, S. 485 f.

32 Vgl. *Poelzig*, Normdurchsetzung durch Privatrecht, S. 7; *Bohrer*, in: Fleischer/Kalss/Vogt, Enforcement im Gesellschaft- und Kapitalmarktrecht 2015, S. 245.

33 S. zum Ganzen *Poelzig*, Normdurchsetzung durch Privatrecht, S. 7 f.

34 Als Beispiel hierfür sei der Corporate Governance Codex aufgeführt.

gemeint, sondern ganz allgemein alle (rechtlichen) Konsequenzen, die Verstöße gegen diese Regelungen nach sich ziehen, somit also auch (zivilrechtliche) Schadensersatzansprüche. Der Begriff der Sanktion wird daher als Oberbegriff für rechtlich nachteilige Konsequenzen verwendet.[35]

Die Gegenüberstellung von bisherigem und neuem, durch den EuGH indizierten Normdurchsetzungssystem, stellt einen viele Probleme des materiellen Rechts umfassenden Themenbreich dar. Unvermeidlich ist es daher, Begrenzungen vorzunehmen. So soll sich die Untersuchung im Rahmen dieser Arbeit hauptsächlich auf die materiell-rechtlichen Fragestellungen beziehen. Die Frage, wie die prozessuale Durchsetzung kapitalmarktrechtlicher Ansprüche zu geschehen hat,[36] muss daher ausgelassen werden.

4. Kapitel: Zielsetzung

Ziel dieser Arbeit ist es, ein sowohl wertungsmäßig als auch dogmatisch tragfähiges und überzeugendes Gesamtkonzept hinsichtlich der Normdurchsetzung im Allgemeinen und der zivilrechtlichen Haftung bei Marktmissbrauch im Speziellen zu entwickeln. Die EuGH-Rechtsprechung führte im Kartellrecht zu einem „neuen Zeitalter im Kartelldeliktsrecht".[37] Die vorliegende Arbeit wird zeigen, dass Ähnliches auch über das Kapitalmarktdeliktsrecht gesagt werden kann, wenn man sich für die Übertragung der Wertungen aus der EuGH-Rechtsprechung ausspricht. Die Arbeit wird aber auch Wege und Möglichkeiten beschreiben, wie man einem solchen Wandel entgehen kann.

Besonderes Augenmerk soll im Rahmen der Untersuchung auf die Haftung der Organwalter gelegt werden. Managerhaftung nimmt sowohl in der öffentlichen als auch in der rechtswissenschaftlichen Diskussion großen Raum ein. Zuletzt hatte sich der 70. Deutsche Juristentag mit der Frage beschäftigt, ob Manager in Deutschland einem zu großen Haftungsrisiko ausgesetzt sind.[38] Insbesondere im Kapitalmarktrecht scheint das richtige Haftungsmaß für Manager noch nicht gefunden zu sein.[39] Auch hierzu soll die Arbeit einen Beitrag leisten.

---

35 So wie hier auch *Thaler*, Sanktionen bei Marktmissbrauch, S. 16.

36 Instruktiv *Poelzig*, ZGR 2015, 801 (837 ff.).

37 *Strumpf*, Forum M&A 2012, 163 (169).

38 Vgl. dazu das Gutachten von *Bachmann*, Verhandlungen des 70. DJT (2014) Band I, Gutachten E, E1 ff.

39 Ein ausführlicher Überblick über die Haftung des Vorstands de lege ferenda findet sich bei *Fuchs*, in: Fuchs, WpHG, vor §§ 37b, c, Rn. 69 ff. (für den Fall des Verstoßes gegen die Ad-hoc-Pblizitätspflicht).

Erster Teil: Grundlagen

Um dem Ziel der Schaffung eines effektiven kapitalmarktrechtlichen Sanktionssystems näher zu kommen, muss zunächst erforscht werden, welche Regelungsabsicht ein solches System verfolgt. Das Kapitalmarktrecht stellt vor diesem Hintergrund eine besondere Materie dar, weil es von einer „Interdependenz von Rechts- und Wirtschaftsordnung geprägt ist“[40]: In keinem anderen juristischen Bereich spielen wirtschaftliche Überlegungen eine derart zentrale Rolle wie im Kapitalmarktrecht. Kapitalmarktrechtliche Regelungen sind daher immer nur dann verständlich, wenn man sich auch die dahinterstehenden ökonomischen Grundlagen und Erwägungen vor Augen geführt hat.[41] Zwar bleibt die Rechtswissenschaft auch unter dem Einfluss der wirtschaftswissenschaftlichen Theorie eine eigene Wissenschaft mit eigenen Methoden und Wertungen. Keinesfalls kann daher die ökonomische Analyse die rechtswissenschaftliche Bewertung von Regelungen vorwegnehmen. Gleichwohl gilt es die ökonomischen Untersuchungsergebnisse dort angemessen zu berücksichtigen, wo nach einer Änderung beziehungsweise Verbesserung des bisherigen Regelungssystems gesucht wird.

Bevor dies geschieht, sollen die im einleitenden Teil beschriebenen Fälle ausführlich nachgezeichnet werden. Es wird sich zeigen, dass sich an diesen aktuellen Sachverhalten viele der aufgeworfenen Probleme anschaulich darstellen lassen, weshalb auf alle drei Fälle im Verlauf dieser Arbeit immer wieder zurückzukommen sein wird.

1. Kapitel: Aktuelle Fallbeispiele

Sowohl für die Verbote der Marktmanipulation und des Insiderhandels als auch für den Verstoß gegen die Ad-hoc-Mitteilungspflicht finden sich Beispiele aus der Praxis, anhand derer sich die Relevanz einer effektiven Normdurchsetzung verdeutlichen lässt.

---

40 So *Hellgardt*, Kapitalmarktdeliktsrecht, S. 106 m.w.N.

41 *Möllers*, AcP 208 (2008), 1 (5 f.) m.w.N.; zur Problematik *Eidenmüller*, Effizienz als Rechtsprinzip, S. 452 f.

§ 1 Der Libor-Skandal der Deutschen Bank[42]

Großes Aufsehen hat ein Fall von Marktmanipulation erregt, in den mehrere Großbanken verwickelt sind, unter anderem auch die Deutsche Bank AG: der sog. Libor-Skandal. Der Libor (London Interbank Offered Rate) ist ein Referenzzinssatz für ungesicherte Interbankenkredite[43] zwischen den wichtigsten international tätigen Banken. Er wird als Grundlage für zahlreiche Finanzmarktgeschäfte, insbesondere Konsortialkredite, Terminkontrakte oder Zinsderivate, aber auch bei realwirtschaftlichen Finanzierungs- und Sicherungsgeschäften (zum Beispiel bei Darlehen oder Hypotheken) herangezogen[44] und im Auftrag der *British Bankers Association* (BBA) für zehn verschiedene Währungen in 15 unterschiedlichen Laufzeiten (von Übernacht bis zu max. einem Jahr) vom Informationsanbieter Thomson Reuters ermittelt. Dabei teilt eine Gruppe von bis zu 18 ausgewählten Banken mit, zu welchem Zinssatz sie (hypothetisch) Geld von den anderen Banken leihen könnten, wenn sie Angebote in vernünftiger Größenordnung um 11:00 Uhr vormittags wahrnähmen. Die höchsten und niedrigsten 25 % der Zinsmeldungen werden außer Acht gelassen. Aus den verbleibenden Zahlen wird als arithmetisches Mittel der Libor-Zinssatz berechnet.[45]

Den Mittelpunkt der Libor-Manipulation bildeten Finanzgeschäfte verschiedenster Marktteilnehmer mit zwei Arten von Zinsderivaten: *OTC-Zinsswaps* einerseits und *börsengehandelten Zinsfutures* andererseits. Bei diesen Finanzgeschäften hingen Gewinn und Verlust der Parteien direkt von dem Wert des Referenzzinssatzes Libor ab. Diese Erfolgsabhängigkeit vom Libor nutzten Derivatehändler verschiedener Großbanken aus, indem sie Kollegen dazu veranlassten, falsche Zinsmeldungen gegenüber der BBA abzugeben. Durch die Veränderung des Zinssatzes konnten sie unmittelbar den Erfolg der von ihnen

---

42 Der folgende Sachverhalt ist der Tagespresse entnommen. Er basiert auf journalistischen Quellen und wird lediglich für den Zweck der rechtlichen Erörterung als wahr zugrunde gelegt.

43 Darunter versteht man Kredite am sog. Interbankenmarkt. Das ist der Handel zwischen mehreren Kreditinstituten untereinander. Zweck für den Interbankenhandel können einerseits Glattstellungen von offenen Positionen, andererseits der Eigenhandel sein. Bankenrisiken werden dadurch auf mehrere Kreditinstitute verteilt.

44 Vgl. *Fleischer/Bueren*, DB 2012, 2561 (2561).

45 Ähnlich dem *Libor* wird der *Euribor* (*Euro Interbank Offered Rate*) ermittelt. Er gilt als europäische Alternative zum Libor und betrachtet die Zinssätze der europäischen Banken. Er wird im Auftrag der *European Banking Federation* ermittelt.

aufgebauten Handelsposition in Zinsderivaten beeinflussen.[46] Betroffen von den Manipulationen waren all diejenigen Anleger, deren Anlageprodukte einen Bezug zum Libor-Referenzwert haben, beispielsweise Terminkontrakte, Zinsderivate beziehungsweise Zinsswaps, Bonuszertifikate oder auch ganz gewöhnliche Darlehen und Hypotheken.[47] Die Europäische Kommission verhängte im Dezember 2013 ein Bußgeld in Höhe von 1,71 Milliarden Euro.[48]

§ 2 Vorwurf des Insiderhandels gegen den Deutsche-Börse-Vorstandsvorsitzenden Carsten Kengeter[49]

Auch zum Insiderhandelsverbot lässt sich der Tagespresse ein aktuelles Fallbeispiel entnehmen: So steht der ehemalige Vorstandsvorsitzende der Deutschen Börse, *Carsten Kengeter*, derzeit im Verdacht, Insiderhandel betrieben zu haben.[50] Hintergrund der Vorwürfe sind die Verhandlungen der Deutschen Börse AG mit der Londoner Börse (London Stock Exchange – LSE) über eine Fusion der beiden Unternehmen. Die Staatsanwaltschaft Frankfurt geht davon aus, dass bereits seit Juli/August 2015 Gespräche beider Unternehmen über eine mögliche Fusion stattfanden. Am 14. Dezember 2015 kaufte *Kengeter* Aktien der Deutschen Börse AG im Wert von 4,5 Millionen Euro.[51] Laut Staatsanwaltschaft soll er dabei in Kenntnis der bis dahin noch nicht veröffentlichten Verhandlungen gehandelt haben. Denn erst am 23. Februar 2016 wurde die Fusionsabsicht der beiden Unternehmen der Öffentlichkeit mitgeteilt. Zuzüglich zu den Aktien im Wert von 4,5 Millionen Euro bekam *Kengeter* im Rahmen des sog.

---

46 Die Falschangaben hatten noch einen weiteren Hintergrund: So sollen einzelne Banken während der Finanzmarktkrise geschönte Angaben hinsichtlich der Festsetzung des Libors gemacht haben, um ihre Finanz- und Liquiditätslage günstiger darzustellen. Denn höhere Zinsangaben als bei den konkurrierenden Banken führten während der Finanzmarktkrise stets zu negativer Medienberichterstattung. Um diese zu vermeiden wurden falsche Angaben gemacht, zumal viele der Banken davon ausgingen, dass die Angaben ihrer Konkurrenten ebenfalls unwahr waren, vgl. *Fleischer/Bueren*, DB 2012, 2561 (2562) m.w.N.

47 Vgl. dazu *Buck-Heeb*, WM 2015, 157 (157) m.w.N.

48 *Buck-Heeb*, WM 2015, 157 (157) m.w.N.

49 Der folgende Sachverhalt ist der Tagespresse entnommen. Er basiert auf journalistischen Quellen und wird lediglich für den Zweck der rechtlichen Erörterung als wahr zugrunde gelegt.

50 *Esterhazy/Reimann*, in: WirtschaftsWoche print, Nr. 7 vom 10.2.2017, S. 44.

51 WirtschaftsWoche online, http://www.wiwo.de/finanzen/boerse/beging-deutsche-boerse-chef-insiderhandel-was-sie-zum-verdacht-gegen-kengeter-wissen-muessen/19339186.html vom 02.02.2017 (zuletzt abgerufen am 12.2.2017).

Co-Performance-Investment Plans (*CPIP*) zusätzlich 69 000 sog. *Co-Performance Shares* für 4,5 Millionen Euro als Teil seiner Vorstandsvergütung.[52]

Vonseiten *Kengeters* wird der Kauf der Aktien nicht bestritten, wohl aber der Zeitpunkt der Vertragsverhandlungen. Diese sollen erst im Januar 2016 aufgenommen worden sein, also nach dem Kauf der Aktien. Im Übrigen sei der Kauf der Aktien im Rahmen eines Vergütungsprogramms erfolgt und sowohl vom Aufsichtsrat als auch von der Compliance- und Rechtsabteilung genehmigt worden.

Neueren Berichten zufolge soll *Kengeter* jedoch bereits im November 2015 im Bundeskanzleramt mit *Lars-Hendrik Röller*, dem Wirtschaftsberater der Bundeskanzlerin, über die Möglichkeit einer Fusion gesprochen haben.[53] Insbesondere soll es dabei um die Frage des zukünftigen Sitzes der fusionierten Börse gegangen sein. Zeitungsberichten zufolge soll *Kengeter* in diesem Gespräch die Haltung der Bundesregierung hinsichtlich einer Sitzverlagerung nach London ausgelotet haben. Sollte dies zutreffen, dürften sich die Vertragsverhandlungen schon in einem fortgeschrittenen Stadium befunden haben.

Damit hängt im Fall *Kengeters* eine Strafe wegen Insiderhandel davon ab, in welchem Stadium sich die Verhandlungen mit der London Stock Exchange befanden. Die entscheidende Frage lautet: Lag bereits zum Zeitpunkt des Aktienkaufs eine konkrete Fusionsabsicht vor oder handelte es sich um bloße Sondierungsgespräche?

§ 3 Der VW-Abgasskandal[54]

Den wohl prominentesten Fall von Marktmissbrauch stellt die VW-Dieselaffäre dar. Am 20. November 2006 traf sich eine Gruppe von VW-Topmanagern aus dem Bereich der Motorentechnik, um sich über das weitere Vorgehen von VW auf dem US-Markt zu beraten. VW war bis zu diesem Zeitpunkt immer noch nicht der Durchbruch auf dem US-amerikanischen Automobilmarkt gelungen, weshalb Lösungen gesucht wurden, wie der Absatz gesteigert werden konnte. Das

---

52 *Esterhazy/Reimann*, in: WirtschaftsWoche print, Nr. 7 vom 10.2.2017, S. 44.

53 http://www.spiegel.de/wirtschaft/soziales/carsten-kengeter-verdacht-auf-insiderhandel-druck-auf-boersenchef-waechst-a-1134019.html (zuletzt abgerufen am 27.12.2017).

54 Der folgende Sachverhalt wurde der Tagespresse und der ARD-Reportage „Der VW-Krimi" entnommen, abrufbar unter: http://www.ardmediathek.de/tv/45-Min/Der-VW-Krimi/NDR-Fernsehen/Video?bcastId=12772246&documentId=35269404 (zuletzt abgerufen im August 2017). Er basiert auf journalistischen Quellen und wird lediglich für den Zweck der rechtlichen Erörterung als wahr zugrunde gelegt.

Problem der VW-Manager war die Vorgabe des VW-Vorstands, Dieselfahrzeuge herzustellen, die sowohl preiswert als auch umweltverträglich sind. Da die Entwicklung eines neuen Motors aus Kostengründen nicht infrage kam, entschied die Gruppe, eine sog. Umschaltvorrichtung (*defeat device*) in den Fahrzeugen zu installieren. Diese Software erkennt – unter anderem an der Ruhestellung des Lenkrades – ob sich das Fahrzeug in einem Prüfvorgang befindet oder ob es sich um eine normale Nutzung im Straßenverkehr handelt. Dementsprechend variiert der Ausstoß von Stickoxiden (NO_x). Die Differenzen in den Messwerten wurden erstmals Anfang 2014 von der West Virginia University entdeckt. Am 15. Mai 2014 veröffentlichte sie die Abgaswerte von einigen Autoherstellern, darunter auch von VW. Die Werte wichen dabei in hohem Maße von den vom Hersteller VW selbst gemachten Angaben ab. Diese Information gab die Universität auch an VW weiter. Wenig später wurde VW von der US-Umweltbehörde dahingehend informiert, dass bei den Abgaswerten einiger Modelle Unregelmäßigkeiten vorkommen: Die Abgaswerte des Dieselmotors bei zahlreichen VW- und Skoda-Modellen überstiegen das Vierzigfache der vorgeschriebenen Toleranz bezüglich der Abweichung von den eigenen Angaben. Davon wurde auch der damalige Vorstandsvorsitzende *Martin Winterkorn* informiert: Am 23. Mai 2014 wurde ihm von seinen Mitarbeitern in einer Notiz mitgeteilt, dass die hohen Abgaswerte gegenüber der Umweltbehörde nicht erklärt werden könnten. Zudem wurde er darauf hingewiesen, dass die US-Behörden auch nach dem *defeat device* suchen könnten.

Noch im Frühjahr 2014 tagte sodann der Markenvorstand von VW zu den Verhandlungen mit der US-Umweltbehörde. Zahlreiche deutsche VW-Ingenieure mussten in dieser Zeit wiederholt in die USA reisen und die hohen Abgaswerte erklären. Da die US-Umweltbehörde schließlich keine andere Lösungsmöglichkeit sah, verpflichtete sie VW, die betroffenen Fahrzeuge in den USA zurückzurufen.

Im Juli 2015 sollen einige VW-Ingenieure VW-intern zugegeben haben, durch den Einbau einer speziellen Computersoftware, die bei Feststellen einer Abgasprüfung den Schadstoffausstoß erheblich verringert, die Abgaswerte manipuliert zu haben. Es wurde nun ersichtlich, dass die Abweichungen vorsätzlich verursacht wurden und nicht – wie bislang angenommen – auf einem Fehler beruhten. Ebenfalls im Sommer 2015 erging gegen VW ein Verbot, in den USA Dieselfahrzeuge zu verkaufen. Am 19. August 2015 wurden die Manipulationen seitens VW gegenüber der Umweltbehörde bestätigt. Auch hierüber wurde der Vorstandsvorsitzende *Winterkorn* informiert.

Am 18. September 2015 informierte die US-Umweltbehörde schließlich die Öffentlichkeit über die Manipulation. In der Folgezeit, insbesondere zwischen dem 20. und dem 22. September, kam es zu massiven Kurseinbrüchen der VW-Aktie – VW verlor binnen weniger Tage 27 Milliarden Euro an Börsenwert. Erst am 22. September 2015 veröffentlichte VW eine Ad-hoc-Mitteilung,[55] in der die Anleger darüber informiert wurden, dass die Software auch in anderen Diesel-Modellen des VW-Konzerns eingebaut ist.

In der Folgezeit musste VW allein in den USA mehr als 22 Milliarden Dollar für die Beilegung des Dieselskandals bereitstellen.[56] Hinzu kommen ähnliche Forderungen aus anderen Ländern.[57] In Deutschland ist seit Mitte März eine Schadensersatzklage von 278 Großinvestoren – darunter auch die Allianz und die Fondsgesellschaft Deka – in Höhe von 3,255 Milliarden Euro vor dem Landgericht Braunschweig anhängig.[58] Darin machen die Kläger geltend, als Anleger zu spät über die Manipulationen informiert worden zu sein. Im VW-Abgasskandal geht es damit nicht nur um manipulierte Motoren. Eine große Rolle spielt gerade in Deutschland die Frage, ob VW den Kapitalmarkt rechtzeitig darüber aufgeklärt hat und damit seiner Ad-hoc-Publizitätspflicht nachgekommen ist.[59]

---

55 http://www.volkswagenag.com/content/vwcorp/info_center/de/news/2015/09/Ad_hoc_US.html (zuletzt abgerufen im September 2016).

56 *Menzel*, in: Handelsblatt print, Nr. 024 vom 2.2.2017, S. 14.

57 Nunmehr sollen auch kanadische Kunden entschädigt werden, vgl. *Votsmeier u.a.*, in: Handelsblatt print, Nr. 137 vom 19.7.2016, S. 18.

58 Bei der 5. Zivilkammer des Landgerichts Braunschweig sind zur Zeit 70 Schadensersatzklagen von Anlegern gegen die Volkswagen AG anhängig. Die Klageforderungen der überwiegend privaten Anleger belaufen sich auf Beträge zwischen ca. 600 EUR und 2 Mio. EUR. In den meisten Klageverfahren sind Anträge nach dem Kapitalanleger-Musterverfahrensgesetz (KapMuG) gestellt. Unter dem Aktenzeichen 5 O 548/16 ist am 14.3.2016 eine Klage von 278 Klägern eingegangen. Bei den Klägern handelt es sich um institutionelle Anleger aus dem In- und Ausland. Der vorläufige Streitwert dieses Verfahrens ist mit 3.255.002.361,66 EUR angegeben, vgl. Pressemitteilung des Landgerichts Braunschweig, abrufbar unter: http://www.landgericht-braunschweig.niedersachsen.de/portal/live.php?navigation_id=18100&article_id=141681&_psmand=132 (zuletzt abgerufen im September 2016).

59 Die zivilrechtliche Haftung aus anderen Gründen wird dagegen nur selten vorliegen: Ansprüche auf Schadensersatz wegen Sachmangels haben in Deutschland nur wenig Aussicht auf Erfolg, da die Autohändler kein Verschulden gem. § 278 BGB trifft. Nach h.M. wird ihnen auch nicht das Verschulden des Herstellers zugerechnet, vgl. dazu RGZ 101, 155 = VersR 1956, 259 (260) = BB 1956, 320; BGH VersR 1962, 480 (481); BGH NJW 1968, 2238 (2239); BGH NJW 1978, 1157 (1157) = BB 1978, 832; *Grundmann* in: MüKo BGB, § 278 Rn. 31; *Huber*, AcP 177 (1977), 281 (304f.);

Neben der strafrechtlichen Aufarbeitung des Falls[60] wird dies der zentrale Punkt des „Dieselgate“ sein.

2. Kapitel: Das „Warum“ der Normdurchsetzung

Die Suche nach einem effektiv ausgestalteten Normdurchsetzungssystem auf dem Gebiet des Kapitalmarktrechts sollte nicht ohne die Beantwortung der Frage beginnen, warum es der staatlich auferlegten Offenlegungspflichten am Kapitalmarkt bedarf. Im Folgenden wird daher ein Überblick über die Funktionen des Kapitalmarktes vorangestellt. Sodann soll unter Einbeziehung der wirtschaftswissenschaftlichen Forschung der Frage nachgegangen werden, welcher zentrale Aspekt einen funktionierenden Kapitalmarkt ausmacht.

§ 1 Die Funktionen des Kapitalmarktes

A. *Finanzierungsfunktion des Kapitalmarktes*

Primäre Aufgabe des Kapitalmarktes ist die Finanzierungsfunktion. Bei dieser geht es darum, das Kapital dorthin zu lenken, wo die höchste Rendite erwartet wird, etwa weil ein Unternehmen rentabel wirtschaftet (sog. Allokationsfunktion).[61] Die Konsequenz dessen ist, dass nur die rentablen und innovativen Unternehmen finanzielle Mittel erhalten und sich so durchsetzen.[62] Ein allokationseffizienter Kapitalmarkt besteht nur dann, wenn alle Informationen über ein Unternehmen, also die Einschätzungen und Erwartungen aller Marktteilnehmer, in einem

---

Schmidt-Salzer, BB 1979, 1 (4 f.); *Pfeiffer*, in: Soergel, BGB, § 278 Rn. 34; *Poelzig*, Die Haftung des Herstellers und des Vertriebsunternehmens, S. 116; nach neuem Recht ebenso BGHZ 177, 224 = NJW 2008, 2837 (2840), dazu Anmerkung *Witt*, NJW 2014, 2156 (2157); BGHZ 181, 317 = NJW 2009, 2674 (2676); BGHZ 200, 337 = NJW 2014, 2183 (2185); aA *Esser/Schmidt*, SchuldR AT II, S. 97: „Pflicht zur Gutleistung“; offen *Wolf*, ZIP 1998, 1657 (1658); Außerdem dürften die meisten Ansprüche gem. § 438 Abs. 1 Nr. 3 BGB – ebenso wie die Garantieansprüche gegen den Hersteller – verjährt sein. Die deliktische Haftung aus § 823 Abs. 2 BGB i.V.m. § 263 StGB respektive § 826 BGB stellt auf Tatbestandsseite hohe Hürden auf, deren Beweis wohl kaum gelingen wird, vgl. ausführlich zum Ganzen *Riehm*, DAR 2016, 12 ff.

60 Inzwischen hat die Staatsanwaltschaft Braunschweig auch strafrechtliche Ermittlungen gegen *Prof. Dr. Martin Winterkorn* und den VW-Markenvorstand *Dr. Herbert Diess* eingeleitet, vgl. *Menzel u.a.*, in: Handelsblatt print, Nr. 120 vom 24.6.2016, S. 30.

61 Vgl. dazu allgemein *Baums*, ZHR 167 (2003), 139 (144); zur Abgrenzung der Information durch Börsenprospekt auf dem Primärmarkt vgl. *Veil*, ZHR 167 (2003), 365 (367).

62 *Franke/Hax*, Finanzwirtschaft des Unternehmens und Kapitalmarkt, S. 365.

einzigen Preis zusammengefasst sind.[63] Letztlich geht es dabei um die Gleichbehandlung aller Marktteilnehmer.[64] Die dadurch entstehenden Vorteile kann man in vier Gruppen zusammenfassen:

I. Liquiditätssicherung am Primärmarkt

Zunächst wird für Unternehmen die Liquiditätssicherung am Primärmarkt gewährleistet, da ein breiter Sekundärmarkt mit vielen potenziellen Anlegern auch den Primärmarkt fördert: Möchte ein Unternehmen Investitionen tätigen, so bedarf es dazu des Einsatzes finanzieller Mittel. Bei der Beteiligungsfinanzierung über die Börse werden Anleger umso mehr Investitionsbereitschaft zeigen, je weniger sie Angst haben müssen, dass sie ihre Aktien auf dem Sekundärmarkt nicht mehr oder nicht schnell genug veräußern können.[65] Deshalb werden Aktien an einem illiquiden Markt mit einem Abschlag veräußert, weil der Markt das Risiko einpreist, die Aktien eventuell nicht schnell genug wieder veräußern zu können.[66] Auch das hemmt Marktteilnehmer, am Primärmarkt zu investieren, womit die Kosten der Kapitalbeschaffung steigen[67] – volkswirtschaftlich betrachtet ein unzureichender Zustand. Unternehmen und die Volkswirtschaft in ihrer Gesamtheit profitieren somit von einem allokationseffizienten Sekundärmarkt.[68]

II. Bessere Bewertungsmöglichkeit des Unternehmens

Weiter gibt der Preis des Sekundärmarktes Aufschluss über die Bewertung des Unternehmens durch den Kapitalmarkt. Dies ist nicht nur für andere Anleger, sondern auch für die Unternehmen selbst hinsichtlich der Liquiditätsbeschaffung für neue Investitionen von großer Bedeutung, weil sie so den Kapitalmarkt besser einschätzen und somit den Zinsfuß für weitere Investitionen zuverlässiger berechnen können.[69]

---

63 *Ruffner*, Die ökonomischen Grundlagen eines Rechts der Publikumsgesellschaft, S. 371 f.

64 *Möllers*, AcP 208 (2008), 1 (7).

65 *Perridon/Steiner/Rathgeber*, Finanzwirtschaft der Unternehmung, S. 162; zur Verminderung der Allokationseffizienz siehe *Weichert*, Der Anlegerschaden bei fehlerhafter Kapitalmarktpublizität, S. 257 f.

66 *Franke/Hax*, Finanzwirtschaft des Unternehmens und Kapitalmarkt, S. 43 f.

67 *Baums*, ZHR 167 (2003), 139 (149); *Hellgardt*, Kapitalmarktdeliktsrecht, S. 183 f.

68 *Franke/Hax*, Finanzwirtschaft des Unternehmens und Kapitalmarkt, S. 365 ff.

69 *Hellgardt*, Kapitalmarktdeliktsrecht, S. 135 f.

III. Portfoliooptimierung für Anleger

Auch können Anleger durch schnelleren Austausch einzelner Aktien besser ihr Portfolio optimieren und so durch die Diversifizierung ihr Risiko vermindern – bei gleichbleibender Rendite.[70] Daher ist ein liquider und informationseffizienter Sekundärmarkt auch für den einzelnen Anleger von Vorteil. Spiegelt der Wert einer Aktie nicht den wahren Wert eines Unternehmens wider, so verursacht dies Schäden bei den Anlegern.

IV. Vermeidung von Signaling-Kosten für Konkurrenten

Auch für die übrigen Marktteilnehmer, etwa Konkurrenten, stellt ein allokativer Kapitalmarkt einen Vorteil dar. So werden zum Beispiel Unternehmensressourcen verschwendet, indem Unternehmen höhere Aufwendungen tätigen müssen, um zu zeigen, dass sie sich von einem anderen Unternehmen unterscheiden (sog. *Signaling-Kosten*).[71] Auch werden Wettbewerber durch falsche Informationen aus dem Markt verdrängt, etwa weil sie sich nicht mehr als konkurrenzfähig ansehen.[72] Wenn nicht mehr der produktivste oder innovativste Wettbewerber Kapital erhält, sondern derjenige, der am besten Informationen verschleiert respektive unterdrückt, so verhindert dies wiederum volkswirtschaftliches Wachstum. Denn langfristig werden sich andere Unternehmen durchsetzen, was meist Arbeitsplatzabbau bei den unrentablen Unternehmen zur Folge hat und damit weniger Kaufkraft im Binnenmarkt bedeutet.

B. Unternehmenskontrolle

Informationen dienen aber nicht nur der Finanzierung von Unternehmen, sondern auch der Kontrolle von Unternehmen.

I. Principal-agent conflict

Ausgangspunkt dieser Überlegung ist die Fremdorganschaft (respektive Drittorganschaft) in den Kapitalgesellschaften. Im Gegensatz zu den Personengesellschaften (vgl. §§ 114, 125 HGB) muss der Geschäftsführer der GmbH respektive der Vorstand der AG nicht Gesellschafter sein. Für die GmbH ist dies in § 6

---

70 Vgl. zur Portfoliotheorie *Betsch/Groh/Lohmann*, Corporate Finance, S. 55 ff.

71 Vgl. dazu *Fleischer*, Gutachten F zum 64. Deutschen Juristentag (2002), F 100.

72 Vgl. *Coffee*, Columbia Law Review Vol. 106, No. 7, Symposium: Litigation Reform since PSLRA: A Ten-Year Retrospective, 1534 (1562 f.).

Abs. 3 S. 1 GmbHG explizit geregelt. Bei der Aktiengesellschaft ergibt sich dies aus § 76 Abs. 2 S. 1 und Abs. 3 AktG.[73]

Der Fremdorganschaft inhärent ist ein Konflikt, den man im Englischen als *principal-agent conflict* bezeichnet. Die Vorstände (engl. *agents*) treffen im Unternehmen die Entscheidungen, während die Aktionäre (engl. *principals*) das Risiko einer unternehmerischen Fehlentscheidung tragen. Das bedeutet für das Unternehmen, dass die Entscheidungsträger zunächst nicht das Risiko tragen, dass sich ihre Entscheidungen als Fehler herausstellen.[74]

Zur Auflösung dieses Konflikts hat der Gesetzgeber die Fremdorganschaft durch ein austariertes System von *checks and balances* ausgestaltet. Mit dem Ziel, die Interessen von Vorstand und Aktionären wieder gleichzuschalten, hat der Gesetzgeber dem Vorstand zunächst einen Ermessensspielraum hinsichtlich seiner (unternehmerischen)[75] Entscheidungen eingeräumt. In Deutschland wurde diese sog. *Business Judgement Rule* zunächst im Rahmen der Sorgfaltspflicht nach § 93 AktG und § 43 GmbHG durch die *ARAG/Garmenbeck*-Entscheidung des II. Zivilsenats des BGH[76] herausgearbeitet und entwickelt, ehe der Gesetzgeber sie in § 93 Abs. 1 S. 2 AktG kodifizierte. So haftet der Vorstand nicht, wenn er bei einer unternehmerischen Entscheidung vernünftigerweise annehmen durfte, auf der Grundlage angemessener Information zum Wohle der Gesellschaft zu handeln. Oft wird hierbei von einem *safe harbour* für den Geschäftsleiter gesprochen,[77] den er in Anspruch nehmen kann, wobei der dogmatische Hintergrund der Regelung umstritten geblieben ist.[78]

---

73 Vgl. *Koch*, in: Hüffer/Koch, AktG, § 76 Rn. 59; zur Rechtslage in der GmbH *Altmeppen*, in: Roth/Altmeppen, GmbHG, § 6 Rn. 2.

74 Vgl. *Möllers*, AcP 208 (2008), 1 (8): „Spesenreiterei und Interessenkonflikte dabei nur zwei naheliegende Gefahren".

75 Vgl. zur Frage nach der Anwendbarkeit auf gebundene Entscheidungen *Altmeppen*, ZIP 2016, 97 (97 f.).

76 BGHZ 135, 244 (253) = NJW 1997, 1926 – ARAG/Garmenbeck; zum neuesten Stand der Diskussion *Habersack*, NZG 2016, 321; *Reichert*, ZIP 2016, 1189.

77 Vgl. zuletzt *Bachmann*, ZHR 177 (2013), 1 (2).

78 Während die Business Judgement Rule oft als gesetzliche Konkretisierung der dem Vorstand abverlangten objektiven Pflicht angesehen wird, vgl. *Spindler*, in: MüKo AktG, § 93 Rn. 39; ausdrücklich *Hopt/Roth*, in: Großkomm. AktG, 4. Aufl., 2008, § 93 Abs. 1 Satz 2, 4 nF Rn. 12; wohl immer noch *Hopt/Roth*, in: Großkomm. AktG, § 93 Rn. 61; *Brömmelmeyer*, WM 2005, 2065 (2068); *Hoffmann-Becking*, NZG 2006, 127 (128); *Weiss/Buchner*, WM 2005, 162 (165): „keine Änderung der Sorgfaltspflicht und Verantwortlichkeit der Vorstandsmitglieder"; *Zumbansen/Lachner*, BB 2006, 613 (614): „größerer, haftungsfreier Handlungsspielraum", sprechen sich andere für eine

Der Ermessensspielraum, der dem Vorstand eingeräumt wird, ist jedoch nur eine Seite der Medaille. Ihm gegenüber – und untrennbar mit ihm verbunden – stehen sodann die Kontrollmöglichkeiten (sog. Corporate Governance), die vom Gesetzgeber geschaffen wurden, um den Vorstand bei seiner Ermessensausübung zu überwachen. Nur durch diese Wechselwirkung von Ermessen und Kontrolle kann der *principal-agent conflict* gelöst werden.

Zuvörderst sei hier der Aufsichtsrat genannt, der die Geschäftsführung zu überwachen hat (vgl. § 111 Abs. 1 AktG). Verstößt der Aufsichtsrat gegen diese Pflicht, so haftet er gemäß § 116 S. 1 in Verbindung mit § 93 AktG. Untermauert wird die Überwachungsfunktion des Aufsichtsrats durch die *ARAG/Garmenbeck*-Rechtsprechung des II. Zivilsenats des BGH,[79] nach welcher der Aufsichtsrat grundsätzlich dazu verpflichtet ist, Schadensersatzansprüche gegen den Vorstand im Namen der Gesellschaft geltend zu machen.[80] Aber nicht nur der Aufsichtsrat, sondern auch Großanleger, Arbeitnehmer und Banken haben meist einen privilegierten Zugang zu internen Unternehmensinformationen und kontrollieren nach ihren Möglichkeiten den Vorstand.[81] Alle genannten Akteure sind Teil der inneren Organisationsstruktur eines Unternehmens und formieren sich zum System der (unternehmens-)internen Corporate Governance.[82]

Daneben – und in Deutschland immer stärker im Fokus der juristischen Diskussion – steht die externe Corporate Governance, also ein Überwachungssystem, das außerhalb des Unternehmens angesiedelt ist. Sie umfasst die Kapitalmärkte, die Arbeitsmärkte für Manager und auch die Produktmärkte. Kennzeichen dieser externen Überwachung ist ihre indirekte Ausübung der Kontrolle. Während beispielsweise der Aufsichtsrat direkt den Vorstand kontrolliert, wirken die Märkte durch das Zusammenspiel von Nachfrage und Preis.[83]

Einordnung als Tatbestandsausschlussgrund aus, vgl. *Fleischer*, in: Spindler/Stilz, AktG, § 93 Rn. 64 f.; *Dauner-Lieb*, in: Henssler/Strohn, GesR, § 93 AktG Rn. 19. Schließlich wird die Business Judgement Rule von einigen als unwiderlegliche Rechtsvermutung angesehen, vgl. *Koch*, in: Hüffer/Koch, AktG, § 93 Rn. 14; dem folgend *Cahn/Müchler*, in: FS U. H. Schneider, S. 197 (208); sowie *Lutter*, in: FS Canaris Band II, S. 247.

79 BGHZ 135, 244 (251 ff.) = NJW 1997, 1926.

80 Zum derzeitigen Meinungsstand um die Umsetzung der Rechtsprechung in der Praxis, ausführlich *Koch*, NZG 2014, 934 (935 ff.).

81 *Hellgardt*, Kapitalmarktdeliktsrecht, S. 152.

82 *Hellgardt*, Kapitalmarktdeliktsrecht, S. 152.

83 Vgl. zum Ganzen *Hellgardt*, Kapitalmarktdeliktsrecht, S. 153.

II. Das Board of Directors in den USA

Um diese Zweiteilung der Kontrollmöglichkeiten besser zu verstehen, lohnt ein rechtsvergleichender Einschub. Während das deutsche Aktiengesetz eine strikte Trennung von Leitungsmacht (durch den Vorstand, § 76 AktG) und Kontrolle (durch den Aufsichtsrat, § 111 Abs. 1 AktG) kennt, ist dem US-amerikanischen Rechtssystem eine solche Trennung fremd.[84] Zwar hat sich in den USA das von *Eisenberg* begründete sog. *monitoring model* durchgesetzt,[85] das heißt, in den USA kann das *Board of Directors* grundsätzlich Überwachungsaufgaben einnehmen, jedoch ist es ein wesentliches Merkmal des US-amerikanischen Aktiengesellschaftsrechts, dass die Rollenabstimmung zwischen *Chief Executive Officer* (CEO) und *Board* weitestgehend der eigenen Gestaltungsfreiheit unterliegt.[86] So stellt es oft den Regelfall dar, dass der CEO eines amerikanischen Unternehmens gleichzeitig auch der Vorsitzende (engl. *chairman*) des *Board of Directors* ist. In Deutschland ist eine solche Aufgabendoppelung nicht vorgesehen (vgl. § 105 Abs. 1 AktG).[87] Hinzu kommt, dass das *Board* in den USA zwar selbst nicht hierarchisch strukturiert ist und als Kollegialorgan konzipiert wurde, es sich faktisch jedoch eine andere Rechtslage zeigt: Der CEO ist grundsätzlich „omnipotent".[88]

Vor diesem historischen Hintergrund erklärt sich, weshalb im US-amerikanischen Aktienrecht eine andere Art von Kontrolle etabliert werden musste. Denn wegen des weiten Ermessensspielraumes des CEO muss die Überwachungsaufgabe, die in Deutschland durch eine interne Kontrolle (eben durch den Aufsichtsrat)[89] erreicht wird und in den USA nicht durch ein ebenbürtiges Organ erfüllt werden kann, divergent geschehen. In den USA hat daher der Kapitalmarkt als externe Kontrolle diese Überwachungsfunktion eingenommen. So wird davon ausgegangen, dass sich Aktionäre von einem Unternehmen, das schlecht wirtschaftet, meist abwenden, was zur Folge hat, dass dessen Aktienkurs sinkt, was negativ auf den Vorstand zurückfällt.[90] Auch ruft ein schlecht wirtschaftendes Unternehmen oftmals Akteure auf den Plan, deren Auftreten das

---

84 Vgl. zum amerikanischen Boardsystem *von Hein*, RIW 2002, 501 (501 ff.).

85 Vgl. *Eisenberg*, The Structure of the Corporation, S. 177–185.

86 Vgl. dazu und zur Diskussion um das sog. monitoring model *Windbichler*, ZGR 1985, 50 (54 ff.).

87 Nach herrschender Auffassung gilt dies auch für die GmbH, vgl. *Altmeppen*, in: Roth/Altmeppen, GmbHG, § 6 Rn. 21.

88 *von Hein*, RIW 2002, 501 (502).

89 Vgl. dazu näher *Hellgardt*, Kapitalmarktdeliktsrecht, S. 152 f.

90 *Hellgardt*, Kapitalmarktdeliktsrecht, S. 151 f.: Der Investor habe „zwei grundlegende Handlungsalternativen: Abwanderung (exit) oder Widerspruch (voice)."

Management grundsätzlich vermeiden möchte: Wird für Marktteilnehmer ersichtlich, dass ein Unternehmen unterbewertet ist, steigt die Gefahr einer feindlichen Übernahme durch einen Konkurrenten.[91] Meist wird in diesem Zuge das Management ausgetauscht.[92]

Der Kapitalmarkt stellt insofern in den USA ein Korrektiv für das Fehlverhalten des Vorstands dar.[93] In Deutschland spielt die externe Kontrolle dagegen (noch) keine wesentliche Rolle. Hier wurde der Fokus stets auf die internen Kontrollmöglichkeiten des Aufsichtsrates gerichtet, die als ausreichend erachtet wurden.

III. Externe Kontrolle auch in Deutschland?

Im deutschen Aktienrecht ist das Amt des Vorstands mit weitaus weniger Rechten ausgestattet.[94] Mit dem Aufsichtsrat gibt es in Deutschland eine starke interne Überwachungsmöglichkeit.[95] Zudem ist der Aufsichtsrat nach der *ARAG/Garmenbeck*-Rechtsprechung des II. Zivilsenats des BGH verpflichtet, Ansprüche gegen den Vorstand einer Aktiengesellschaft durchzusetzen.[96] Gleichwohl muss der Aufsichtsrat bei der Frage, ob Schadensersatzansprüche gegen den Vorstand geltend gemacht werden sollen, stets auch das Unternehmensinteresse berücksichtigen. Daher kommt es in der Praxis nicht selten vor, dass Ansprüche gegen den Vorstand nicht geltend gemacht werden.[97] Aus diesem Grund hat auch in Deutschland eine Diskussion darüber begonnen, wie der Kapitalmarkt als Überwachungsinstrument eingesetzt werden kann.[98] Um eine effektive Kontrolle ausüben zu können, müssen nach Ansicht einiger Stimmen in der Literatur beide Arten kombiniert werden.[99]

---

91 *Coffee*, Columbia Law Review Vol. 106, No. 7, Symposium: Litigation Reform since PSLRA: A Ten-Year Retrospective, 1534 (1565 f.).

92 *Schanz*, NZG 2000, 337 (338).

93 *Hellgardt*, Kapitalmarktdeliktsrecht, S. 153 ff.

94 Vgl. zur Funktion und Stellung des Vorstandes *Fleischer*, ZGR 2001, 1 (25); *Hoffmann-Becking*, ZGR 1998, 497 (506 ff.); *Martens*, in: FS Fleck, S. 191; *Bezzenberger*, ZGR 1996, 661; *Semler*, in: FS Lutter, S. 727 ff.; *Peltzer/v. Werder*, AG 2001, 1 (2 ff.).

95 Vgl. dazu nur *Habersack*, in: MüKo AktG, § 111 Rn. 60 ff.

96 Siehe oben Erster Teil, 2. Kapitel, § 1, B. I. mit Fn. 76.

97 Vgl. *Koch*, NZG 2014, 934 (937 f.); zuletzt *Habersack*, NZG 2016, 321 (321 ff.).

98 Vgl. schon *Hopt*, ZGR 2000, 779 (782 f.).

99 So bspw. *Hopt*, Der Kapitalanlegerschutz im Recht der Banken, S. 224.

§ 2 Ökonomische Theorie

Der entscheidende Aspekt eines funktionierenden Kapitalmarktes ist nach dem oben Gesagten das Zur-Verfügung-Stellen von ausreichenden und zutreffenden Informationen durch die am Kapitalmarkt präsenten Akteure. Nur wenn die relevanten Informationen dem Markt bekannt sind, kann der Kapitalmarkt seine Finanzierungs- und Kontrollfunktion wahrnehmen. Im Folgenden soll der Frage nachgegangen werden, wie die Produktion von Informationen geschieht. Hierzu bietet die Ökonomie wichtige Anhaltspunkte, die später im Rahmen der rechtsdogmatischen Untersuchung wieder aufgegriffen werden sollen.

A. Die Neue Institutionenökonomik

Lange Zeit ging die Wirtschaftswissenschaft von einer vollkommenen Rationalität der Marktakteure aus, die über sämtliche am Markt vorhandenen Informationen verfügten (sog. neoklassisches Modell). Weil die am Markt handelnden Akteure vollkommen informiert seien, stellte sich nach diesem Modell nicht die Frage nach der Informationsgewinnung und -verwertung. Daher gab es auch keinen Anlass, nach einer Optimierung der Informationsstruktur zu suchen.[100]

Erst mit der Veränderung der Prämissen des neoklassischen Modells, das erheblich von den Bedingungen der Realität abwich und sich deshalb zunehmender Kritik ausgesetzt sah, öffnete sich die Wirtschaftswissenschaft der Informationsproblematik.[101] Die heute vorherrschende neue Institutionenökonomik geht von der Annahme unvollkommener Rationalität der Marktakteure aus. Zudem nimmt sie an, dass die Akteure nicht vollständig informiert seien.

Damit entsteht die Problematik der Informationsgewinnung und -verwertung: Informationen müssen erst am Markt erworben werden und der Erwerb ist mit Kosten verbunden. Wie und warum – trotz dieser Kosten – die Informationsgewinnung geschieht, beantwortet in der Theorie das Informationsarbitragemodell.[102]

---

100 Vgl. zum Ganzen *Merkt*, Unternehmenspublizität, S. 208.

101 Vgl. zu dieser Entwicklung *Assmann*, Prospekthaftung, S. 276 ff.

102 Ausführlich dazu *Richter/Furubotn*, Neue Institutionenökonomik, S. 2 f.

B. *Informationsarbitragemodell*

Informationsgewinnung geschieht durch Transaktionen unterschiedlich gut informierter Akteure. Um dies zu verstehen, ist zwischen den verschiedenen am Kapitalmarkt auftretenden Akteuren zu unterscheiden.[103]

Zunächst agieren uninformierte Händler am Kapitalmarkt, die zum Beispiel aufgrund von Marktgerüchten fälschlicherweise glauben, sie hätten eine kursrelevante Information (sog. *noise traders*). Sie nützen dem Kapitalmarkt allerdings insofern nicht, als es um das Aufdecken und Einpreisen neuer Informationen geht, zumal sie nicht den Aufwand betreiben, nach neuen Informationen zu suchen.[104]

Daneben stehen die sogenannten Utilitätshändler (*utility traders*), zum Beispiel Portfolioinvestoren. Diese suchen ebenfalls nicht nach Informationen, um Unterschiede zwischen Börsenwert und Fundamentalwert ausfindig zu machen. Sie streuen vielmehr ihr Geld auf verschiedene Unternehmen und versuchen, über ein breit diversifiziertes Portfolio möglichst viel Rendite bei minimalem Risiko zu erzielen. Da sie nicht an neuen, noch nicht bekannten Informationen interessiert sind, bringen auch sie hinsichtlich der Markteffizienz keinen Mehrwert.[105]

Informationsgewinnung – und damit letztlich auch die Herstellung von Markttransparenz – geschieht allein dadurch, dass sogenannte Informationshändler kursrelevante Informationen bezüglich eines Finanzinstruments suchen und mit dem aktuellen Wert des Finanzinstruments vergleichen.[106] Ist ein Finanzinstrument unterbewertet, so kaufen es die Informationshändler; ist es überbewertet, so verkaufen sie es.

Das Einpreisen der Informationen durch die Informationshändler sorgt dafür, dass der Kaufpreis eines Finanzinstruments seinem „wahren" Wert entspricht, also dem Preis, auf den sich alle Marktteilnehmer einigen würden, wenn sie über sämtliche Informationen bezüglich dieses Finanzinstruments verfügen würden – dem sog. *Fundamentalwert* des Finanzinstruments.[107] Nach kurzer

---

103 Ein Überblick über die Entstehung von Markteffizienz findet sich bei *Klöhn*, in: Kölner Kommentar WpHG, Vor §§ 12–14 Rn. 84 ff.

104 Vgl. *Klöhn*, in: Kölner Kommentar WpHG, Vor §§ 12–14 Rn. 86.

105 Siehe *Klöhn*, in: Kölner Kommentar WpHG, Vor §§ 12–14 Rn. 87.

106 Vgl. *Klöhn*, in: Kölner Kommentar WpHG, Vor §§ 12–14 Rn. 85 ff.

107 Spezifisch für den Fundamentalwert ist, dass er ein Erwartungswert ist, das Finanzinstrument also mit Blick auf die Zukunft bewertet wird. Ändern sich Umstände, die die Sphäre dieses Finanzinstruments tangieren, so ändert sich auch der Erwartungswert und dementsprechend der Preis des Finanzinstruments. Ein funktionierender Kapitalmarkt zeichnet sich somit dadurch aus, dass alle Informationen, die eine zukünftige Bewertung eines Finanzinstruments ermöglichen, sofort und richtig in

Zeit entspricht dann der Marktwert wieder dem Fundamentalwert, das heißt, beide Werte haben sich wieder angeglichen.

Die Profitmöglichkeit (sog. *Arbitragemöglichkeit*) stellt dabei den Anreiz für die Informationshändler dar, nach neuen Informationen zu suchen, obwohl die Suche mit Kosten verbunden ist. Die Informationshändler können entweder die neue Information entgeltlich an Dritte weitergeben oder sich selbst an Transaktionen beteiligen, die aufgrund ihres (legalen) Wissensvorsprungs vorteilhaft für sie sind. Die Profitmöglichkeit besteht so lange, bis es keine neuen Informationen mehr gibt. Die Informationshändler stellen folglich die Markteffizienz her. Ihre Existenz ist von großer Bedeutung für den Kapitalmarkt, da nur durch sie die neuen Informationen in den bisherigen Kurs eingepreist werden.[108]

Auf der einen Seite ist es daher wichtig, dass es ein gewisses Informationsungleichgewicht am Markt gibt. Andernfalls würde für die Informationshändler keine Arbitragemöglichkeit bestehen. Auf der anderen Seite darf das Informationsungleichgewicht aber nicht ungerechtfertigt sein. Verfügt ein Marktteilnehmer nämlich allein deshalb über Informationen, weil er als Insider an diese Informationen gelangt ist, hat er für den Informationsvorsprung keine Investitionen getätigt, während die Informationshändler nicht diese Informationen besitzen, obwohl sie in die Informationsbeschaffung investiert haben. Dieses Chancenungleichgewicht führt letztlich dazu, dass die Informationshändler erkennen, dass sie für den Moment keine Arbitragemöglichkeit haben beziehungsweise bei einem direkten Handel mit dem Insider Verluste erleiden, weil sie am Markt übervorteilt werden und daher den Handel vorübergehend einstellen, was zur Ineffizienz des Kapitalmarktes führt.[109]

Kurzum: Ein Informationsungleichgewicht ist nicht nur nicht schädlich, sondern wesentliche Voraussetzung eines funktionierenden Kapitalmarktes. Der Informationsvorsprung darf aber nicht ungerechtfertigt sein.

C. *Notwendigkeit staatlicher Regulierung*

Nach dem bisher Gesagten ist aber noch nicht die Frage beantwortet, ob der Markt selbst für eine hinreichende Publizität sorgt, oder ob die Notwendigkeit staatlicher Offenlegungspflichten besteht. Auch hierzu bietet die Wirtschaftswissenschaft wichtige Erkenntnisse.

---

den Kapitalmarkt gelangen, vgl. *Klöhn*, in: Kölner Kommentar WpHG, Vor §§ 12–14 Rn. 72 m.w.N.

108 Vgl. zum Ganzen *Klöhn*, ZHR 177 (2013), 349 (354 f.).

109 Vgl. *Goshen/Parchomovsky*, 55 Duke Law Journal, 711 (734).

In der Informationsökonomik finden sich verschiedene theoretische Ansätze, die eine staatliche Regulierung ablehnen, weil die Akteure ihre Informationen freiwillig veröffentlichen würden.[110] So geht etwa die *Agency-Cost-Theory* davon aus, dass die Geschäftsführung eines Unternehmens bereits aus Eigeninteresse genügend Anlass habe, sämtliche Informationen freiwillig offenzulegen, da sie andernfalls Abschläge von den Geschäftsführergehältern fürchten müsse.[111] Auch die *Signal-Theory* geht davon aus, dass positive Informationen schon aus Eigeninteresse veröffentlicht würden.[112] Schließlich nimmt die *Kapitalmarkteffizienzhypothese* (*Efficient Capital Market Hypothesis - ECMH*) in ihrer strengen Form an, dass ein Kapitalmarktpreis bereits alle öffentlich bekannten Informationen vollständig reflektiert.[113] Daraus wird zweierlei gefolgert: Zum einen, dass eine sog. *Informationseffizienz* bestehe, der Marktpreis also alle Informationen zu jedem Zeitpunkt reflektiere. Zum anderen wird unterstellt, dass der Marktpreis immer zutreffend sei, da er alle relevanten Informationen bereits beinhalte (sog. *fundamentale Effizienz*). Eine Notwendigkeit von Publizitätsregelungen bestehe daher nicht.

Diese Theorien erfuhren zu Recht Widerspruch von Teilen der Finanzierungsliteratur, die unter dem Begriff der *Behavioral Finance* Anerkennung erlangte.[114] Die oben nachgezeichneten Theorien können allesamt nicht erklären, warum es bisweilen zu einem Marktversagen kommt. So können Informationen beispielsweise auch gezielt zur Täuschung eingesetzt werden. Auch kann es zu einer Über- oder Unterproduktion von Informationen kommen. Schließlich wird auch die augenscheinliche Tatsache, dass die Veröffentlichung negativer Informationen meist nicht im Interesse der Geschäftsleitung liegt, von den oben genannten Theorien verkannt.[115] Gerade bei Rechtsverstößen wird der Emittent oft versuchen, diese der Öffentlichkeit vorzuenthalten, zumal er Geldbußen, Strafen und weitere (vor allem wirtschaftliche) Konsequenzen fürchten muss. Bestes Beispiel hierfür ist der VW-Skandal: Als bekannt wurde, dass die Abgaswerte von den eigenen Angaben abwichen, wurde versucht, mit den US-Behörden diskrete Vereinbarungen zu treffen, um den Vorfall vor der Öffentlichkeit geheim zu halten. Auch als die Manipulationen intern bekannt wurden, wurde noch alles versucht, keine Informationen an die Öffentlichkeit gelangen

110 Ein Überblick findet sich bei *Gulati*, UCLA Law Review 46, 675 (689 ff.).

111 Vgl. dazu *Merkt*, Unternehmenspublizität, S. 212 f.

112 Vgl. *Merkt*, Unternehmenspublizität, S. 213 ff.

113 Ausführlich hierzu *Leis/Nowak*, Ad-hoc-Publizität nach § 15 WpHG, S. 181 ff.

114 Vgl. *Klöhn*, in: Kölner Kommentar WpHG, Vor §§ 12–14 Rn. 81 ff. m.w.N.

115 Vgl. zum Ganzen *Merkt*, Unternehmenspublizität, S. 217 ff. m.w.N.

zu lassen. Verstärkt wird der Impuls der Manager eines Unternehmens, Rechtsverstöße und sonstige negative Nachrichten aus der Unternehmenssphäre vor der Öffentlichkeit fernzuhalten, noch dadurch, dass ihre Gehälter in Form von Boni direkt an den Unternehmenserfolg geknüpft sind.[116]

Vorherrschend ist heute die *Kapitalmarkteffizienzhypothese* in ihrer mittelstrengen Form, die grundsätzlich davon auszugeht, dass der Preis eines Wertpapiers (nach einer sehr kurzen Zeitspanne des Einpreisens) alle öffentlich bekannten Informationen vollständig widerspiegelt,[117] die jedoch um die Gedanken der *Behavioral Finance* erweitert wird und anerkennt, dass der Arbitragemöglichkeit Grenzen gesetzt sind und Anleger auch systematisch irren können.[118]

§ 3 Folgerungen für die rechtswissenschaftliche Untersuchung

Aus der Skizze der ökonomischen Grundlagen lassen sich erste Folgerungen für das Ziel der Schaffung eines effektiven Kapitalmarktes ziehen. Um das Ziel eines funktionalen Kapitalmarktes zu erreichen und somit die Finanzierung von Unternehmen und die Kontrolle der Geschäftsführung zu gewährleisten, müssen dem Markt in seiner Gesamtheit alle relevanten Informationen zur Verfügung gestellt werden. In der modernen Ökonomie wird angenommen, dass Informationshändler für diese Informationsproduktion sorgen. Der Anreiz der Informationshändler, aus der Suche nach neuen Informationen Profite zu generieren, wird dadurch gemindert, dass andere Marktteilnehmer die Informationshändler durch den Einsatz von Informationen, zu denen die Informationshändler keinen Zugang haben, übervorteilen. Dieser Informationsvorsprung der Insider ist aus ökonomischer Sicht ungerechtfertigt, weil diese nicht nach Informationen suchen und allein aufgrund der Chancenungleichheit an die Profitmöglichkeit gelangen.

Damit die Informationshändler weiter nach neuen Informationen suchen, muss daher das Kapitalmarktrecht gewährleisten, dass sämtliche Marktteilnehmer – sogar gegen ihren eigenen Willen – zu maximaler Marktintegrität beitragen. Konkret ist es Aufgabe des Staates dafür zu sorgen, dass Informationshindernisse beseitigt, unzutreffende Informationen berichtigt und Anreize für die Produktion zusätzlicher Informationen geschaffen werden.[119]

---

116 Vgl. zum Sachverhalt oben Erster Teil, 1. Kapitel, § 3.

117 *Klöhn*, in: Kölner Kommentar WpHG, Vor §§ 12–14 Rn. 77.

118 Siehe dazu *Hellgardt*, Kapitalmarktdeliktsrecht, S. 124; *Klöhn*, in: Kölner Kommentar WpHG, Vor §§ 12–14 Rn. 81 ff.

119 *Merkt*, Unternehmenspublizität, S. 224 f.: „Der Staat nimmt die Rolle eines facilitators ein".

Große Bedeutung kommt schließlich der Tatsache zu, dass die Informationsgewinnung von der Wirtschaftswissenschaft primär funktionsorientiert betrachtet wird.[120] Im Zentrum der Überlegungen steht damit nicht der einzelne Anleger, sondern der Markt in seiner Gesamtheit.

3. Kapitel: Das „Wie“ der Normdurchsetzung

Das Ziel, dass alle relevanten Informationen rechtzeitig und wahrheitsgemäß an die Öffentlichkeit gelangen, um die Finanzierung und Kontrolle von Unternehmen beziehungsweise deren Organen zu gewährleisten, ist die vornehmliche Aufgabe des Kapitalmarktrechts, das hierfür die Rahmenbedingungen zu schaffen hat. Insbesondere mit Blick auf die oben beschriebene dem Kapitalmarkt immanente Gegebenheit, dass die Marktteilnehmer oftmals ein großes Interesse an der Geheimhaltung oder Manipulation von bestimmten Informationen haben, steht und fällt der Handel mit Wertpapieren am Sekundärmarkt mit der wirksamen Durchsetzung der Verpflichtung zur Offenlegung aller relevanten Informationen gegenüber dem Emittenten und den übrigen Marktteilnehmern beziehungsweise dem Verbot, mit Insiderinformationen zu handeln oder den Markt zu manipulieren.

Diese Ge- und Verbote können mittels verschiedenster Sanktionsinstrumente durchgesetzt werden. Im Folgenden soll ein Überblick darüber gegeben werden, welche unterschiedlichen Instrumente hinsichtlich der Durchsetzung von Marktverhaltensnormen existieren, wie diese eingeordnet werden können und welchen Zweck sie erfüllen. Insoweit geht es daher um das „Wie“ der Normdurchsetzung. In Deutschland besteht grundsätzlich eine klare Abgrenzung hinsichtlich der möglichen Sanktionen. Sie können in verwaltungs-, straf- und zivilrechtliche Sanktionen unterteilt werden. Zu erörtern ist, inwiefern sie jeweils zur Durchsetzung von Rechtsnormen geeignet sind.

§ 1 Verwaltungsrechtliche Normdurchsetzung

Verwaltungsrechtliche Normdurchsetzung bedeutet in erster Linie staatliche Aufsicht (sog. Wirtschaftsaufsicht). Sie soll die Funktionsfähigkeit des Marktes gewährleisten, ohne jedoch zu sehr in die Gewerbefreiheit der einzelnen

---

120 Vgl. dazu *Hopt*, Der Kapitalanlegerschutz im Recht der Banken, S. 413 ff.; *Schwark*, Anlegerschutz durch Wirtschaftsrecht, S. 171 ff.; *Assmann*, Prospekthaftung, S. 24 ff.; *Meier-Schatz*, Wirtschaftsrecht und Unternehmenspublizität, S. 143 ff.

Marktteilnehmer einzugreifen.[121] Die Wirtschaftsaufsicht unterliegt in Deutschland hinsichtlich des Kapitalmarktrechts der Bundesanstalt für Finanzdienstleistungsaufsicht (BaFin), die zum Geschäftsbereich des Bundesministeriums für Finanzen gehört. Sie überwacht die gesetzlich festgesetzten Verhaltensnormen und holt dazu von den jeweiligen Normadressaten Informationen ein, um gegebenenfalls zu beanstandende Verhaltensweisen zu beenden. Hierfür stehen ihr insbesondere Ermittlungs- und Zwangsbefugnisse zur Verfügung.[122] Mittels dieser verwaltungsverfahrensrechtlichen Befugnisse kann die BaFin marktschädigendes Verhalten spezialpräventiv unterbinden.

Darüber hinaus kann die BaFin notwendige Maßnahmen, wie etwa die Verhängung von Bußgeldern oder Untersagungsverfügungen, ergreifen, um bereits begangene Verstöße zu sanktionieren.[123] Dabei gelten die Geldbußen nicht zuletzt deshalb als besonders wirkungsvoll, weil sie neben der Ahndung von natürlichen Personen unter den Voraussetzungen des § 30 OWiG auch die Ahndung von Unternehmen ermöglichen (sog. Verbandsbuße).[124] So wurden in der Praxis ganz überwiegend Verbandsgeldbußen verhängt, wohingegen Geldbußen gegen natürliche Personen bislang die Ausnahme blieben.[125]

Damit dient das Aufsichtsrecht der vorbeugenden Abwehr von Missständen respektive deren Beseitigung und der Wiederherstellung des ordnungsgemäßen Zustandes. Neben der Prävention von missbräuchlichem Verhalten soll die Verhängung von Bußgeldern repressiv wirken, allerdings – im Gegensatz zum Strafrecht – „ohne den Betroffenen dem Vorwurf inkriminierender, sozialunethischer Verhaltensweisen auszusetzen".[126]

§ 2 Strafrechtliche Normdurchsetzung

Die öffentlich-rechtliche Normdurchsetzung erfolgt außer mit den verwaltungsrechtlichen Maßnahmen auch durch Verhängung von Kriminalstrafen im

121 *Poelzig*, Normdurchsetzung durch Privatrecht, S. 19.

122 Neben den Maßnahmen im Verwaltungsvollstreckungsgesetz finden ergänzend die Regelungen in § 17 FinDAG Anwendung.

123 Vgl. zum Ganzen *Poelzig*, Normdurchsetzung durch Privatrecht, S. 20; zu den Steuerungsvorteilen öffentlich-rechtlicher Instrumente ausführlich auch *J. Hecker*, Marktoptimierende Wirtschaftsaufsicht, S. 104 ff.

124 Vgl. *Heinrich/Krämer/Mückenberger*, ZIP 2014, 1557 (1558); *Canzler/Hammermaier*, AG 2014, 57 (58).

125 Vgl. *Heinrich/Krämer/Mückenberger*, ZIP 2014, 1557 (1558) mit Fn. 9.

126 *Canzler/Hammermaier*, AG 2014, 57 (58); *Bohrer*, in: Fleischer/Kalss/Vogt, Enforcement im Gesellschaft- und Kapitalmarktrecht 2015, S. 246.

Rahmen des Wirtschaftsstrafrechts. Den Strafverfolgungsbehörden stehen hierzu sehr weitreichende Ermittlungsbefugnisse zu.[127] Während dem Aufsichtsrecht – wie soeben gezeigt – sowohl eine präventive als auch eine repressive Funktion zukommt, geht es beim Strafrecht in erster Linie um die nachträgliche Bestrafung für begangenes Unrecht. Zwar beinhaltet das Strafrecht auch eine präventive Komponente, diese stellt jedoch einen bloßen Reflex dar.[128]

§ 3 Privatrechtliche Normdurchsetzung

Ob auch privatrechtliche Sanktionen zur Durchsetzung von Verhaltensnormen herangezogen werden können, ist vielfach umstritten und hängt davon ab, welche Funktion(en) man dem Privatrecht, insbesondere den Schadensersatzansprüchen, beimisst.

A. Ausgleichsfunktion

Dem Schadensersatzrecht kommt im deutschen Recht zunächst die Rolle des Nachteilsausgleichs zu.[129] Erleidet eine natürliche oder juristische Person einen Schaden durch einen Dritten, so sorgt das Privatrecht für die anschließende Kompensation – nach der Systematik des BGB grundsätzlich durch Naturalrestitution (§ 249 Abs. 1 BGB), in der Praxis aber überwiegend durch Zahlung einer Geldsumme (§§ 249 Abs. 2, 251 BGB).[130] Hintergrund ist die sog. *Restitutionslehre*, die den Schadensersatz als Ausprägung der ausgleichenden Gerechtigkeit ansieht.[131] Stets steht dabei das Individuum im Zentrum der Betrachtung.[132]

Gleichwohl ist allerdings zu beachten, dass nicht überall dort, wo ein Schaden entstanden ist, auch gleichzeitig ein Anspruch gegen einen Dritten auf Ausgleich

---

127 *Poelzig*, Normdurchsetzung durch Privatrecht, S. 22 ff. m.w.N.

128 *Bohrer*, in: Fleischer/Kalss/Vogt, Enforcement im Gesellschaft- und Kapitalmarktrecht 2015, S. 246.

129 *Oetker*, in: MüKo BGB, § 249 Rn. 8; aus der Rspr. etwa BGH NJW 2004, 3324 (3325) = BGHZ 160, 26: „Der Zweck des Schadensersatzes erschöpft sich allerdings im Ausgleich des in haftungsrechtlich erheblicher Weise verursachten Schadens"; *Wilhelmi*, Risikoschutz durch Privatrecht, S. 62 f.; näher zum Ausgleichsprinzip *Jansen*, JZ 2005, 160 (162 f.); *Lange/Schiemann*, Schadensersatz, S. 9 ff.; *Esser/Schmidt*, Schuldrecht Band I AT, S. 172 ff. sowie bereits Mot. II, S. 17 f.

130 *Bohrer*, in: Fleischer/Kalss/Vogt, Enforcement im Gesellschaft- und Kapitalmarktrecht 2015, S. 245 f.

131 Vgl. *Jansen*, in: HKK zum BGB, §§ 249–253, 255 Rn. 17 f.; *Brand*, Schadensersatzrecht, S. 14.

132 Vgl. nur *Wendehorst*, Anspruch und Ausgleich, S. 3 ff.

des Schadens besteht. Vielmehr gilt grundsätzlich das Prinzip des *casum sentit dominus.*[133] Die Grenze, wann es bei diesem Grundgedanken bleibt und in welchen Fällen es tatsächlich zu einem Schadensausgleich durch einen Dritten kommt, ist durch das Deliktsrecht zu ziehen. Dieses gewährt einen Schadensersatzanspruch zunächst bei Verletzung eines absoluten subjektiven Rechts oder Rechtsguts (§ 823 Abs. 1 BGB).[134] Reine Vermögensinteressen, um die es bei Marktmissbrauch geht, sind grundsätzlich nur nach Maßgabe des § 826 BGB, also bei vorsätzlichem, sittenwidrigem Handeln, deliktsrechtlich sanktioniert.[135] Eine allgemeine Fahrlässigkeitshaftung für reine Vermögensschäden ist vom Gesetzgeber im Grundsatz nicht intendiert.[136] Eine Ausnahme hiervon gilt bei fahrlässiger Begehung nur im Anwendungsbereich des § 823 Abs. 2 BGB. Dieser ist eröffnet, wenn die betroffene Regelung ein Schutzgesetz im Sinne des § 823 Abs. 2 BGB ist.

Wann dies der Fall ist, ist nicht immer leicht feststellbar. Orientierung für die Klärung der Frage nach dem Schutzgesetzcharakter einer Norm bietet die Schutznormtheorie des öffentlichen Rechts.[137] Nach dieser ist eine Norm drittschützend, wenn sie neben dem Schutz von Allgemeininteressen auch den Schutz von Interessen konkreter Dritter bezweckt. Indizien dafür sind der Wille des Gesetzgebers, der beispielsweise durch die Erwähnung des Dritten in der Vorschrift zum Ausdruck kommen kann, die Intensität der Interessengefährdung sowie die Unterscheidbarkeit des geschützten Personenkreises von der Allgemeinheit.[138] Entscheidend kommt es darauf an, dass die verletzte Vorschrift dem Schutz von Individualinteressen zu dienen bestimmt ist. Der Individualschutz darf damit nicht lediglich Reflex der verletzten Verhaltensnorm sein, sondern muss im Aufgabenbereich der Norm liegen.

Die Bejahung der Schutzgesetzeigenschaft im Sinne des § 823 Abs. 2 BGB darf dabei keinesfalls ausufern. Hintergrund der strengen Anforderungen an die Schutzgesetzeigenschaft und damit an den Schadensersatzanspruch nach § 823 Abs. 2 BGB ist die Selbstbindung der Judikative (*judicial selfrestraint*). Da der Gesetzgeber mit seinem deliktsrechtlichen System klargestellt hat, dass er eine Haftung für Vermögensschäden bei einfacher Fahrlässigkeit nicht konstituieren wollte (vgl. § 823 Abs. 1 BGB einerseits und § 826 BGB andererseits), muss dem

---

133 Vgl. *Wagner*, in: MüKo BGB, Vor § 823 Rn. 43.

134 *Wagner*, in: MüKo BGB, § 823 Rn. 62.

135 *Wagner*, in: MüKo BGB, § 823 Rn. 474.

136 *Wagner*, in: MüKo BGB, § 823 Rn. 476.

137 *Wagner*, in: MüKo BGB, § 823 Rn. 501.

138 Siehe nur *Kaiser*, WM 1997, 1557 (1559).

von der Rechtsprechung durch eine restriktive Handhabung des § 823 Abs. 2 BGB entsprochen werden.[139] Um den Gewaltenteilungsgrundsatz zu wahren und mit Hinblick auf die Legislative zu verhindern, dass dieser Rechtsfolgen „untergeschoben" werden, für die kein expliziter gesetzgeberischer Wille vorliegt, bindet sich die Judikative mit der Schutznormlehre folglich selbst.[140]

B. Strafe

Als Teil des deutschen Obligationenrechts wurzelt das Deliktsrecht im römischen Recht, genauer im Talionsrecht, wo es demselben Rechtsinstitut wie das öffentliche Strafrecht entsprang.[141] Seit Ende des 19. Jahrhunderts besteht aber weitgehend Einigkeit darüber, dass – ungeachtet des gemeinsamen Ursprungs – dem Schadensersatzrecht des BGB keine Straffunktion mehr zukommen soll.[142] So entschieden sich dann auch die Motive des BGB gegen die „Hereinziehung moralisierender oder strafrechtlicher Gesichtspunkte" in das private Deliktsrecht.[143] Gesetzgeber und Rechtsprechung haben an diesem Grundsatz bis heute festgehalten. So werden beispielsweise Schadensersatzansprüche aus ausländischen Urteilen in Deutschland nicht vollstreckt, wenn sie anderen Zwecken als der Entschädigung dienen (vgl. Art. 26 Rom-II-Verordnung, Art. 40 Abs. 3 Nr. 1, 2 EGBGB, §§ 328 Abs. 1 Nr. 4, 722 ZPO).[144] Sofern es heute dennoch Überschneidungen zwischen Delikts- und Strafrecht gibt, etwa beim Verweis des § 823 Abs. 2 BGB auf strafrechtliche Vorschriften oder bei der Möglichkeit einer Geltendmachung von zivilrechtlichen Ansprüchen im Strafprozess (sog. Adhäsionsverfahren), so sind diese Überschneidungen als Ausnahmen und damit als Beleg für die grundsätzliche Trennung von Delikts- und Strafrecht zu verstehen.[145]

Dagegen wird von einzelnen Stimmen in der Literatur – immer noch beziehungsweise wieder – auch im Schadensersatzrecht eine Straffunktion erkannt.[146] Diese Ansicht stützt sich hauptsächlich auf eine Formulierung des Großen

---

139 Vgl. *Zetzsche*, ZHR 179 (2015), 490 (509) m.w.N.

140 Vgl. dazu *Schmolke*, NZG 2016, 721 (725).

141 Vgl. *Wagner*, in: MüKo BGB, Vor § 823 Rn. 2 m.w.N.

142 Statt aller *Oetker*, in: MüKo BGB, § 249 Rn. 8.

143 Mot. II S. 17 f.

144 Prominentes Beispiel hierfür sind Schadensersatzansprüche nach US-amerikanischem Recht, die sog. *punitive damages* enthalten; vgl. zum Ganzen *Brand*, Schadensersatzrecht, S. 14 f.

145 In diese Richtung *Wagner*, in: MüKo BGB, Vor § 823 Rn. 2 m.w.N.

146 Vgl. die Arbeiten von *Ebert*, Pönale Elemente im deutschen Privatrecht; *Klumpp*, Die Privatstrafe; *Grossfeld*, Die Privatstrafe.

Zivilsenats des BGH, der erläutert, das Schmerzensgeld verfolge nicht nur Kompensationszwecke, sondern in ihm schwinge „auch heute noch etwas vom Charakter der Buße oder […] der Genugtuung mit".[147]

Dem ist mit der ganz überwiegenden Ansicht in der Literatur entgegenzuhalten, dass hierbei die Straffunktion mit der Präventionsfunktion verwechselt wird. Gerade die oben genannten Normen stellen klar, dass der Gesetzgeber keine pönalen Elemente im deutschen Privatrecht vorsieht. Denn Strafzweck ist neben der Prävention die Vergeltung für begangenes Unrecht. Eine als Sühne verstandene Genugtuungsfunktion von Schadensersatzansprüchen muss schon aus dem einfachen Grund scheitern, dass heutzutage die meisten Schäden versicherbar sind. Ein Interesse des Opfers an Vergeltung läuft insofern von vornherein leer. Auch ist nicht einzusehen, warum eine solche Bußfunktion nur im Falle von Schmerzensgeld vorliegen sollte und nicht auch bei Vermögensschäden.[148]

C. *Prävention*

Dagegen lässt sich trefflich darüber streiten, ob der Zweck des Zivilrechts auch in der Prävention, also der Vermeidung zukünftiger Schäden durch Vermittlung von Anreizen zu kosteneffizienten Sorgfaltsmaßnahmen, liegt.[149] Dabei geht es nicht um die Frage, ob Prävention eine erwünschte, mittelbare Konsequenz des Deliktsrechts ist – eine solche Sicht des Deliktsrechts dürfte wohl als allgemein anerkannt gelten.[150] Vielmehr geht es um die Frage, ob neben der Kompensationsfunktion eine zweite, eigenständige Funktion besteht, die Konsequenzen für die normative Orientierung des Deliktsrechts nach sich zieht. Die entscheidende Frage ist: Kann die Präventionsfunktion des Deliktsrechts dazu in der Lage sein, eigenständig Schadensersatzansprüche zu begründen?[151]

Nach herrschender Ansicht im Schrifttum wird den §§ 249 ff. BGB keine präventive Funktion beigemessen. Alleinige Funktion des Zivilrechts sei die Kompensation eingetretener Schäden. Zwar wirke das Zivilrecht reflexartig

147 BGHZ 18, 149 (155).

148 Vgl. zum Streitstand *Wagner*, in: MüKo BGB, Vor § 823 Rn. 48 m.w.N.

149 *Wagner*, in: MüKo BGB, Vor § 823 Rn. 45.

150 Vgl. *Larenz*, Schuldrecht AT, § 27 I, S. 423 f.: „Das tragende Prinzip unseres Schadensersatzrechts ist [der Präventionsgedanke] jedoch nicht"; dezidiert *Schiemann*, in: Staudinger, BGB, Vorbem zu §§ 249 ff. Rn. 3; *Wilhelmi*, Risikoschutz durch Privatrecht, S. 64 f.: „nur indirekt […] wirkt".

151 Vgl. zum Ganzen *Wagner*, in: MüKo BGB, Vor § 823 Rn. 45 ff.

auch präventiv, Verhaltenssteuerung sei aber stets Aufgabe des Staates.[152] Diese Ansicht verdient Zustimmung. Auch gegen die Präventivfunktion lässt sich anführen, dass viele Schäden heutzutage versicherbar sind, wie der Fall der Kfz-Haftpflichtversicherung in aller Deutlichkeit zeigt. Die Abschreckungswirkung versagt schon allein aus diesem Grund.[153] Etwas anderes mag für das US-amerikanische Schadensersatzrecht gelten, das über den Ersatz des entstandenen Schadens hinaus sog. *punative damages* gewährt.[154] Dieser zusätzliche Schadensposten führt in der Tat dazu, dass von amerikanischen Schadensersatzansprüchen eine abschreckende Wirkung ausgeht, da sie dem Schädiger eine deutlich höhere Summe aufbürden, als es unter kompensatorischen Gesichtspunkten notwendig wäre. Dem Bürgerlichen Recht ist dieses Rechtsinstitut jedoch vollkommen fremd, ebenso wie die verhaltenssteuernde Wirkung des Zivilrechts.[155] Wenn ein bestimmtes Verhalten nach deutschem Recht verhindert werden soll, ist dies Aufgabe der öffentlich-rechtlichen Sanktionsmittel.

Diese herrschende Ansicht soll mit Blick auf den weiteren Prüfungsverlaufs als richtig zugrunde gelegt werden. Auf die Gegenansicht, die eine Präventivfunktion des Schadensersatzes annimmt,[156] wird später im Rahmen des neuen Normdurchsetzungsansatzes einzugehen sein.[157]

§ 4 Fazit

Normdurchsetzung geschieht nach der in Deutschland vorherrschenden Überzeugung entweder durch die überwiegend präventiv wirkenden Verwaltungssanktionen oder aber durch ein repressiv wirkendes Strafrecht. Dem Privatrecht

---

152 *Oetker*, in: MüKo BGB, § 249 Rn. 9; *Lange/Schiemann*, Schadensersatz, S. 11 f.; *Löwe*, Der Gedanke der Prävention im deutschen Schadensersatzrecht, S. 121; *Magnus*, in: Dauner-Lieb/Langen, NK-BGB, Vor §§ 249–255 Rn. 11; *J.W. Flume*, in: Beck-OK BGB, § 249 Rn. 4; *Larenz*, Schuldrecht AT, § 27 I, S. 423 f.; *Esser/Schmidt*, Schuldrecht Band I AT II, S. 171 ff.; siehe ferner monographisch *Dreier*, Kompensation und Prävention; einschränkend *Möller*, Das Präventionsprinzip des Schadensersatzrechts, S. 290 ff.; *Schlobach*, Das Präventionsprinzip im Recht des Schadensersatzes, S. 17 f., 36 f., 114 ff.; ferner *Wagner*, in: FS Koziol, S. 925.

153 Vgl. statt vieler *Larenz*, Schuldrecht AT, § 27 I, S. 423 f.

154 Vgl. dazu *Schubert*, JR 2008, 138.

155 Vgl. *Altmeppen*, in: FS Graf von Westphalen, S. 10 in Zusammenhang mit § 241a BGB.

156 *Ekkenga/Kuntz*, in: Soergel, BGB, Vor § 249 Rn. 28; *Sailer*, Prävention im Haftungsrecht, S. 113 ff.

157 Vgl. unten Dritter Teil, 2. Kapitel, § 3 B.

kommt nach herrschender Ansicht rein kompensatorische Wirkung zu. Die Verabsolutierung der Kompensationsfunktion wird jedoch von einer immer größer werdenden Zahl von Autoren angezweifelt.

Zweiter Teil: Normdurchsetzung bei Marktmissbrauch nach bisherigem Verständnis – kritische Bestandsaufnahme

In diesem Teil der Arbeit wird das System der Normdurchsetzung bei Marktmissbrauch dargestellt, wie es vor Inkrafttreten der MMVO bestanden hat beziehungsweise – angesichts des oben erläuterten Normdurchsetzungssystems – de lege ferenda hätte bestehen müssen. Dies ist unabdingbar für einen Vergleich mit dem neuen System und die Beantwortung der Frage, welches der beiden Systeme effektiver ist.

1. Kapitel: Die Rechtsfolgen bei Marktmanipulation

§ 1 Strafrechtliche Sanktionen

Bereits nach bisheriger Rechtslage bestanden strafrechtliche Sanktionen bei Marktmanipulation. Gemäß § 38 Abs. 2 WpHG a. F. konnte mit einer Freiheitsstrafe von bis zu 5 Jahren oder mit einer Geldstrafe sanktioniert werden, wer eine in § 39 Abs. 1 Nr. 1 oder 2 oder Abs. 2 Nr. 11 WpHG a. F. bezeichnete vorsätzliche Handlung im Sinne des § 20a Abs. 1 S. 1 Nr. 1–3, Abs. 4 WpHG a. F. beging und dadurch auf den Börsen- oder Marktpreis eines Finanzinstruments einwirkte. Dabei betrug die Freiheitsstrafe für den Täter zwischen einem Monat (vgl. § 38 Abs. 2 StGB) und 5 Jahren (§ 38 Abs. 2 WpHG a. F.). Die Geldstrafe reichte von 5 bis 360 vollen Tagessätzen (§ 40 Abs. 1 S. 2 StGB), bei Bildung einer Gesamtstrafe bis zu 720 Tagessätzen (§ 54 Abs. 2 S. 2 StGB). Die Höhe des Tagessatzes betrug mindestens 1 Euro, höchstens 30 000 Euro (§ 40 Abs. 2 S. 3 StGB).

Der Unterschied zwischen Straftat und Ordnungswidrigkeit bestand in der Einwirkung auf den Börsen- oder Marktpreis.[158] Gerade diese Tatbestandsvoraussetzung warf erhebliche Probleme auf.[159] Insbesondere der Kausalitätsnachweis bereitete große Schwierigkeiten, zumal entweder potenzielle andere

158 Vgl. *Fleischer*, in: Fuchs, WpHG, § 20a Rn. 149.

159 Vgl. dazu *Altenhain*, in: Kölner Kommentar WpHG, § 38 Rn. 95 f.; ausführlich *Eichelberger*, Das Verbot der Marktmanipulation (§ 20a WpHG), S. 330 ff.; *Haouache/Mühlbert*, in: Habersack/Mülbert/Schlitt, Handbuch der Kapitalmarktinformation, § 27 Rn. 98 ff.; *Hellgardt*, ZIP 2005, 2000 (2002 ff.); *Schröder*, Handbuch

Ursachen ausgeschlossen werden mussten[160] oder die Mitverursachung durch die Täuschungshandlung zweifelsfrei festgestellt werden musste.[161] Dieses Problem hat der BGH erkannt und festgestellt, dass aufgrund der Vielzahl an Faktoren, die bei der Preisbildung mitwirken, keine überspannten Anforderungen an den Kausalitätsnachweis gestellt werden dürfen.[162] Andernfalls liefe die Regelung des § 38 Abs. 1 Nr. 4 WpHG a. F. weitgehend leer.[163] Ob durch die manipulative Handlung tatsächlich eine Einwirkung auf den Kurs eingetreten ist, soll nach Ansicht der Rechtsprechung durch eine Analyse des bisherigen Kursverlaufs und Umsatzes, der Kurs- und Umsatzentwicklung des betreffenden Papiers am konkreten Tag und der Ordergröße ermittelt werden.[164]

Neben der Freiheits- oder Geldstrafe konnten auch ein Berufsverbot (§ 70 StGB) sowie die Anordnung des Verfalls des aus dem Insidergeschäft erzielten Gewinns (§§ 73 ff. StGB) angeordnet werden.[165]

§ 2 Aufsichtsrechtliche Sanktionen

A. Aufgaben und Befugnisse

Bei Verstößen gegen das Verbot der Marktmanipulation gemäß § 20a WpHG a. F. konnte die BaFin zunächst den Handel mit den betroffenen Finanzinstrumenten vorübergehend untersagen oder die Aussetzung des Handels anordnen, soweit

---

Kapitalmarktstrafrecht, Rn. 563: „graduelle[r] Unterschied"; *Vogel*, in: Assmann/Schneider, WpHG, § 38 Rn. 49 ff.

160 BGHSt 37, 106 = NJW 1990, 2560 (2562) – Lederspray.

161 BGHSt 41, 206 = NJW 1995, 2930 (2931 ff.) – Holzschutzmittel; ausführlich dazu aus der Literatur *Fleischer*, NJW 2003, 2584 (2585) m.w.N.

162 BGHSt 48, 373 (384) = NJW 2004, 302 (305); bestätigt durch BGHSt 59, 105 = NJW 2014, 1896 (1899 f.); zustimmend *Eichelberger*, Das Verbot der Marktmanipulation (§ 20a WpHG), S. 332; *Haouache/Mühlbert*, in: Habersack/Mülbert/Schlitt, Handbuch der Kapitalmarktinformation, § 27 Rn. 101; *Hellgardt*, ZIP 2005, 2000 (2003 f.); *Vogel*, in: Assmann/Schneider, WpHG, § 38 Rn. 56.

163 BGHSt 48, 373 (384) = NJW 2004, 302 (305); heute: § 38 Abs. 2 WpHG.

164 BGHSt 48, 375 (384) = NJW 2004, 302 (305); Ungeklärt ist bislang, wie sich irrationales Anlegerverhalten respektive *noise trading* mit diesem Kausalitätskonzept vereinbaren lässt. Ausführlich dazu *Fleischer*, in: FS Immenga, S. 575 ff.; *Julius*, ZStW 115 (2003), 671 (678): „Im Hinblick darauf, dass die Alternative – Deutung des „Einwirkens" als Erfolgsmerkmal – schon wegen der schier unüberwindlichen Nachweisprobleme gerade beim „Opfer" Markt kaum praktikabel sei, dürfte nach ihrer [Walther] Einschätzung die „Unternehmensdeliktslösung" wohl nahe liegen."

165 *Mennicke*, in: Fuchs, WpHG, § 14 Rn. 415.

dies zur Durchsetzung des Verbotes geboten war (vgl. § 4 Abs. 2 S. 2 WpHG a. F.). Darüber hinaus konnte sie im Rahmen der ihr zugewiesenen Aufgaben Ermittlungen einleiten und in diesem Rahmen von jedermann Auskünfte, die Vorlage von Unterlagen und die Überlassung von Kopien verlangen sowie Personen laden und vernehmen, soweit dies für die Überwachung der Einhaltung des Verbotes der Marktmanipulation geboten war (vgl. § 4 Abs. 3 S. 1 WpHG a. F.). Davon umfasst waren auch die Angabe von Bestandsveränderungen in Finanzinstrumenten sowie ein Auskunftsverlangen über die Identität weiterer aus den betroffenen Geschäften berechtigter oder verpflichteter Personen (vgl. § 4 Abs. 3 S. 2 WpHG a. F.).[166] Auch war den Bediensteten der BaFin und den von ihr beauftragten Personen das Betreten der Grundstücke, der Geschäftsräume und – unter bestimmten Voraussetzungen – sogar der Wohnungen der auskunftspflichtigen Personen erlaubt (vgl. § 4 Abs. 4 WpHG a. F.).

Zur Erfüllung ihrer Aufgaben durfte die BaFin auch personenbezogene Daten speichern, verändern und nutzen (vgl. § 4 Abs. 10 WpHG a. F.) sowie Wirtschaftsprüfer oder Sachverständige einsetzen (vgl. § 4 Abs. 11 WpHG a. F.). Erhielt sie Kenntnis von Tatsachen, die den Verdacht einer Straftat nach § 38 WpHG a.F. begründen, hatte sie den Sachverhalt der Staatsanwaltschaft anzuzeigen (vgl. § 4 Abs. 5 S. 1 WpHG a. F.).

B. Festsetzung von Bußgeldern

Die BaFin konnte bei einem Verstoß gegen das Verbot der Marktmanipulation auch Bußgelder verhängen (vgl. § 40 WpHG a. F.). Gemäß § 39 Abs. 1 Nr. 1 und 2, Abs. 2 Nr. 11 WpHG a. F. handelte ordnungswidrig, wer gegen die Verbotstatbestände des § 20a Abs. 1 S. 1 Nr. 1–3 WpHG a. F. verstieß. Dabei ahndeten § 39 Abs. 1 Nr. 1 und 2 WpHG a. F. vorsätzliche Verstöße gegen das Verbot der Marktmanipulation durch Geschäfte oder Aufträge (vgl. § 20a Abs. 1 S. 1 Nr. 2 WpHG a. F.) oder durch sonstige Täuschungshandlungen (vgl. § 20a Abs. 1 S. 1 Nr. 3 WpHG a. F.), wobei bedingter Vorsatz ausreichte.[167] Erfolgte die Marktmanipulation durch die Angabe oder das Verschweigen von Umständen (vgl. § 20a Abs. 1 S. 1 Nr. 2 WpHG a. F.), wurde gemäß § 39 Abs. 2 Nr. 11 auch leichtfertiges Handeln erfasst.

Kumulativ zu den Strafen und Geldbußen gegenüber natürlichen Personen, oder aber isoliert davon, konnten auch Verbandsgeldbußen festgesetzt werden.

---

166 Weitere Informationsrechte bestanden im Falle des algorithmischen Handels nach § 4 Abs. 3a WpHG a.F.

167 Vgl. nur *Fleischer*, in: Fuchs, WpHG, § 20a Rn. 148.

In der Bußgeldpraxis der BaFin stellten selbstständige Verbandsgeldbußen (§ 30 Abs. 4 OWiG) den Regelfall kapitalmarktdeliktischer Ahndung dar.[168] Dabei richtete sich der Bußgeldrahmen nach der Art der Anknüpfungstat. War diese – wie im Falle der Marktmanipulation – eine Straftat (vgl. § 38 Abs. 2 WpHG a. F.), betrug das Höchstmaß der Verbandsgeldbuße bei vorsätzlicher Begehung 10 Millionen Euro und bei fahrlässiger Begehung 5 Millionen Euro (vgl. § 30 Abs. 2 S. 1 Nr. 1, 2 OWiG).[169]

§ 3 Zivilrechtliche Sanktionen

Bei den zivilrechtlichen Konsequenzen ist zwischen den Schadensersatzansprüchen der Anleger und den Ansprüchen des Emittenten zu differenzieren.

A. Schadensersatzansprüche der Anleger

Alle Schadensersatzansprüche waren zunächst gegen die handelnde Person zu richten. Das Handeln der Organmitglieder wurde gemäß § 31 BGB analog dem Unternehmen zugerechnet.[170]

I. Ansprüche gem. § 823 Abs. 2 BGB i. V. m. Schutzgesetzverletzung

Heftig umstritten war bislang die Frage, ob Anleger einen Schadensersatzanspruch nach § 823 Abs. 2 BGB i. V. m. § 20a WpHG a. F. gegen den Schädiger haben. Ob Ansprüche aus § 823 Abs. 2 BGB bestanden, hing davon ab, ob es sich bei § 20a WpHG a. F. um ein Schutzgesetz im Sinne des § 823 Abs. 2 BGB handelte.

1. Die Schutzgesetzeigenschaft verneinend

Die herrschende Ansicht in der Literatur verneinte die Schutzgesetzeigenschaft des § 20a WpHG a. F.[171] In der Gesetzesbegründung zu § 20a WpHG a. F. fehle es

---

168 Vgl. *Canzler/Hammermaier*, AG 2014, 57 (64).

169 Vgl. zu den Verbandsgeldbußen auch *Waßmer*, in: Fuchs, WpHG, Vor §§ 38–40b Rn. 96 m.w.N.

170 *Mock*, in: Kölner Kommentar WpHG, § 20a Rn. 495.

171 *Bachmann*, JZ 2012, 578 (579); *Barnert*, WM 2002, 1473 (1483): „steht im Gegensatz zum restriktiven Vermögensschutz dieser Norm“; *Edelmann*, BB 2004, 2031 (2032); *Eichelberger*, Das Verbot der Marktmanipulation (§ 20a WpHG), S. 109 ff., 363 ff.; *Fischer zu Cramburg/Royé*, in: Heidel, Aktienrecht, § 20a WpHG Rn. 19; *Fleischer*, DB 2004, 2031 (2032 f.); *Groß*, WM 2002, 477 (484); *Holzborn/Foelsch*, NJW 2003, 932 (938); *Kumpan*, in: Baumbach/Hopt, HGB, Einl. WpHG Rn. 9; *Kautzsch*, in: Kuthe/

an einem Hinweis auf dessen Schutzgesetzcharakter.[172] Eine Norm weise immer dann Schutzgesetzqualität auf, wenn sie nicht nur Interessen der Allgemeinheit, sondern darüber hinaus auch Interessen Einzelner oder eines bestimmten Personenkreises schützen soll.[173] Das wiederum hänge davon ab, ob der Gesetzgeber mit der Norm den Schutz einzelner Personen intendiert hat.[174] Die Entstehungsgeschichte des § 20a WpHG a. F. und dessen Vorgängernorm (§ 88a BörsG a. F.) würden belegen, dass das Verbot der Marktmanipulation in erster Linie der Zuverlässigkeit und Wahrheit der Preisbildung und damit lediglich öffentlichen Interessen diene und die Anleger dadurch nur mittelbar geschützt seien (sog. Reflexwirkung).[175] Im Übrigen seien die Anleger über § 826 BGB ausreichend geschützt.[176]

Rückert/Sickinger, Compliance-Handbuch Kapitalmarktrecht, 7. Kap. Rn. 89; *Kort*, AG 2005, 21 (23); *Kümpel/Veil*, Wertpapierhandelsgesetz, S. 147; *Maier-Reimer/Webering*, WM 2002, 1857 (1864); *Möllers*, in: Derleder/Knops/Bamberger, Handbuch Bankrecht, § 69 Rn. 37; *Rützel*, AG 2003, 69 (79); *Schmitz*, wistra 2002, 208 (211); *Schmolke*, ZBB 2012, 165 (168 f.); *Schönhöft*, Die Strafbarkeit der Marktmanipulation gemäß § 20a WpHG, S. 11 ff.; *Schuster*, ZHR 167 (2003), 193 (215); *Schwark*, in: Schwark/Zimmer, KmRK, § 20a WpHG Rn. 7; *ders.*, in: FS Kümpel, S. 485 (498 f.); *Schiffers*, Haftung von Altaktionären bei Verstoß gegen Marktschutzvereinbarungen (IPO-lock-up-agreements) im deutschen und US-amerikanischen Recht, S. 82 ff.; *Spindler*, WM 2004, 2089 (2090 f.); zurückhaltender aber *ders.*, NZG 2004, 1138 (1147); *Sprau*, in: Palandt, BGB, § 823 Rn. 71; *Vogel*, in: Assmann/Schneider, WpHG, § 20a Rn. 31; *Waschkeit*, Marktmanipulation am Kapitalmarkt, S. 306 f.; *Weitnauer*, DB 2003, 1719 (1722).

172 *Fleischer* hält dies für eine „Unterlassungssünde“ des Reformgesetzgebers, vgl. *Fleischer*, NJW 2002, 2977 (2979).

173 Ständige Rechtsprechung vgl. BGHZ 160, 134 (143) = NJW 2004, 2664 (2665) = ZIP 2004, 1599 (1601); BGHZ 122, 1 = NJW 1993, 1580 (1580); BGHZ 116, 7 = NJW 1992, 241 (242) = ZIP 1991, 1597 (1598); BGHZ 106, 204 = NJW 1989, 974 (974) = ZIP 1989, 102 (103); BGHZ 105, 121 = NJW 1988, 2794 (2795) = ZIP 1988, 1112 (1113); BGHZ 103, 197 = NJW 1988, 1383 (1383); vgl. auch *Wagner*, in: MüKo BGB 6. Aufl., § 823 Rn. 405 ff.; *Hager*, in: Staudinger, BGB, § 823 Rn. G 19; *Spickhoff*, in: Soergel, BGB, § 823 Rn. 194 ff. mit jeweils umfangreichen Nachweisen.

174 BGHZ 116, 7 = NJW 1992, 241 (242) = ZIP 1991, 1597 (1598); BGHZ 66, 354 = NJW 1976, 1888 (1889); BGHZ 29, 100 (106) = NJW 1959, 623 (624); BGHZ 22, 293 (297); BGHZ 12, 146 (148); *Hager*, in: Staudinger, BGB, § 823 Rn. G 19.

175 Vgl. dazu *Fleischer*, in: Fuchs, WpHG, § 20a Rn. 154 ff. m.w.N.

176 *Krause*, ZGR 2002, 799 (839 f.).

2. *Die Schutzgesetzeigenschaft bejahend*

Die Gegenauffassung bejahte hingegen die Schutzgesetzeigenschaft.[177] Der Gesetzgeber habe mit dem 4. Finanzmarktförderungsgesetz und dem Anlegerschutzverbesserungsgesetz klar eine Stärkung des Anlegerschutzes beabsichtigt, die auch in § 20a WpHG a. F. zum Ausdruck kommen müsse. Denn bei § 88 BörsG a. F. handelte es sich um „totes Recht“,[178] was sich vor allem in den Verfolgungsstatistiken der Strafverfolgungsbehörden widerspiegelte.[179] Der Gesetzgeber des 4. Finanzmarktförderungsgesetzes habe es bei der Verabsolutierung der aufsichtsrechtlichen Komponente des § 20a WpHG a. F. nicht belassen wollen.

Im Übrigen reiche § 826 BGB nicht als Haftungsnorm aus, zumal dieser weitgehend konturenlos sei und seinerseits Einschränkungen bedürfe.[180] Insofern sei der Weg über § 20a WpHG a. F. vorzugswürdig. Was die tatbestandlichen Voraussetzungen des § 826 BGB betreffe, so würden diese (mit Ausnahme der subjektiven Anforderungen) hinter denen des § 20a WpHG a. F. zurückbleiben, sodass im Rahmen von § 826 BGB auf die Voraussetzungen von § 20a WpHG a. F. zurückgegriffen werden müsse.[181]

---

177 *Altenhain*, BB 2002, 1874 (1875); *Dühn*, Schadensersatzhaftung börsennotierter Aktiengesellschaften für fehlerhafte Kapitalmarktinformationen, S. 186 f.; *Ekkenga*, ZIP 2004, 781 (783, 785); *Ekkenga/Maas*, Das Recht der Wertpapieremissionen, Rn. 469; *Frisch*, in: Derleder/Knops/Bamberger, Handbuch Bankrecht, § 52 Rn. 96; *Fuchs/Dühn*, BKR 2002, 1063 (1066); *Grundmann*, in: Ebenroth/Joost/Boujong/Strohn, Handelsgesetzbuch, § 20a WpHG Rn. VI 156; *Grüger*, Kurspflege – Zulässige Kurspflegemaßnahmen oder verbotene Kursmanipulation?, S. 127; *ders.*, BKR 2008, 101 (107 f.); *ders.*, WM 2010, 247 (252 f.); *Hellgardt*, Kapitalmarktdeliktsrecht, S. 330; *ders.*, DB 2012, 673 (678); *Hopt/Voigt*, Prospekt- und Kapitalmarktinformationshaftung, S. 9, 71; *Leisch*, ZIP 2004, 1573 (1578); *ders.*, in: Möllers/Rotter, Ad-hoc-Publizität, § 16 Rn. 44; *Lenzen*, ZBB 2002, 279 (284); *Möllers*, ZBB 2003, 390 (400); *Sorgenfrei*, wistra 2002, 321 (322): „Die Gesetzesbegründung erweckt in ihrem allgemeinen Teil den Eindruck, dass der einzelne Anleger möglicherweise auch geschützt werden soll“; *Ziouvas*, ZGR 2003, 113 (143 f.); tendenziell wohl auch *Fleischer*, NJW 2002, 2977 (2979): „Entwickelte Kapitalmärkte gewähren den Anlegern mit Selbstverständlichkeit einen zivilrechtlichen Schadensersatzanspruch.“; offenlassend *Horn*, Europäisches Finanzmarktrecht, S. 106; *Hutter/Leppert*, NZG 2002, 649 (655).

178 Diesen Ausdruck verwendend *Weber*, NJW 2003, 18 (20); *Lenzen*, ZBB 2002, 279 (280).

179 *Mock*, in: Kölner Kommentar WpHG, § 20a Rn. 475.

180 *Mock*, in: Kölner Kommentar WpHG, § 20a Rn. 476.

181 *Mock*, in: Kölner Kommentar WpHG, § 20a Rn. 482; *Hopt*, in: Baumbach/Hopt, HGB, Einl. WpHG Rn. 8.

Auch im Hinblick auf andere Haftungstatbestände sei es nicht konsequent, die Schutzgesetzeigenschaft des § 20a WpHG a. F. abzulehnen. So werde eine solche Schutzgesetzqualität insbesondere bei § 331 HGB (Straftatbestand der unrichtigen Darstellung),[182] § 400 AktG (Straftatbestand der unrichtigen Darstellung)[183] und § 325 HGB (Offenlegung von Unternehmensabschlüssen)[184] allgemein angenommen. Vor dem Hintergrund, dass all diese Normen die Verbreitung von falschen oder unvollständigen Informationen verhindern möchten, sei nicht ersichtlich, warum für die informationsgestützten Manipulationshandlungen nach § 20a Abs. 1 S. 1 Nr. 1 WpHG a. F. etwas anderes gelten solle.

Ferner zeige eine rechtsvergleichende Betrachtung beispielsweise mit dem US-amerikanischen oder mit dem österreichischen Recht, dass dort mehrheitlich eine entsprechende Schutzgesetzqualität angenommen wird.[185] Dies zeige nicht nur das gegenläufige Stimmungsbild im Ausland, sondern könne auch zu Verschiebungen der Zuständigkeit für die Geltendmachung solcher Ansprüche führen.[186]

3. *Die IKB-Entscheidung des XI. Zivilsenats*

Der XI. Zivilsenat des BGH hat in seiner IKB-Entscheidung § 20a WpHG a. F. die Schutzgesetzqualität abgesprochen und sich der Argumentation der

---

182 Eine Schutzgesetzeigenschaft annehmend OLG Düsseldorf AG 2011, 31 (32); OLG Düsseldorf AG 2011, 706 (707) = BB 2011, 2446; LG Bonn AG 2001, 484 (486) = EWiR 2001, 767 mit Anm. *Kort*; *Böcking/Gros/Rabenhorst*, in: Ebenroth/Boujong/Joost/Strohn, HGB, § 331 Rn. 8; *Grottel/Hoffmann*, in: Beck'scher Bilanz-Kommentar, § 331 HGB Rn. 40; *Mülbert/Steup*, WM 2005, 1633 (1645); *Altenhain*, in: Kölner Kommentar Rechnungslegungsrecht, § 331 Rn. 14: wegen §§ 263 ff. StGB praktisch bedeutungslos.

183 Zur Schutzgesetzeigenschaft von § 400 AktG vgl. BGHZ 149, 10 (20) = NJW 2001, 3622; BGH NJW 2004, 2971 = ZIP 2004, 1593 (insoweit nicht in BGHZ 160, 149 abgedruckt); BGHZ 192, 90 (97) = NJW 2012, 1800; OLG Düsseldorf AG 2011, 706 (707) = BB 2011, 2446.

184 Für die ganz herrschende Meinung vgl. *Fehrenbacher*, in: MüKo HGB, § 325 Rn. 124; *Merkt*, in: Baumbach/Hopt, HGB, § 325 Rn. 14; *ders.*, Unternehmenspublizität, S. 249 ff., 481 f.; *Noack*, Unternehmenspublizität, Rn. 222 ff.; *Zetzsche*, in: Kölner Kommentar Rechnungslegungsrecht, § 325 Rn. 149; a.A. aber *Haas*, Geschäftsführerhaftung und Gläubigerschutz, S. 111 ff., 121 f.; *Kersting*, in: Großkomm. HGB, § 325 Rn. 113.

185 *Mock*, in: Kölner Kommentar WpHG, § 20a Rn. 485.

186 *Mock*, in: Kölner Kommentar WpHG, § 20a Rn. 486.

herrschenden Ansicht angeschlossen.[187] So stellt das Gericht zunächst fest, dass es nicht auf die Wirkung des Gesetzes, sondern auf dessen Inhalt und Zweck sowie auf die Frage ankomme, ob der Gesetzgeber bei Erlass des Gesetzes gerade einen Rechtsschutz zugunsten von Einzelpersonen oder bestimmten Personenkreisen intendierte. Im Wesentlichen stützt der BGH seine Entscheidung auf drei Argumente:

Erstens sprächen die Materialien gegen einen intendierten Individualschutz. So sei im Gesetzentwurf der Bundesregierung zum 4. Finanzmarktförderungsgesetz zwar eine Stärkung des Anlegerschutzes intendiert, jedoch nur im Rahmen der aufsichtsrechtlichen Komponente.[188] Von einem zivilrechtlichen Anlegerschutz sei keine Rede.

Zweitens bestätige auch die Entstehungsgeschichte des § 20a WpHG a. F. dieses Ergebnis. So habe § 20a WpHG a. F. die damals geltende Regelung des § 88 BörsG a. F. ablösen sollen, dem ebenfalls keine Schutzgesetzeigenschaft zugesprochen wurde. Auch komme es zu einer Aushöhlung des § 15 Abs. 6 WpHG a. F. Der Umstand, dass der Gesetzgeber anders als bei § 15 WpHG a. F. für § 20a WpHG a. F. die fehlende Schutzgesetzeigenschaft nicht klargestellt habe, sei mit *Fleischer* als „Unterlassungssünde“ einzustufen.[189]

Drittens sei in systematischer Hinsicht eine Haftung für Vermögensschäden im deliktischen Haftungssystem auf § 826 BGB beschränkt, um eine ausufernde Haftung zu verhindern.[190]

4. *Stellungnahme*

a) *Die Kompensationsfunktion des Schadensersatzes*

Betrachtet man die BGH-Entscheidung unter dem Gesichtspunkt der Normdurchsetzung, so ist dem Gericht zumindest dahingehend zuzustimmen, dass der Gesetzgeber mit dem 4. Finanzmarktförderungsgesetz vor allem die aufsichtsrechtliche Komponente des Marktmissbrauchsrechts stärken wollte.[191] Im deutschen System der Normdurchsetzung geschieht dies durch öffentlich-rechtliche

---

187 BGHZ 192, 90 (97 ff.) = NJW 2012, 1800; dem folgend LG Braunschweig BeckRS 2012, 19872; ähnlich bereits OLG Düsseldorf AG 2011, 706 (711) = BB 2011, 2446; LG Berlin wistra 2005, 277 (278 f.) = ZInsO 2005, 661; kritisch dazu *Mock*, in: Kölner Kommentar WpHG, § 20a Rn. 475: „Der BGH verkennt den mit § 20a WpHG vom Gesetzgeber intendierten Anlegerschutz“.

188 Vgl. BGHZ 192, 90 = NJW 2012, 1800 (1802) Rn. 24 – IKB.

189 BGHZ 192, 90 = NJW 2012, 1800 (1802) Rn. 25 – IKB.

190 BGHZ 192, 90 = NJW 2012, 1800 (1802) Rn. 26 – IKB.

191 BGHZ 192, 90 = NJW 2012, 1800 (1802 f.) – IKB.

Sanktionen. Nach bislang herrschender Ansicht kommt dem Zivilrecht eine solche aufsichtsrechtliche Funktion nicht zu.[192] Daher ist es nur konsequent, dass sich in den Gesetzesmaterialien hinsichtlich der Verhaltenssteuerung nichts zu einer zivilrechtlichen Haftung findet.

Wer aus dem Umstand, dass in den Gesetzesmaterialien die zivilrechtliche Haftung im Rahmen der Frage nach effektiver Normdurchsetzung unerwähnt blieb, die Schlussfolgerung zieht, eine Haftung nach § 823 Abs. 2 BGB in Verbindung mit dem Verbot der Marktmanipulation komme nicht in Betracht, übersieht die Hauptfunktion des Zivilrechts: die Kompensation erlittener Schäden. Vor allem vor dem Hintergrund der Schutznormtheorie ist von einem Schutzgesetz im Sinne des § 823 Abs. 2 BGB auszugehen.[193] Danach kommt einer Norm des öffentlichen Rechts dann die Schutzgesetzqualität zu, wenn sie neben dem Schutz von Allgemeininteressen auch den Schutz von Interessen konkreter Dritter bezweckt. Indizien dafür sind die Erwähnung des Dritten in der Vorschrift, die Intensität der Interessengefährdung sowie die Unterscheidbarkeit des geschützten Personenkreises von der Allgemeinheit.

Vor diesem Hintergrund sprechen die besseren Argumente für die Bejahung der Schutzgesetzeigenschaft im Falle der Marktmanipulation. Im Falle der Marktmanipulation handelt es sich bei den Geschädigten um einen individuell abgrenzbaren Personenkreis. Geschädigter ist jeder, der während der Manipulationsphase Wertpapiergeschäfte abgeschlossen und hierdurch einen Schaden erlitten hat. Damit kann der betroffene Personenkreis eindeutig von der Allgemeinheit abgegrenzt werden. Allein mit dem Argument, der Gesetzgeber habe nicht ausdrücklich zu einer zivilrechtlichen Haftung Stellung bezogen, kann ein Schadensersatzanspruch nicht verneint werden. Die Intention des Gesetzgebers ist nach allgemein anerkannter Ansicht immer nur ein Aspekt unter vielen und schließt die Annahme einer Schutzgesetzqualität nicht aus.[194] Äußert sich der Gesetzgeber in seinen Gesetzgebungsmaterialien nicht zur zivilrechtlichen Haftung, so müssen andere Argumente für oder gegen die Schutzgesetzeigenschaft gefunden werden, wie eben die Abgrenzbarkeit des geschützten Personenkreises.

---

192 Siehe oben, Erster Teil, 3. Kapitel, § 1 C. III.

193 Zur Übertragbarkeit der Schutznormtheorie vom öffentlichen Recht in das Zivilrecht vgl. oben Erster Teil, 3. Kapitel, § 3 A.

194 Siehe oben Erster Teil, 3. Kapitel, § 3 A.; so auch *Mock*, in: Kölner Kommentar WpHG, § 20a Rn. 475.

b) Deliktische Haftung bei reinen Vermögensschäden

Kern des Problems ist die Frage, ob die Kompensation der Anlegerschäden aufgrund von Marktmanipulation in das deliktsrechtliche Gesamtsystem passt. Dies verneinen der BGH und Teile der Literatur vehement. Das Argument des BGH und der Literatur, die Haftung nach § 823 Abs. 2 BGB sei systemwidrig, kann jedoch nicht überzeugen. Richtig an diesem Argument ist, dass der Ersatz reiner Vermögensschäden nicht von § 823 Abs. 1 BGB erfasst wird und grundsätzlich damit nur § 826 BGB oder eben § 823 Abs. 2 BGB als Haftungsgrundlage in Betracht kommen. Da § 826 BGB eine vorsätzliche sittenwidrige Schädigung voraussetzt, muss, wer den Schadensersatz gemäß § 823 Abs. 2 BGB bejahen will, bei einem Vermögensschaden aufgrund fahrlässigen Verhaltens prüfen, ob die Einstandspflicht schon für fahrlässiges Verhalten sachlich geboten und tragbar erscheint.[195] Einer solchen Prüfung bedarf es im Falle der Marktmanipulation jedoch nicht, weil diese stets vorsätzlich geschieht.[196] Die Gefahr einer Ausuferung der Haftung für fahrlässig herbeigeführte Vermögensschäden ist somit nicht ersichtlich.

c) Die Haftung im deliktsrechtlichen Gesamtsystem

Auch das weitere Argument, es bestehe bereits eine deliktsrechtliche Haftung für Marktmanipulation, ist nicht haltbar. Richtig ist, dass der Täter im Falle der Marktmanipulation bereits nach bisheriger Rechtslage gemäß § 826 BGB haftet.[197] Gleichwohl kann nicht von einer zivilrechtlichen Haftung bei Marktmanipulation gesprochen werden. Dies liegt in der Natur des § 826 BGB begründet.

aa) Die Funktion von § 826 BGB im deliktsrechtlichen Gesamtkonzept

Zum einen ist mit *Hellgardt* davon auszugehen, dass dieser Norm aufgrund ihres weiten Anwendungsbereichs lediglich eine Art „Türöffnerfunktion" für neue sittenwidrige Schädigungen zukommt.[198] Hat sich einmal eine neue Fallgruppe deliktischen Verhaltens gebildet, wie hier die Marktmanipulation, so ist es Aufgabe von Spezialtatbeständen oder einer „umsichtigen Anwendung von § 823

195 Vgl. zum Ganzen *Wagner*, in: MüKo BGB, § 823 Rn. 476 f.

196 Vgl. nur *Stoll*, in: Kölner Kommentar WpHG, § 20a Rn. 246 ff.: „Zudem wohnt jeder Manipulation neben einem kognitiven zwangsläufig auch ein voluntatives Element inne."

197 Statt aller *Fleischer*, in: Fuchs, WpHG, § 20a Rn. 154a.

198 *Hellgardt*, Kapitalmarktdeliktsrecht, S. 69 f.; *ders.*, AG 2012, 154 (159): „dogmatisch misslungene Anwendung des § 826 BGB"; zustimmend *Poelzig*, ZGR 2015, 801 (804).

Abs. 2 BGB",[199] die Feinheiten dieser Fallgruppe im Hinblick auf die deliktische Haftung auszugestalten. Das liegt nicht zuletzt an dem Tatbestandsmerkmal der „Sittenwidrigkeit", das weitgehend konturenlos und daher nicht für die breite Masse der Fälle geeignet ist.[200]

Unter „Sittenwidrigkeit" wird allgemein das „Anstandsgefühl aller billig und gerecht Denkenden verstanden.[201] Es genügt dabei nicht, dass das Verhalten gegen das Gesetz verstößt, unbillig erscheint oder einen Schaden hervorruft; hinzukommen muss eine nach den Maßstäben des allgemein als „anständig" Geltenden besondere Verwerflichkeit des Verhaltens. Dabei sind unter anderem das verfolgte Ziel, die eingesetzten Mittel und die zutage tretende Gesinnung von Bedeutung und müssen in einer Gesamtbetrachtung bewertet werden.[202] Zwar hat der BGH versucht, dem Sittenwidrigkeitserfordernis Konturen zu verleihen, indem er sich an den Voraussetzungen des § 20a WpHG orientierte.[203] Vor diesem Hintergrund muss sich das Gericht aber die Frage stellen lassen, warum der „Umweg" über § 826 BGB gewählt wurde.[204]

Veranschaulichen lässt sich die „Türöffnerfunktion" des § 826 BGB am Fall der versuchten Übernahme von VW durch Porsche.[205] Dort verklagten Anleger Porsche wegen Verstoß gegen die Mitteilungspflicht bezüglich des Stimmrechtsanteils (§§ 21 ff. WpHG a. F.). In den §§ 21 ff. WpHG a. F. war präzise geregelt, dass bei Erwerb oder Veräußerung von 3 %, 5 %, 10 %, 15 %, 20 %, 25 %, 30 %, 50 % oder 75 % der Aktien des Emittenten eine Mitteilung an diesen und die BaFin erfolgen muss, wodurch verhindert werden sollte, dass sich ein Unternehmen an eine Mehrheitsbeteiligung – und damit an eine Übernahme – eines anderen Unternehmens „heranschleicht". Dasselbe galt (mit Ausnahme der 3 %-Schwelle) auch für Optionen, bei denen ein Recht zum Anteilserwerb bestand (vgl. § 25 WpHG a. F.). Die Besonderheit bei der angestrebten VW-Übernahme durch Porsche lag darin, dass Porsche sich keine gewöhnlichen Optionen sicherte, bei denen das Recht auf Aktienerwerb besteht, sondern sog. *cash-settled call options* (Optionen mit Barausgleichspflicht), bei denen lediglich

199 *Hellgardt*, Kapitalmarktdeliktsrecht, S. 70.

200 So schon *Brellochs*, Publizität und Haftung von Aktiengesellschaften im System des Europäischen Kapitalmarktrechts, S. 118.

201 Vgl. nur *Wagner*, in: MünchKomm BGB, § 826 Rn. 9.

202 Vgl. nur *Sprau*, in: Palandt, BGB, § 826 Rn. 4 m.w.N.

203 Siehe dazu *Mock*, in: Kölner Kommentar WpHG, § 20a Rn. 489 ff.

204 So auch *Mock*, in: Kölner Kommentar WpHG, § 20a Rn. 482.

205 Eine detaillierte Darstellung des Übernahmeversuchs findet sich bei *Hertle*, Die geplante VW-Übernahme durch Porsche.

ein Recht auf Barausgleich besteht. Damit war der Anwendungsbereich von § 25 WpHG a. F. nicht eröffnet, weshalb als Anspruchsgrundlage für den Schadensersatzanspruch der Anleger lediglich § 826 BGB in Betracht kam.[206]

Der Gesetzgeber hat infolge dieser gerichtlichen Auseinandersetzung auf diese Gesetzeslücke reagiert und 2011 den § 25a WpHG a. F. erlassen, der nun auch diesen Fall umfasst. Daher kann dieser Fall als ein Lehrstück über die „Türöffnerfunktion" des § 826 BGB dienen, der Gesetzeslücken schließen soll, aber der Anwendung auf die breite Masse der Fälle vorenthalten bleibt.

bb) Das Vorsatzerfordernis

Zudem sind die weiteren tatbestandlichen Anforderungen des § 826 BGB zu streng, als dass sie eine Haftung für den „Normalfall" der Marktmanipulation begründen könnten.[207] § 826 BGB setzt tatbestandlich den Eintritt eines Schadens, die Verursachung des Schadens durch ein Verhalten des Täters, die Sittenwidrigkeit des Verhaltens und den Vorsatz des Schädigers voraus.[208] Besondere Bedeutung kommt dem Tatbestandsmerkmal des Vorsatzes zu, der sich im Rahmen des § 826 BGB nicht nur auf die Handlung respektive auf das Unterlassen, sondern auch auf das kausale Zufügen des Schadens bezieht. Selbst grobe Fahrlässigkeit genügt nicht. Der Schädiger muss spätestens zum Zeitpunkt des Schadenseintritts die Art und Richtung des Schadens und die Schadensfolgen vorausgesehen und die Schädigung im Sinne eines direkten Vorsatzes gewollt

206 Dieser wurde vom OLG Stuttgart abgelehnt. Das OLG Stuttgart verneinte zunächst die Sittenwidrigkeit. Zwar geht es davon aus, dass das Leugnen einer Übernahmeabsicht grundsätzlich sittenwidrig sein kann. Allerdings sei bezüglich der Sittenwidrigkeit eine Gesamtbetrachtung vorzunehmen, in die alle Aspekte des Falls einzubeziehen sind. Dabei sei Folgendes zu beachten: Auch außerhalb von Prospekten und Ad-hoc-Mitteilungen dürften Informationen, die ein Marktteilnehmer dem Kapitalmarkt gibt, keinen falschen Tatsacheneindruck beim Anleger entstehen lassen. Allerdings seien in die Gesamtbetrachtung eben alle maßgeblichen Umstände mit einzubeziehen. Dabei sei zu beachten, dass formlose Mitteilungen an den Kapitalmarkt keinem strengeren Maßstab unterliegen dürfen, als Ad-hoc-Mitteilungen. So müsse in die Gesamtbetrachtung hinsichtlich der Sittenwidrigkeit mit einbezogen werden, dass die Hedgefonds ihrerseits Porsche aufgesucht hatten, um bevorzugt an Informationen zu gelangen, die Porsche ersichtlich nicht offenlegen wollte, vgl. OLG Stuttgart, ZIP 2015, 781 = AG 2015, 404 Rn. 176.

207 *Hellgardt*, Kapitalmarktdeliktsrecht, S. 69 f.; *Poelzig*, ZGR 2015, 801 (804).

208 *Wagner*, in: MüKo BGB 6. Aufl., § 826 Rn. 7.

oder zumindest billigend in Kauf genommen haben. Eine nur allgemeine Vorstellung über eine etwaige Schädigung genügt nicht.[209]

Den Umstand, dass diese hohen Anforderungen in der Praxis oft zu erheblichen Problemen führen, hat auch der BGH erkannt und bejahte in seinen Entscheidungen *Infomatec*[210] und *EM.TV*[211] einen Anspruch aus § 826 BGB, wobei er für den Vorsatz im Rahmen von § 826 BGB einen Eventualvorsatz (Dolus eventualis) genügen ließ. So führt der BGH in seiner Entscheidung aus:

> *Dabei braucht der Täter nicht im Einzelnen zu wissen, welche oder wie viele Personen durch sein Verhalten geschädigt werden; vielmehr reicht aus, dass er die Richtung, in der sich sein Verhalten zum Schaden irgendwelcher anderer auswirken könnte, und die Art des möglicherweise eintretenden Schadens vorausgesehen und mindestens billigend in Kauf genommen hat.*[212]

Nach ständiger Rechtsprechung des BGH soll es dabei ausreichen, wenn der Schädiger vor den Fakten „geradezu die Augen verschließt"[213]. Durch diese Abschwächungen wird jedoch die Abgrenzung zur Leichtfertigkeit nicht mehr trennscharf vollzogen werden können.[214] Daher ist es abermals fragwürdig, warum § 826 BGB einer derartigen Abschwächung unterzogen wurde, anstatt den Weg direkt über § 20a WpHG a. F. zu gehen.[215]

Auch solche „Aufweichungen" der Tatbestandsvoraussetzungen führen keinesfalls zu einer Qualifizierung des § 826 BGB als Haftungsnorm für sämtliche Fälle der Marktmanipulation. Es darf nämlich nicht übersehen werden, dass es sich bei den Fallgestaltungen *Infomatec* und *EM.TV* um Ausnahmekonstellationen handelte.[216] Die Besonderheit beider Fälle lag darin begründet, dass es sich um die Veröffentlichung unrichtiger Ad-hoc-Mitteilungen handelte. Zum einen unterliegen Ad-hoc-Mitteilungen laut Rechtsprechung einem strengeren

---

209 Vgl. zum Ganzen BGH WM 2001, 1454 (1457).

210 In den Infomatec-Entscheidungen ging es um Schadensersatzansprüche eines Anlegers gegen die Vorstände eines mittlerweile insolventen Emittenten, s. zum Sachverhalt BGHZ 160, 134 (146) = NJW 2004, 2664 (2667) = ZIP 2004, 1599 – Infomatec.

211 Auch in der EM.TV-Entscheidung ging es um eine Klage gegen einen Emittenten, der mittels wahrheitswidriger Ad-hoc Mitteilungen Anleger zum Kauf von Anteilen verleitete, vgl. BGH NJW 2005, 2450 = BKR 2005, 411 – EM.TV mit Anm. *Braun*.

212 BGHZ 160, 149 = NJW 2004, 2971 (2973).

213 Vgl. nur BGH WM 1961, 1126 (1127).

214 *Hellgardt*, Kapitalmarktdeliktsrecht, S. 63: „Durch solche „kreativen" Auslegungen kommt es letztlich zu einer Denaturierung der Vorsatzhaftung."

215 So auch *Mock*, in: Kölner Kommentar WpHG, § 20a Rn. 482.

216 So auch *Pfüller*, in: Fuchs, WpHG, § 15 Rn. 545; *Braun*, BKR 2005, 415 (417).

Maßstab als einfache Auskünfte, zumal die Öffentlichkeit aufgrund der besonderen Regulierung in die Richtigkeit der Ad-hoc-Mitteilung besonderes Vertrauen hat.[217] Daher war es folgerichtig, dass der BGH daraus den Rückschluss zog, dass die Beklagten von der Kurserheblichkeit der Tatsache ausgegangen waren und daher davon ausgehen mussten, dass aufgrund der Ad-hoc-Mitteilung Aktienkäufe stattfinden würden. Bei einer „einfachen" Erklärung wäre dieser Rückschluss schwieriger gewesen. Aber auch der Umstand, dass die Ad-hoc-Mitteilungen mehrfach wiederholt wurden, obwohl sie mitunter in der Hauptversammlung bereits richtiggestellt worden waren, machte die Begründung des bedingten Vorsatzes für den BGH einfach.

Von solchen Ausnahmefällen abgesehen, wird das Tatbestandsmerkmal des Vorsatzes auch weiterhin schwer zu beweisen sein. Um eine Haftung gemäß § 823 Abs. 2 BGB zu vermeiden, hat sich die Rechtsprechung in eine Sackgasse begeben, aus der sie ohne Friktionen nur schwerlich wieder herauskommt. Im Ergebnis wird die Abgrenzung zwischen Vorsatz und Leichtfertigkeit kaum noch trennscharf gelingen und der Vorsatz abgesehen von Ausnahmefällen kaum nachzuweisen sein – ein Zustand, der für die Rechtssicherheit unbefriedigend ist.

d) Zwischenergebnis

Somit lässt sich abschließend feststellen, dass § 826 BGB eine Norm ist, die Sonderfälle abdecken will und Schutzlücken schließen möchte, unabhängig davon, welches Rechtsgut verletzt ist. Dies zeigen die oben nachgezeichneten Fälle. Sie ist demnach nicht geeignet, als grundlegendes Werkzeug zur Verhinderung von Verstößen am Kapitalmarkt zu dienen. Dazu bedarf es einer Anspruchsgrundlage, die niedrigere Hürden aufstellt – freilich ohne dabei in das Gegenteil zu verfallen und eine uferlose Haftung zu begünstigen. Eine solche Anspruchsgrundlage findet sich in § 823 Abs. 2 BGB. Damit steht auch vor dem Hintergrund der deliktischen Haftungskonzeption fest, dass es gute Gründe gegeben hätte, schon nach bisherigem Normdurchsetzungsverständnis § 20a WpHG a. F. als Schutzgesetz einzuordnen.

5. Rechtsfolge: Der zu ersetzende Schaden

Die Voraussetzung eines jeden Schadensersatzanspruchs ist stets das Vorliegen eines Schadens. Mangels anderweitiger Anordnung durch den Gesetzgeber richtet sich die Beurteilung des Schadens bei Marktmanipulation nach den §§ 249 ff.

217 Vgl. zuletzt OLG Stuttgart ZIP 2015, 781 = AG 2015, 404 Rn. 182.

BGB.[218] Gemäß § 249 Abs. 1 BGB ist demnach der Zustand herzustellen, der bestünde, wenn der zum Ersatz verpflichtende Umstand, also die Marktmanipulation, nicht eingetreten wäre (sog. Differenzhypothese).[219] In diesem Zusammenhang ist zwischen dem Kursdifferenzschaden und dem Vertragsabschlussschaden zu unterscheiden.

a) Der Kursdifferenzschaden

Hat der Anleger die Wertpapiere ohne Kenntnis der Manipulation erworben, so ist ihm der Differenzschaden zu ersetzen, denn in diesem Fall hätte er auch ohne das schadensbegründende Ereignis die Wertpapiere erworben, nur eben zu einem niedrigeren Preis (sog. Kursdifferenzschaden).[220]

aa) Der maßgebliche Zeitpunkt für die Berechnung des Schadens

Der maßgebliche Zeitpunkt für die Berechnung des Schadens ist der Zeitpunkt der Transaktion. Dies ergibt sich vor allem vor dem ökonomischen Hintergrund des Manipulationsverbotes: Wenn nach der *Efficient Capital Market Hypothesis* in ihrer mittelstrengen Form[221] der Marktpreis eines Wertpapiers zu jedem Zeitpunkt alle öffentlich verfügbaren Informationen widerspiegelt, so drückt sich jede neue Information durch die Veränderung des Kurses aus. Wird eine unwahre Information öffentlich gemacht, so verzerrt sich der Kurs um ebendiese Information; der reale und der hypothetische Kurs weichen somit voneinander ab. Der Geschädigte kann im Ergebnis den Ersatz der Differenz verlangen, die durch die „Verzerrung" zum Zeitpunkt der Transaktion entstanden ist.[222]

bb) Berechnung des Kursdifferenzschadens

Die Berechnung des Schadens geschieht in der Theorie durch Multiplikation der Differenz der Kursveränderung mit der Anzahl der Aktien.[223] In der Praxis stellt sich dieser Vorgang freilich um ein Vielfaches schwieriger dar. Denn oft kommen

---

218 Vgl. nur *Mock*, in: Kölner Kommentar WpHG, § 20a Rn. 494.

219 Vgl. dazu statt aller *Oetker*, in: MüKo BGB, § 249 Rn. 16 ff.

220 Vgl. *Poelzig*, ZGR 2015, 801, 833: „jedenfalls Ersatz des durch die Marktmanipulation verursachten Kursdifferenzschadens."

221 Vgl. dazu oben Erster Teil, 2. Kapitel, § 2 C.

222 Vgl. zu den maßgeblichen Vergleichswerten im Rahmen der Differenzhypothese *Möllers/Leisch*, in: Möllers/Rotter, Ad-hoc-Publizität, § 14 Rn. 117 f.; ausführlich *Barth*, Schadensberechnung bei Haftung wegen fehlerhafter Kapitalmarktinformation, S. 212 ff.

223 *Möllers/Leisch*, in: Kölner Kommentar WpHG, §§ 37b, c Rn. 374.

Informationen über die Manipulation nur nach und nach an die Öffentlichkeit. Davon abgesehen wirkt eine Vielzahl von Umständen auf die Wertpapierkurse ein. Die Rechtsprechung greift daher im Rahmen der Schadensschätzung (§ 287 ZPO) auf finanzökonomische Verfahren zurück, die eine tragbare Schätzungsgrundlage liefern.[224]

b) Der Vertragsabschlussschaden (negatives Interesse)

War die manipulierte Information dem betroffenen Anleger hingegen bekannt und ursächlich für dessen Entscheidung zum Erwerb der Wertpapiere, so kommt grundsätzlich gemäß § 249 Abs. 1 BGB auch ein Anspruch des Anlegers auf Rückabwicklung in Betracht, zumal dann davon ausgegangen werden muss, dass der Anleger die Wertpapiere nicht erworben hätte, wäre ihm die Manipulation bekannt gewesen (sog. Vertragsabschlussschaden respektive negatives Interesse).[225]

6. Adressat der Haftung

Bislang wurde festgestellt, dass dem Geschädigten bei Marktmanipulation bereits nach bisheriger Rechtslage ein Schadensersatzanspruch aus § 823 Abs. 2 BGB hätte zustehen müssen. Im Folgenden ist zu untersuchen, wer Haftungsadressat gewesen wäre. Da Marktmanipulation ein sog. „Jedermannsdelikt" ist, kann dies dementsprechend jedermann sein. Darüber hinaus kommt aber auch eine Haftung des Unternehmens, für das die handelnde Person arbeitet, in Betracht.

a) Die Haftung des Unternehmensträgers

Begehen Verrichtungsgehilfen des Unternehmensträgers das Delikt, so richtet sich dessen Haftung nach § 831 BGB. Dabei besteht eine eingeschränkte Entlastungsmöglichkeit des Unternehmens.[226] Die Haftung des Unternehmens für Marktmanipulationsdelikte seiner Organe richtet sich nach § 31 BGB. Voraussetzung für eine Haftung des Unternehmens ist die Haftung seiner Organe.[227]

---

224 Vgl. *Fleischer* BB 2002, 1869 (1872 f.); vgl. zur Schadensberechnung ausführlich *Sauer*, Haftung für Falschinformation des Sekundärmarktes, S. 366 ff.; *Leis/Nowak*, Ad-hoc-Publizität nach § 15 WpHG, S. 181 ff.; *Escher-Weingart/Lägeler/Eppinger*, WM 2004, 1845 (1849 ff.); *Barth*, Schadensberechnung bei Haftung wegen fehlerhafter Kapitalmarktinformation, S. 223 ff.; *Möllers/Leisch*, in: Kölner Kommentar WpHG, §§ 37b, c Rn. 375 ff. m.w.N.

225 *Möllers/Leisch*, in: Kölner Kommentar WpHG, §§ 37b, c Rn. 266.

226 *Wagner*, in: MüKo BGB, § 831 Rn. 34 ff. m.w.N.

227 S. dazu sogleich unter b).

Gemäß § 31 BGB muss sich das Unternehmen das Verhalten seiner „verfassungsmäßig berufenen Vertreter“ zurechnen lassen, worunter in erster Linie sämtliche in der Satzung benannten Vertreter fallen. Darüber hinaus sind nach herrschender Meinung alle Personen umfasst, die einen bestimmten Aufgaben- oder Funktionsbereich selbstständig und eigenverantwortlich wahrnehmen.[228]

b) Die Haftung der Organwalter

Grundsätzlich haften die Organe eines Unternehmens nur gegenüber dem Unternehmen selbst, wenn das Unternehmen in Haftung genommen wurde und dieses den verantwortlichen Organwalter in Regress nimmt. Anspruchsgrundlage ist bei Aktiengesellschaften § 93 Abs. 2 AktG (sog. Innenhaftung). Die Außenhaftung des Vorstands stellt die Ausnahme dar. Gleichwohl kommt sie in zwei verschiedenen Konstellationen in Betracht: zum einen bei Vorsatzdelikten, unmittelbaren Verletzungshandlungen und Schutzgesetzverletzungen, zum anderen im Falle einer Verkehrspflichtverletzung, wobei Letzteres hoch umstritten ist.[229]

aa) Haftung des Vorstands für Vorsatzdelikte, unmittelbare Verletzungshandlungen und Schutzgesetzverletzungen

Als allgemein anerkannt dürfte heute gelten, dass der Vorstand persönlich (nach außen) haftet, wenn er selbst ein von § 823 Abs. 1 BGB geschütztes Recht oder Rechtsgut schuldhaft und rechtswidrig verletzt, ein Schutzgesetz im Sinne des § 823 Abs. 2 BGB schuldhaft und rechtswidrig verletzt oder einen anderen vorsätzlich und sittenwidrig schädigt (§ 826 BGB).[230] Nach richtiger Ansicht ist die deliktische Haftung eines Organs dabei stets Voraussetzung für die Haftung des Unternehmens gemäß § 31 BGB. Wenn demgegenüber vertreten wird, dass nach § 31 BGB nur das Unternehmen hafte,[231] ist das vor dem Hintergrund der historischen Bedeutung des § 31 BGB abzulehnen. Dieser wurde in das BGB aufgenommen, um dem Geschädigten im Falle der Schädigung durch einen Organwalter durch die Haftung des Unternehmens eine zusätzliche Haftungsmasse zur Verfügung zu stellen. Daher haftet jedes Vorstandsmitglied direkt gegenüber

228 Vgl. dazu *Arnold*, in: MüKo BGB, § 31 Rn. 20 ff. m.w.N.

229 Siehe *Altmeppen*, in: Handbuch Managerhaftung, Rn. 7.37 ff.

230 Dies war lange Zeit umstritten, vgl. *Lutter*, ZHR 157 (1993), 464 (467 ff.); *ders.*, GmbHR 1997, 329 (333 ff.); *Medicus*, in: FS Lorenz, 1991, S. 163 ff.; weitere Nachweise bei *Altmeppen*, ZIP 1995, 881 (886 f.).

231 Vgl. nur die Nachweise bei *Wagner*, in: MüKo BGB, § 823 Rz. 95 ff.; dazu kritisch *Altmeppen*, ZIP 2016, 97 (99 f.) m.w.N.

dem geschädigten Anleger nach § 823 Abs. 2 BGB in Verbindung mit § 20a WpHG a.F., wenn es selbst die Marktmanipulation begangen hat.

bb) Haftung des Vorstands für Verkehrspflichtverletzungen

Bis heute ist dagegen hoch umstritten, ob ein Organwalter auch für sog. mittelbare Verletzungshandlungen haftet, also bei Verletzung von Verkehrs- respektive Organisationspflichten im Unternehmen.[232]

Die Haftung von Organen der Gesellschaft wegen Verletzung von Verkehrspflichten spielt derzeit eine gewichtige Rolle in der wissenschaftlichen Diskussion.[233] Auftrieb erhält sie durch zahlreiche aktuelle Fälle in der Praxis, in denen die Haftung von Managern im Vordergrund steht. Auch im Libor-Skandal geht es (unter anderem) um die Haftung der Organmitglieder. So untersucht die BaFin seit 2012 organisatorische Mängel der Banken vor allem mit Blick auf Aufsichts- und Kontrollmängel. Im Vordergrund steht dabei die Frage, ob im Rahmen der Compliance der Deutschen Bank ausreichend Vorkehrungen getroffen wurden, um Gesetzesverstöße zu verhindern.[234]

(1) Die Befürworter einer Haftung im Innenverhältnis

In der Literatur wird die Ansicht vertreten, dass die Organwalter eines Unternehmens für die Verletzung von Organisationspflichten grundsätzlich nur dem Unternehmen gegenüber haften, weil die Verkehrspflichten lediglich gegenüber dem Unternehmen bestünden und damit nur ihm gegenüber zu erfüllen seien.[235] Grundsätzlich komme damit nur eine Innenhaftung des Vorstands in Betracht, weil andernfalls die Organwalter durch eine Außenhaftung für mittelbare Verletzungshandlungen in eine „uferlose“ Haftung gerieten.[236]

Eine Außenhaftung des Organwalters solle nur in besonders gelagerten Fällen in Betracht kommen, wobei die Einzelheiten ihrerseits umstritten sind. So nimmt eine Ansicht eine Außenhaftung dann an, wenn der Vorstand eine erhöhte Gefahrenquelle geschaffen hat oder persönlich als Bewahrungs- respektive Beschützergarant aufgetreten ist.[237] Eine andere Literaturmeinung differenziert

232 Vgl. zum Streitstand ausführlich *Altmeppen*, ZIP 2016, 97 (100 f.) m.w.N.

233 Siehe nur das Gutachten von *Bachmann* zum 70. DJT, Band I, Gutachten E.

234 Zum Ganzen *Buck-Heeb*, WM 2015, 157 (158) m.w.N.

235 Vgl. *Wagner*, in: MüKo BGB, § 823 Rn. 111 ff. m.w.N.

236 *Lutter*, ZHR 157 (1993), 464 (470 ff.).

237 *Kleindiek*, in: Lutter/Hommelhoff, GmbHG, § 43 Rn. 87 ff.; *Mertens/Mertens*, JZ 1990, 488 (489 f.) mit dem Hinweis, die Annahme einer persönlichen Haftung des Organs sei im Übrigen „bahnbrechend abwegig“.

nach dem Sinn und Zweck der Verkehrspflicht. Begünstigt diese die Allgemeinheit, so wird eine Außenhaftung bejaht. Anders soll dies in Fällen sein, in denen die Verkehrspflicht lediglich vertragsbegleitende Natur hat.[238]

(2) Die Befürworter einer Haftung (auch) im Außenverhältnis

Vorzugswürdig ist es demgegenüber, ein Delikt des Organs stets als Voraussetzung für die Zurechnung gemäß § 31 BGB anzunehmen.[239] In diesem Fall ergeben sich nämlich keine Unterschiede zwischen einer unmittelbaren und einer mittelbaren Pflichtverletzung durch das Organ. Insbesondere die Annahme, die Organisationsplichten bestünden nur im Verhältnis zum Unternehmen, kann nicht überzeugen. Mit *Altmeppen* ist davon auszugehen, dass stets ein Organwalter die Erfüllung der Verkehrspflicht für die juristische Person übernommen haben muss, um eine Haftung des Unternehmens gemäß § 31 BGB entstehen zu lassen.[240] Der Sinn und Zweck der Garantenpflicht besteht gerade darin, die absolut geschützten Rechte Dritter im Sinne des § 823 Abs. 1 BGB vor Verletzungen zu bewahren. Im Unternehmen nehmen die Organwalter diese Garantenpflicht wahr. Verstößt der Vorstand schuldhaft gegen diese Garantenpflicht, so haftet er selbst. Über § 31 BGB haftet zudem der Unternehmensträger. Dass der Unternehmensträger überhaupt haftet, ist eine gesetzgeberische Wertungsentscheidung, dem Opfer deliktischer Verletzungshandlungen, die aus der Sphäre eines Unternehmens stammen, zusätzlich zum Organwalter eine solvente weitere Vermögensmasse zukommen zu lassen.[241]

Von der Verletzung deliktischer Verkehrspflichten des Organs ist der Fall zu unterscheiden, dass ein Dritter (beispielsweise ein Angestellter des Unternehmens) das Delikt begeht. Der BGH macht in diesem Fall eine Ausnahme von den oben nachgezeichneten Grundsätzen und nimmt eine Außenhaftung des Organs nur im Falle des vorsätzlichen Handelns an. Anspruchsgrundlage ist dann § 826 BGB oder § 830 BGB. Nur fahrlässiges Handeln des Organs soll dagegen nicht für eine Haftung ausreichen.[242]

---

238 *Grunewald*, ZHR 157 (1993), 451 (455 ff.); *Ransiek*, ZGR 1992, 203 (226 ff.); weitere Nachweise zum Meinungsstand bei *Altmeppen*, ZIP 1995, 881 (886 f.); *Wagner*, in: MüKo BGB, § 823 Rn. 113.

239 *Altmeppen*, ZIP 1995, 881 mit Nachweisen zur Entstehungsgeschichte; ferner *Wilhelm*, Kapitalgesellschaftsrecht, Rz. 1232.

240 Vgl. *Altmeppen*, ZIP 2016, 97 (101) m.w.N.

241 Vgl. *Altmeppen*, ZIP 2016, 97 (101) m.w.N.

242 Vgl. BGHZ 125, 366, 375 = ZIP 1994, 867.

Unter Wertungsgesichtspunkten überzeugt dies, da der BGH mit seiner Rechtsprechung auf diese Weise zwischen der eigenen Pflichtverletzung des Organs einerseits und dem Delikt eines Dritten andererseits differenziert und insbesondere unter Sphärengesichtspunkten ein ausdifferenziertes Haftungsregime schafft, das keine ausufernde Haftung des Organwalters nach sich zieht.[243]

Auch dogmatisch überzeugt die Rechtsprechung. Eine Haftung gemäß § 823 Abs. 1 BGB scheidet aus, weil der Organwalter selbst kein absolut geschütztes Rechtsgut verletzt hat. Zwar war das unterbliebene Verhindern seitens des Organs kausal für den Schaden. Diese Kausalität soll aber nach Ansicht der Rechtsprechung gerade nicht für eine Haftung des Organs ausreichen. Denn für Vermögensschäden haftet nur derjenige Deliktstäter, der ein Schutzgesetz im Sinne des § 823 Abs. 2 BGB verletzt oder eben vorsätzlich und sittenwidrig gemäß § 826 BGB gehandelt hat. Insofern bleibt also bezüglich der Annahme einer Fahrlässigkeitshaftung nur der Tatbestand des § 823 Abs. 2 BGB. Dieser fordert die Verletzung eines Schutzgesetzes. Hat ein Angestellter im Unternehmen eine Marktmanipulation begangen, so hat eben nur dieser das Schutzgesetz verletzt und nicht der Vorstand. Die Verkehrspflicht selbst ist nach herrschender Ansicht kein solches Schutzgesetz.[244] Auch die Verletzung der betrieblichen Aufsichtspflicht gemäß § 130 OWiG ist kein Schutzgesetz im Sinne des § 823 Abs. 2 BGB.[245] Letztlich kommt auch keine Haftung gemäß § 831 Abs. 1 BGB in Betracht, weil das Organ nicht der Unternehmensträger ist.[246]

Damit ergibt sich für den Fall der Marktmanipulation folgendes Ergebnis: Wird die Marktmanipulation von einem Dritten begangen, so haftet der Vorstand nicht gemäß § 823 Abs. 2 BGB in Verbindung mit § 20a WpHG a.F., weil nicht der Vorstand, sondern der Dritte die Manipulation begangen hat. Auch hat der Vorstand die Verantwortung für das Delikt des Dritten nicht auf sich selbst gezogen, wenn er das Delikt nur fahrlässig nicht verhindert hat. Ein Anspruch gegen den Vorstand lässt sich auch nicht auf § 831 Abs. 1 BGB stützen, weil er nicht der Unternehmensträger ist. Eine Zurechnung der Marktmanipulation analog § 31 BGB kommt ebenfalls nicht in Betracht, weil dieser ein Delikt nur dem Verband zurechnen kann, nicht aber dem für den Verband handelnden Organ. Dagegen haftet der Vorstand als Täter nach § 826 BGB, beziehungsweise als Teilnehmer nach § 830 BGB, wenn er vorsätzlich gehandelt hat.

---

243 *Altmeppen*, ZIP 1995, 881 (881 ff.).

244 Siehe statt aller *v. Bar*, Verkehrspflichten – richterliche Gefahrsteuerungsgebote im deutschen Deliktsrecht, S. 154 ff.

245 Vgl. nur BGHZ 125, 366 = NJW 1994, 1801 (1802).

246 Vgl. zum Ganzen *Altmeppen*, ZIP 2016, 97 (101 f.).

cc) Haftung des Aufsichtsrates

Auch die Aufsichtsratsmitglieder haften grundsätzlich nur gegenüber der Gesellschaft (vgl. §§ 95 ff. AktG). Eine Ausnahme von diesem Grundsatz ist dann zu machen, wenn ein besonderer Haftungsgrund vorliegt.[247] Begeht ein Mitglied des Aufsichtsrates selbst die Marktmanipulation, so haftet es den geschädigten Anlegern auch persönlich. Insofern unterscheidet sich die Haftung nicht von derjenigen der Vorstandsmitglieder.

Anders sieht es bei Marktmanipulationen Dritter innerhalb der Unternehmenssphäre aus. Da die originäre Pflicht des Aufsichtsrates in der Überwachung der Geschäftsleitung liegt, tritt typischerweise zwischen die Schädigung durch den Dritten und die Pflichtverletzung des Aufsichtsrates das außenwirksame Verhalten des Geschäftsführungsorgans.[248] Damit wird eine Haftung wegen Marktmanipulation nicht vorliegen, wenn diese von Dritten innerhalb der Unternehmenssphäre begangen wurde.

7. Ergebnis

Bereits nach bisherigem Verständnis hätte dem Geschädigten bei Marktmanipulation ein Schadensersatzanspruch nach § 823 Abs. 2 in Verbindung mit § 20a WpHG a. F. zustehen müssen. Der Anspruch ist wahlweise auf den Ersatz des Differenzschadens oder des Vertragsabschlussschadens gerichtet. Adressat der Haftung ist das handelnde Organ, wenn es selbst die Marktmanipulation begangen hat. Begehen Angestellte des Unternehmens die Marktmanipulation, so haftet das Unternehmen nach § 831 BGB.

II. Ansprüche gem. § 826 BGB

Auch kamen Ansprüche aus § 826 BGB in Betracht. Voraussetzung hierfür war sowohl eine sittenwidrige Schädigungshandlung als auch ein Schädigungsvorsatz.[249]

III. Ansprüche gem. §§ 37b, c WpHG a. F.

Handelte es sich um sog. informationsgestützte Manipulationshandlungen, die in Form einer Ad-hoc-Mitteilung veröffentlicht wurden, so kamen schließlich auch Ansprüche nach § 37b WpHG a. F. wegen unterlassener unverzüglicher

---

247 Allgemein zur Haftung des Aufsichtsrates *Altmeppen*, in: Handbuch Managerhaftung, Rn. 7.80 ff.

248 Vgl. *Altmeppen*, in: Handbuch Managerhaftung, Rn. 7.83.

249 Siehe oben, Zweiter Teil, 1. Kapitel, § 3, 4. a).

Veröffentlichung von Insiderinformationen respektive nach § 37c WpHG a. F. wegen Veröffentlichung unwahrer Insiderinformationen in Betracht.[250] Andere unwahre Informationen konnten eine Haftung nach §§ 37b, c WpHG a. F. nicht begründen.[251]

B. Schadensersatzansprüche des Emittenten

Marktmanipulationen Dritter können zu einem Kursverlust der Finanzinstrumente und damit zu einem Schaden des Emittenten führen. Zu prüfen ist daher, inwieweit auch dem Emittenten nach bisheriger Rechtslage Ansprüche gegen den Schädiger zustanden.[252]

I. Ansprüche aus § 823 I BGB in Verbindung mit den Grundsätzen des eingerichteten und ausgeübten Gewerbebetriebs

Zunächst kam als Anspruchsgrundlage § 823 Abs. 1 BGB in Verbindung mit den Grundsätzen des eingerichteten und ausgeübten Gewerbebetriebs in Betracht.[253] Entscheidend hierfür war, ob die Marktmanipulation sog. Betriebsbezogenheit aufwies. Denn das Recht am eingerichteten und ausgeübten Gewerbebetrieb ist nur dann verletzt, wenn sich der Eingriff gegen den Betrieb als solchen richtet.[254] Hierbei wird man auf den Einzelfall abstellen müssen, um feststellen zu können, ob die Manipulationshandlung gezielt den Emittenten beeinträchtigen wollte oder ob der Kursverlust des Emittenten eine bloße Nebenfolge der Marktmanipulation war.[255]

---

250 Vgl. BGHZ 192, 90 (102 f.) = NJW 2012, 1800 – IKB; OLG Düsseldorf AG 2011, 706 (708 f.) = BB 2011, 2446; vgl. nur *Mock*, in: Kölner Kommentar WpHG, § 20a Rn. 471 f.

251 Vgl. OLG Düsseldorf AG 2011, 31 (33); OLG Düsseldorf AG 2011, 706 (708); zweifelnd *Bachmann*, JZ 2012, 578 (580): danach liegt in einer Pressemitteilung eine wertungsmäßig vergleichbare Sondersituation, die eine Einzelanalogie zu § 37c WpHG nahelegt.

252 *Mock*, in: Kölner Kommentar WpHG, § 20a Rn. 497.

253 *Ekkenga*, ZIP 2004, 781 (782); *Mock*, in: Kölner Kommentar WpHG, § 20a Rn. 498.

254 Ständige Rechtsprechung seit BGHZ 29, 65 (74) = NJW 1959, 479 (481); vgl. auch *Hager*, in: Staudinger, BGB, § 823 Rn. D 11 mit umfangreichen Rechtsprechungsnachweisen.

255 Grundsätzlich einen Eingriff annehmend *Mock*, in: Kölner Kommentar WpHG, § 20a Rn. 498.

II. Ansprüche gem. § 823 Abs. 2 BGB i. V. m. Schutzgesetzverletzung

Unabhängig davon, ob die Schutzgesetzeigenschaft von § 20a WpHG a. F. angenommen wird, standen dem Emittenten keine Schadensersatzansprüche gemäß § 823 Abs. 2 BGB in Verbindung mit § 20a WpHG a. F. zu, da § 20a WpHG a. F. allein dem Anlegerschutz dienen sollte und der Emittent daher schon nicht in den Schutzbereich der Norm fiel.[256]

III. Ansprüche gem. § 824 BGB

Bei informationsgestützten Manipulationshandlungen gemäß § 20a Abs. 1 S. 1 Nr. 1 WpHG a. F. kam auch ein Anspruch wegen Kreditgefährdung nach § 824 BGB in Betracht.[257] Voraussetzung hierfür war das Vorliegen einer unwahren Tatsachenbehauptung.[258] Problematisch war das Tatbestandsmerkmal der Kreditgefährdung.[259] Dazu musste der Erwerb oder das Fortkommen beeinträchtigt respektive betroffen sein, wobei die Eignung zur Beeinträchtigung ausreichte.[260] Ob dies der Fall war, unterlag der Einzelfallbetrachtung. Bei der Bewertung von erheblichen Umständen nach § 2 Abs. 3 MaKonV kam eine solche Kreditgefährdung grundsätzlich in Betracht.[261] Schließlich musste der Betroffene bereits zum Zeitpunkt der Äußerung individualisierbar sein.[262] Dies war indes unproblematisch, weil sich die Kursmanipulation immer auf einen konkreten Emittenten beziehen musste und somit das Unmittelbarkeitskriterium stets erfüllt war.[263]

IV. Ansprüche gem. § 826 BGB

Auch Ansprüche wegen vorsätzlicher sittenwidriger Schädigung gemäß § 826 BGB kamen in Betracht. Hierbei ergaben sich keine Unterschiede zu den Ansprüchen der Anleger.[264]

---

256 So ausdrücklich Begr. RegE 4. Finanzmarktförderungsgesetz, BT-Drucks. 14/8017, S. 62 f.; Begr. RegE Anlegerschutzverbesserungsgesetz, BT-Drucks. 15/3174, S. 26; statt aller *Mock*, in: Kölner Kommentar WpHG, § 20a Rn. 499.

257 *Ekkenga*, ZIP 2004, 781 (782); *Mock*, in: Kölner Kommentar WpHG, § 20a Rn. 500 ff.

258 *Wagner*, in: MüKo BGB 6. Aufl., § 824 Rn. 15 ff.

259 *Wagner*, in: MüKo BGB 6. Aufl., § 824 Rn. 36.

260 *Wagner*, in: MüKo BGB 6. Aufl., § 824 Rn. 35 ff. m.w.N.

261 *Mock*, in: Kölner Kommentar WpHG, § 20a Rn. 502.

262 BGH NJW 1963, 1871 (1872) = BB 1963, 920; BGH NJW 1965, 36 (37) = BB 1964, 1310; BGH NJW 1978, 2151 (2152) = WM 1978, 999; BGH NJW 1992, 1312 (1313) = WM 1992, 535; vgl. auch *Wagner*, in: MüKo BGB 6. Aufl., § 824 Rn. 38 m.w.N.

263 *Mock*, in: Kölner Kommentar WpHG, § 20a Rn. 503: „immanent".

264 Siehe oben, 2. Teil, 1. Kapitel, § 2, A) I. 3.

C. Nichtigkeit des zugrunde liegenden Vertragsverhältnisses

Lag der Manipulationshandlung ein Vertragsverhältnis zugrunde, so war dieses grundsätzlich nichtig gemäß § 134 BGB, sofern es sich um einen beiderseitigen Verstoß gegen das Manipulationsverbot handelte.[265] Teilweise wird auch eine Nichtigkeit des Rechtsgeschäfts aus § 117 Abs. 1 BGB angenommen.[266]

§ 4 Zusammenfassung mit Blick auf die Normdurchsetzung

Die Durchsetzung des Verbotes der Marktmanipulation geschah bei konsequenter Anwendung des bisherigen Normdurchsetzungssystems bislang durch die straf- und verwaltungsrechtlichen Sanktionen.

Zivilrechtliche Sanktionen, namentlich ein Schadensersatzanspruch gemäß § 823 Abs. 2 BGB in Verbindung mit § 20a WpHG a. F., hätten jedoch bereits nach bisherigem Systemverständnis bestehen müssen, allerdings nicht zur effektiven Durchsetzung des Verbotes der Marktmanipulation, sondern vielmehr zur Kompensation der Anleger.

2. Kapitel: Die Rechtsfolgen bei Insidergeschäften

In diesem Kapitel sollen die Rechtsfolgen bei Insidergeschäften untersucht werden.

§ 1 Strafrechtliche Folgen

Auch bei Insiderhandel bestanden strafrechtliche Konsequenzen. Dabei wurde auf der Rechtsfolgenseite zwischen sog. Primär- und Sekundärinsidern unterschieden.[267] Die Differenzierung war von besonderer Bedeutung für die Art der Sanktionierung.

A. Primär- und Sekundärinsider

Zu den Primärinsidern zählten gemäß § 38 Abs. 1 Nr. 2a WpHG a. F. die Mitglieder des Geschäftsführungs- oder Aufsichtsorgans respektive die persönlich

---

265 *Fleischer*, in: Fuchs, WpHG, § 20a Rn. 155; *Vogel*, in: Assmann/Schneider, WpHG, § 20a Rn. 32; *Mock*, in: Kölner Kommentar WpHG, § 20a Rn. 512; a.A. *Schäfer*, in: Schäfer/Hamann, KMG, § 20a WpHG Rn. 83.

266 *Fleischer*, in: Fuchs, WpHG, § 20a Rn. 155; *Vogel*, in: Assmann/Schneider, WpHG, § 20a Rn. 32; *Mock*, in: Kölner Kommentar WpHG, § 20a Rn. 514.

267 *Buck-Heeb*, Kapitalmarktrecht, Rn. 281.

haftenden Gesellschafter des Emittenten oder eines mit dem Emittenten verbundenen Unternehmens gemäß § 15 AktG. Ob Kausalität zwischen der Ausübung der Organfunktion und der Kenntniserlangung erforderlich ist, war umstritten. Teilweise wurde dies mit Verweis auf den Wortlaut der Norm („als") abgelehnt.[268] § 38 Abs. 1 Nr. 2b WpHG a. F. erklärte auch die Aktionäre des Unternehmens zu Primärinsidern. Nach dem Wortlaut der Vorschrift fiel damit jeder Aktionär, also auch derjenige mit nur einer einzigen Aktie, in den Anwendungsbereich. In der Literatur wurde seitdem versucht, die Vorschrift einzugrenzen.[269] Schließlich galt gemäß § 38 Abs. 1 Nr. 2c WpHG a. F. jeder als Insider, der aufgrund seines Berufs, seiner Tätigkeit oder seiner Aufgabe bestimmungsgemäß über Insiderinformationen verfügte. Um auch diesen sehr weiten Anwendungsbereich einzugrenzen, verlangte die Literatur einen Ursachenzusammenhang zwischen Beruf respektive Tätigkeit und der Erlangung der Insiderinformation.[270] Umstritten war darüber hinaus, was unter „bestimmungsgemäß" zu verstehen war. Richtigerweise waren darunter nur solche Informationen zu verstehen, die der Insider nicht nur aufgrund seiner Tätigkeit, sondern auch aufgrund seiner Zuständigkeit erlangte.[271] Von § 38 Abs. 1 Nr. 2c WpHG a. F. wurden auch unternehmensexterne Personen erfasst. Dies betraf vor allem Wirtschaftsprüfer, Steuerberater, Anwälte und Unternehmensberater.[272]

Sekundärinsider waren alle Personen, die eine Insiderinformation erlangt haben, ohne Primärinsider zu sein.[273] Wie der Sekundärinsider an die Insiderinformation gelange, war dabei unerheblich. Entscheidend war nur, dass er sie als solche erkannt hatte.[274]

---

268 *Bermann/Drees*, StraFo 2005, 364 (367); a.A. *Vogel*, in: Assmann/Schneider, WpHG, § 38 Rn. 16: „in Ausübung statusbedingter Funktionen"; pauschal ablehnend *Buck-Heeb*, Kapitalmarktrecht, Rn. 282: „Rein privat erlangte Kenntnis kann hier nicht genügen".

269 So wird verlangt, dass die Beteiligung ursächlich für das Erlangen der Insiderinformation war, vgl. *Buck-Heeb*, Kapitalmarktrecht, Rn. 283; dazu auch *Vogel*, in: Assmann/Schneider, WpHG, § 38 Rn. 19; *Altenhain*, in: Kölner Kommentar WpHG, § 38 Rn. 58 ff.

270 *Vogel*, in: Assmann/Schneider, WpHG, § 38 Rn. 16; *Zimmer/Cloppenburg*, in: Schwark/Zimmer, KmRK, § 38 WpHG Rn. 8.

271 Vgl. dazu *Waßmer*, in: Fuchs, WpHG, § 38 Rn. 38 m.w.N.

272 Vgl. nur *Buck-Heeb*, Kapitalmarktrecht, Rn. 286.

273 *Buck-Heeb*, Kapitalmarktrecht, Rn. 288.

274 *Buck-Heeb*, Kapitalmarktrecht, Rn. 288.

§ 38 Abs. 1 Nr. 1 WpHG a. F. sah für vorsätzliche Verstöße gegen § 14 Abs. 1 Nr. 1 WpHG a. F. eine Freiheitsstrafe von bis zu 5 Jahren oder eine Geldstrafe vor. Ebenso wurde nach § 38 Abs. 1 Nr. 2 WpHG a. F. jeder Primärinsider bestraft, der gegen § 14 Abs. 1 Nr. 2 und Nr. 3 WpHG a. F. verstieß. Vorsätzlich handelte, wer erkannte, dass es sich bei der fraglichen Transaktion um ein Geschäft mit Insiderpapieren handelt.[275] Der Vorsatz musste sowohl die Tatsache, dass die Information noch nicht öffentlich bekannt ist, als auch die Geeignetheit der erheblichen Beeinflussung des Börsenkurses umfassen. Dabei genügte Dolus eventualis.[276] Da es dennoch erhebliche Beweisschwierigkeiten hinsichtlich des Vorsatzes gab, wurde allgemein überlegt, wie diesen begegnet werden kann. Nach Auffassung des EuGH soll bei Kenntnis einer Insiderinformation und zeitlich nachgelagertem Kauf respektive Verkauf der Insiderpapiere das vorsätzliche Handeln vermutet werden können.[277]

Bei nur leichtfertigen Verstößen in den Fällen des § 38 Abs. 1 Nr. 1 oder Abs. 2a Nr. 1 WpHG a. F. betrug die Freiheitsstrafe maximal 1 Jahr. Dabei handelte leichtfertig, wer die gebotene Sorgfalt in einem ungewöhnlich hohen Maß verletzte.[278] Dabei sollte die Leichtfertigkeit im Strafrecht der groben Fahrlässigkeit des Zivilrechts entsprechen.[279]

Gemäß § 38 Abs. 3 WpHG a. F. war auch der Versuch (vgl. § 22 StGB) des Insiderhandels strafbar.[280] Neben der Freiheits- oder Geldstrafe konnten auch ein Berufsverbot (vgl. § 70 StGB) sowie die Anordnung des Verfalls des aus dem Insidergeschäft erzielten Gewinns (vgl. §§ 73 ff. StGB) angeordnet werden.[281]

§ 2 Verwaltungsrechtliche Konsequenzen (insbesondere Geldbußen)

Sowohl Primär- als auch Sekundärinsider wurden bislang mit einer Geldbuße von bis zu 200 000 Euro bei vorsätzlichem Zuwiderhandeln belegt (vgl. § 39

275 *Buck-Heeb*, Kapitalmarktrecht, Rn. 312.
276 *Assmann*, in: Assmann/Schneider, WpHG, § 14 Rn. 57 f.
277 EuGH, Rs. C-45/08, Slg. 2009, I-12073 = ZIP 2010, 78 (80) Rn. 38 ff.; dazu *Hopt*, in: FS Goette, S. 182 f.; dazu kritisch *Gehrmann*, ZBB 2010, 48 (49 ff.); *Nietsch*, ZHR 174 (2010), 556 (562 ff.); *Langenbucher/Brenner/Gellings*, BKR 2010, 133 (135).
278 Vgl. nur *Kümpel/Veil*, Wertpapierhandelsgesetz, S. 74.
279 Statt aller *Schäfer*, in: Schäfer/Hamann, KMG, § 14 WpHG Rn. 18.
280 Zur Kritik an der Versuchsstrafbarkeit vgl. *Waßmer*, in: Fuchs, WpHG, § 38 Rn. 62.
281 *Mennicke*, in: Fuchs, WpHG, § 14 Rn. 415.

Abs. 4 WpHG a. F.). Aus § 17 Abs. 2 OWiG folgte, dass bei nur leichtfertigem Handeln das Höchstmaß auf die Hälfte (100 000 Euro) zu reduzieren war.[282]

Neben der Bebußung natürlicher Personen war auch eine Verbandsgeldbuße möglich, entweder kumulativ oder isoliert. Dabei richtete sich der Bußgeldrahmen nach der Art der Anknüpfungstat. War diese eine Straftat – so wie es beim Insiderhandel der Fall war (vgl. § 38 Abs. 1 WpHG a. F.) –, betrug das Höchstmaß der Verbandsgeldbuße bei vorsätzlicher Begehung 10 Millionen Euro und bei fahrlässiger Begehung 5 Millionen Euro (vgl. § 30 Abs. 2 S. 1 Nr. 1, 2 OWiG).[283]

§ 3 Zivilrechtliche Folgen

Da das WpHG selbst keine speziellen zivilrechtlichen Rechtsfolgen für Verstöße gegen § 14 WpHG a. F. vorsah, richteten sich die Folgen ebenso wie im Falle der Marktmanipulation nach den allgemeinen Bestimmungen des Zivilrechts. In der Literatur wurde zwischen Börsenumsatzgeschäften,[284] also Geschäften, die direkt über die Börse abgewickelt werden, ohne dass ein direkter vertraglicher Kontakt zwischen dem Insider und dem Erwerber respektive Veräußerer des Insiderpapiers besteht, und außerbörslichen Wertpapiergeschäften, das heißt Geschäften ohne Zwischenschaltung von Finanzintermediären (sog. Face-to-Face-Geschäfte), unterschieden.[285]

---

282 *Mennicke*, in: Fuchs, WpHG, § 14 Rn. 417.

283 Vgl. zu den Verbandsgeldbußen auch *Waßmer*, in: Fuchs, WpHG, vor §§ 38–40b Rn. 96 m.w.N.

284 Kompliziert gestaltet sich die rechtliche Betrachtung der Börsenumsatzgeschäfte. Grund hierfür ist die Beteiligung von fünf Parteien an diesen Geschäften: Zunächst Käufer und Verkäufer des Wertpapiers, sodann die von ihnen beauftragten Kreditinstitute. Zwischen Käufer/Verkäufer und ihrem Kreditinstitut besteht ein Kommissionsvertrag im Sinne der §§ 383 ff. HGB. Diesem Kommissionsvertrag liegt eine entgeltliche Geschäftsbesorgung nach § 675 BGB zugrunde. Schließlich tritt ein Skontroführer respektive Kursmakler auf, deren Aufgabe es ist, Angebot und Nachfrage einander zuzuordnen. Das sog. Deckungsgeschäft an der Börse stellt schließlich einen Kaufvertrag dar, vgl. zum Ganzen *Mennicke*, in: Fuchs, WpHG, § 14 Rn. 439 m.w.N.

285 Vgl. dazu *Mennicke*, in: Fuchs, WpHG, § 14 Rn. 419 f., 439 ff.

A. *Schadensersatzansprüche beim Börsenumsatzgeschäft*

I. *§ 823 Abs. 2 i. V. m. § 14 WpHG a. F.*

Mangels spezieller Anspruchsgrundlage stellte sich auch bei § 14 WpHG a. F. die Frage nach der Haftung gemäß § 823 Abs. 2 BGB und damit nach der Schutzgesetzeigenschaft von § 14 WpHG a. F.[286]

1. *Die Befürworter einer Haftung*

Eine Ansicht in der Literatur bejahte eine Haftung.[287] Ziel des Zweiten Finanzmarktförderungsgesetzes sei der Schutz der Anleger gewesen, weshalb § 14 WpHG a. F. als Schutznorm einzuordnen sei. Auch ein systematischer Vergleich mit § 44a BörsG a. F., der Vorgängerregelung der Ad-hoc-Mitteilungspflicht gemäß § 15 WpHG a. F., zeige, dass § 14 WpHG a. F. als Schutznorm zu qualifizieren sei. So sei es nicht überzeugend, dem Verbot des Insiderhandels die Schutzgesetzeigenschaft abzusprechen, während § 44a BörsG a. F. nach herrschender Ansicht als individualschützend angesehen werde. Denn die Ad-hoc-Mitteilungspflicht sei eine flankierende Maßnahme zur Bekämpfung des Insiderhandels. Wenn diese als individualschützend angesehen werde, so müsse dies erst recht für die zentrale Verbotsnorm des Insiderhandels gelten.[288]

2. *Die herrschende Gegenansicht*

Nach bislang herrschender Meinung kam dagegen ein Schadensersatzanspruch aus § 823 Abs. 2 BGB in Verbindung mit § 14 WpHG a. F. nicht in Betracht. Es fehle bereits am Individualschutzcharakter der Norm.[289] Denn ganz überwiegend stehe der Funktionsschutz der Märkte aus gesamtwirtschaftlichen Gründen im

---

286 Auch sind deliktische Ansprüche gemäß § 823 Abs. 2 BGB in Verbindung mit § 263 StGB denkbar.

287 *Claussen*, DB 1994, 27 (31); *Assmann*, AG 1994, 237 (250); *Ransiek*, DZWir 1995, 53 (54); *Lauermann*, Gesellschafts- und zivilrechtliche Aspekte börslichen Insiderhandels, S. 89 ff.; *Schäfer*, in: Wertpapierhandelsgesetz, Börsengesetz, Verkaufsprospektgesetz Kommentar, § 14 WpHG Rn. 78.

288 So *Assmann*, AG 1994, 196 (203).

289 *Schwark/Kruse*, in: Schwark/Zimmer, KmRK, § 14 Rn. 5; *Caspari*, ZGR 1994, 530 (532 f.); *Happ*, JZ 1994, 240 (243): „vorsichtige[r] Schluss"; *Immenga*, ZBB 1995, 197 (205); *Kaiser*, WM 1997, 1557 (1559 f.); ausführlich *Mennicke*, Sanktionen gegen Insiderhandel, S. 618 ff.; *Weber*, BB 1995, 157 (164); *Dreyling/Schäfer*, Insiderhandelsverbot und Ad-hoc-Publizität, Rn. 3; *Fürhoff*, Kapitalmarktrechtliche Ad-hoc-Publizität zur Vermeidung von Insiderkriminalität, S. 111; *Steinhauer*, Insiderhandelsverbot und Ad-hoc-Publizität, S. 108; *Buck-Heeb*, Kapitalmarktrecht, Rn. 319 f.

Vordergrund, wohingegen ein Schutz der individuellen Anleger vom Gesetzgeber nicht intendiert sei.[290] Auch bereite die Eingrenzung der Anspruchsberechtigten Probleme.[291] Darüber hinaus scheitere ein Schadensersatzanspruch auch an der (haftungsausfüllenden) Kausalität. Denn der Vertragspartner des Insiders hätte bei rechtmäßigem Alternativverhalten des Insiders mit einem Dritten das Rechtsgeschäft abgeschlossen, weshalb der Schaden bei ihm ohnehin eingetreten wäre.[292] Schließlich sei auch aus ökonomischer Sicht ein Schadensersatzanspruch abzulehnen. Denn beim Insiderhandel bestehe ein Zielkonflikt zwischen Individualschutz und Funktionsschutz, der sich darin äußere, dass die durch den Insiderhandel verbotswidrig erlangten Vorteile gerade an das Anlegerpublikum weitergeleitet würden und daher eine Abschöpfung der Vorteile dem Funktionsschutz zuwiderlaufe.[293]

3. *Der differenzierende Ansatz*

Eine dritte Ansicht differenzierte bislang zwischen positiver (also zur Kurssteigerung führender) und negativer (zur Kurssenkung führender) Insiderinformation. Nur bei Insiderhandel mit positiven Informationen sei ein Schadensersatzanspruch der Anleger gem. § 823 Abs. 2 BGB in Verbindung § 14 WpHG a. F. gegeben.[294] Diese Unterscheidung ergebe sich aus der Erwägung, dass beim Insiderhandel mit positiven Informationen der Individualschutz im Vordergrund stünde, weil durch den Kauf von Wertpapieren vor Bekanntwerden der positiven Information Vermögen direkt vom Anleger auf den Insider übertragen würde. Dagegen stünde beim Insiderhandel mit negativen Informationen allein der Funktionsschutz im Vordergrund. Denn im Falle eines Verkaufs von Aktien durch einem Insider erhielte der Markt Informationen, an die er andernfalls nicht gelangt wäre. Daher liege der Verkauf negativer Informationen im Allgemeininteresse. Die übrigen Marktteilnehmer seien daher nicht schützenswert. Anders sei zu entscheiden, wenn die Information ohnehin zu einem späteren Zeitpunkt an die Öffentlichkeit gelangt wäre. In diesem Fall habe der Verkauf des Insiders keinen ausreichenden „Informationsverbreitungseffekt".[295]

290 Statt aller *Klöhn*, in: Kölner Kommentar WpHG, § 14 Rn. 521.
291 *Schwark/Zimmer*, in: Schwark/Zimmer, KmRK, vor § 12 Rn. 14.
292 *Mennicke*, in: Fuchs, WpHG, § 14 Rn. 445.
293 *Mock*, in: Kölner Kommentar WpHG, § 20a Rn. 483.
294 *Grechenig*, ZBB 2010, 232 (233).
295 Vgl. zum Ganzen *Grechenig*, ZBB 2010, 232 (239 f.).

4. *Stellungnahme*

Der herrschenden Auffassung zur bisherigen Rechtslage ist recht zu geben. Ein Schadensersatzanspruch bei Insiderhandel schied aus verschiedenen Gründen aus.

a) *Keine Abgrenzbarkeit des geschützten Personenkreises*

Unabhängig davon, wer vom Schutzzweck des § 14 WpHG a. F. erfasst werden sollte, kam ein Schadensersatzanspruch auf der Grundlage des § 823 Abs. 2 BGB schon allein deshalb nicht in Betracht, weil der Kreis der Anspruchsberechtigten nicht abgrenzbar war. Eine solche Abgrenzung ist aber Voraussetzung für die Haftung nach § 823 Abs. 2 BGB.[296]

Verkauft oder kauft ein Insider an einer Wertpapierbörse Insiderpapiere, so wird sein Angebot mit demjenigen eines anderen Marktteilnehmers per Computer vollkommen zufällig zusammengeführt. Entscheidend für die Zusammenführung von Angebot und Annahme ist die Zeit des Angebotseingangs. Aus diesem automatischen Zusammenführen von Angebot und Nachfrage resultieren die einzelnen Kaufverträge über die Wertpapiere. Zwar lässt es sich im Nachhinein nachverfolgen, wer letztendlich der Vertragspartner des Insiders wurde, zum Zeitpunkt der Zuführung von Angebot und Nachfrage ist aber nicht vorhersehbar, wer Vertragspartner wird.[297]

Entscheidend ist dieser Umstand für die Frage, wie weit § 14 WpHG a. F. in persönlicher Hinsicht reicht. Denn wenn der Vertragspartner bei Abschluss des Kaufvertrages mit dem Insider beim Börsengeschäft rein zufällig gewählt wird, kommen ex ante alle Handelsteilnehmer als Vertragspartner infrage. Eine Begrenzung auf bestimmte Marktteilnehmer ist dadurch ausgeschlossen. Wer dem Handelspartner den Kontrahierungsschaden gemäß § 823 Abs. 2 in Verbindung mit § 14 WpHG a. F. ersetzen will, muss also zwangsläufig davon ausgehen, dass sämtliche Marktteilnehmer in den Schutzbereich der Norm einbezogen sind. § 14 WpHG a. F. müsste somit als Schutzgesetz den Rechtsverkehr bereits dagegen schützen, mit einem Insider überhaupt in geschäftlichen Kontakt zu kommen und durch den Vertragsschluss ein in ungewisser Zukunft weniger werthaltiges Wertpapier als Gegenleistung zu erlangen. Insoweit handelt es sich aber lediglich um eine Gefahr, die nicht einem konkreten und individuell abgrenzbaren Kreis von Betroffenen droht, sondern allen am Kapitalmarkt beteiligten Akteuren.

---

296 Vgl. zur Schutznormtheorie oben Erster Teil, 3. Kapitel, § 3 A.
297 Vgl. *Beneke/Thelen*, BKR 2017, 12 (12).

Aus diesen Überlegungen ist zu folgern, dass die in persönlicher Hinsicht erforderlichen Konturen des § 14 WpHG a. F. verloren gingen, wollte man die Regelung als Schutzgesetz für jedermann gegen Schäden aus dem rechtsgeschäftlichen Kontakt über die Börse mit einem Insider verstehen. Dies stünde in Widerspruch zu der allgemeinen Ansicht, dass sich Schutzgesetze im Sinne des § 823 Abs. 2 BGB durch den ihnen eigentümlichen Individualschutzaspekt von Rechtsnormen zum Schutz der Allgemeinheit unterscheiden.[298] Andernfalls würde der deliktische Schutz durch § 20a WpHG a. F. uferlos.

Kurzum: Da es kein Schutzgesetz zugunsten der Allgemeinheit geben kann, muss nach bisheriger Rechtslage dem § 14 WpHG a. F. die Schutzgesetzeigenschaft abgesprochen werden.[299]

b) Kein Schaden der Anleger

Auch scheitert ein Schadensersatzanspruch des Anlegers an dem Tatbestandsmerkmal „Schaden". Zunächst ist festzustellen, dass bei Verstoß gegen das Verbot der Weitergabe von Insiderinformationen (§ 14 Abs. 1 Nr. 2 WpHG a. F.) schon per se kein Schaden entsteht, weil durch die bloße Weitergabe einer Insiderinformation niemand geschädigt wird. Es kann also bei der Frage nach dem Schaden lediglich um Fälle des Handels mit der Insiderinformation gehen (§ 14 Abs. 1 Nr. 1 WpHG a. F.).[300]

Aber auch beim Insiderhandel entsteht kein Schaden beim Vertragspartner des Insiders (Outsider). Dazu bedürfte es einer unfreiwilligen Vermögenseinbuße. Nach der sog. Differenzhypothese ist dabei der Zustand nach dem schädigenden Ereignis mit demjenigen Zustand, der ohne das schädigende Ereignis bestünde, zu vergleichen.[301] Auch beim Insiderhandel ist vor diesem Hintergrund grundsätzlich ein Schaden in Form des Kursdifferenzschadens oder des Vertragsabschlussschadens vorstellbar.

Betrachtet man den Kursverlauf beim Insiderhandel genauer, so muss man zu der Erkenntnis gelangen, dass ein Kursdifferenzschaden in den allermeisten Fällen nicht vorliegen wird.[302] Der Insider muss nämlich nicht den Kurs eines

---

298 Vgl. statt aller *Ulmer*, ZIP 1993, 769 (771).

299 Vgl. dazu im Zusammenhang mit der Insolvenzverschleppungshaftung *Altmeppen*, ZIP 2001, 2201 (2205).

300 *Ekkenga*, ZIP 2004, 781 (782) mit Fn. 12.

301 Siehe oben Zweiter Teil, 1. Kapitel, § 3 A. I 5.

302 So auch *Ekkenga*, ZIP 2004, 781 (782); *Mennicke*, in: Fuchs, WpHG, § 14 Rn. 445; *Schwark*, in: FS Kümpel, S. 486: „Der Manipulierende führt durch sein Tätigwerden einen falschen, der Marktlage nicht entsprechenden Kurs erst herbei, während

Wertpapiers bewegen, um einen (wirtschaftlichen) Erfolg aus seiner Tat zu erzielen, so wie dies bei der Marktmanipulation der Fall ist. Eine Kursveränderung ist auch nicht immer die konsequente Folge des Insiderhandels, so wie dies bei einem Verstoß gegen die Ad-hoc-Publizitätspflicht der Fall ist. Denn diese erfasst nur die kursrelevanten Informationen, wohingegen das Insiderhandelsverbot alle Insiderinformationen betrifft. Zwar kann es zu einer Kursverschiebung kommen, zwingend ist diese aber nicht. Eine solche Verschiebung entstünde nur dann, wenn der Insider bereits mit dem Rechtsgeschäft den Kurs des Wertpapiers verändern würde, wie dies bei der Marktmanipulation oder dem Verstoß gegen die Ad-hoc-Mitteilungspflicht der Fall ist. Im Regelfall wird die Information beim Abschluss des Insidergeschäfts noch nicht öffentlich, weshalb der Kurs unverändert bleibt. Der Kurs ändert sich erst dann, wenn die Insiderinformation öffentlich bekannt wird.

Etwas anderes gilt nur für den Fall, dass der Insider schon durch den Handel auf den Kurs einwirkt. Dazu müsste er allerdings eine derart große Anzahl von Wertpapieren kaufen oder verkaufen, dass das Rechtsgeschäft Auswirkungen auf den Marktpreis hat. Zwar ist nicht ausgeschlossen, dass dies in der Praxis vorkommen kann, es dürfte sich dabei aber um krasse Ausnahmefälle handeln. Denn es wird stets im Interesse des Insiders liegen, dass sein Geschäft unentdeckt bleibt. Andernfalls müsste er mit den nach deutschem Recht bestehenden strafrechtlichen Konsequenzen rechnen. Der Insider wird daher darauf bedacht sein, immer nur so viele Wertpapiere zu kaufen oder zu verkaufen, dass der Aktienkurs nicht bewegt wird. Wird der Kurs des Wertpapiers aber gar nicht durch das Insidergeschäft verändert, kommt ein Kursdifferenzschaden nicht in Betracht.[303]

Übrig bleibt die Möglichkeit der Geltendmachung eines Vertragsabschlussschadens. Damit gemeint ist die Rückgängigmachung des gesamten Vertrages. Eine solche Rückabwicklung muss jedoch aus folgenden Überlegungen heraus ausscheiden: Die Rückgängigmachung des Vertrages bedeutet den Ersatz des negativen Interesses.[304] Ein dafür erforderliches Vertrauen kommt aber bei Börsengeschäften nicht in Betracht. Voraussetzung hierfür wäre ein schützenswertes Vertrauen des Outsiders darauf, dass der Insider keinen ungerechtfertigten Informationsvorsprung hat. Ein solches schützenswertes Vertrauen gibt es allerdings am Kapitalmarkt nicht. Es ist das dem Kapitalmarkt immanente Risiko aller Wertpapiergeschäfte, dass man nicht alle relevanten Informationen kennt.

der Insider annimmt, daß das Wertpapier vom Markt, der die Insidertatsache nicht kennt, unrichig bewertet wird."

303 Dies verkennen *Beneke/Thelen*, BKR 2017, 12 (17).

304 Vgl. nur *Fuchs*, in: Fuchs, WpHG, Vor §§ 37b, c Rn. 54.

Insofern kann niemand die Aufhebung eines Vertrages mit dem Argument verlangen, er habe darauf vertraut, dass seitens des Vertragspartners alle Informationen hinsichtlich des Wertpapiergeschäfts öffentlich gemacht worden sind. Dieser Gefahr wollte der Gesetzgeber mit der Schaffung von §§ 37b, c WpHG entgegentreten.[305]

Der Grund für das Verbot des Insiderhandels liegt nicht zuerst aufseiten des Outsiders, sondern aufseiten des Insiders. Dieser soll nicht aus Informationen Vorteile ziehen, die er aufgrund einer Chancenungleichheit erlangt hat.[306] Daher muss das marktmissbräuchliche Verhalten des Insiders unterbunden werden, was in Deutschland über öffentlich-rechtliche Sanktionen geschieht und nicht über einen zivilrechtlichen Schadensersatzanspruch. Der Umstand, dass dadurch auch der Outsider geschützt wird, ist ein bloßer Reflex der präventiven Verhaltenssteuerung und nicht das unmittelbare Anliegen der Vorschriften hinsichtlich des Insiderhandelsverbotes. Auch die ökonomischen Gesichtspunkte, die von der herrschenden Ansicht im Schrifttum vorgebracht werden, untermauern diese Sichtweise. Während in anderen Fällen des Marktmissbrauchs, beispielsweise im Falle der Marktmanipulation, der Funktionen- und der Individualschutz „zwei Seiten derselben Medaille“[307] sind, ist im Falle des Insiderhandels von einer Verabsolutierung des Marktschutzes auszugehen: Im Falle der Marktmanipulation haben die geschädigten Anleger einen Anspruch auf Zahlung der Differenz respektive auf Rückabwicklung des Kaufvertrages. Wird dem Folge geleistet, stehen die Geschädigten wieder so da wie vor der Marktmanipulation. Dasselbe gilt auch für die Schädiger. Sämtliche Vorteile sind somit dem dysfunktional Handelnden entzogen, der Geschädigte wieder restituiert, aber auch nicht besser gestellt. Marktschutz und Anlegerschutz bedingen sich demnach gegenseitig. Durch den Schutz des Marktes werden auch die einzelnen Anleger geschützt. Im Falle der Schädigung durch Marktmanipulation können sie ihre Nachteile durch die Geltendmachung von Schadensersatzansprüchen kompensieren, was wiederum der Allgemeinheit des Marktes zugutekommt, weil das Vertrauen in den Kapitalmarkt als solchen gestärkt wird. Die Ziele Anlegerschutz und Marktschutz verhalten sich im Falle der Marktmanipulation somit komplementär, was zwar – für sich allein gesehen – noch nicht für einen individuellen Schutz der Anleger spricht, aber eben auch nicht gegen einen solchen.

---

305 *Ekkenga*, ZIP 2004, 781 (782).

306 Vgl. *Goshen/Parchomovsky*, 55 Duke Law Journal, 711 (715).

307 *Hopt*, ZHR 159 (1995), 135 (159).

Im Falle des Insiderhandels stehen sich der Funktionsschutz und der Individualschutz dagegen geradezu diametral gegenüber. Erhielte der Outsider einen Schadensersatzanspruch gegen den Insider, so könnte der Outsider den durch den Insiderhandel verbotswidrig erlangten Vorteil des Insiders im Wege der Schadensersatzklage zu seinen eigenen Gunsten abschöpfen. Dies hätte zur Konsequenz, dass der durch den Insiderhandel entstandene Vermögensvorteil nicht zugunsten der Allgemeinheit erstattet würde, sondern vielmehr durch die individuelle Weitergabe im Rahmen des Schadensersatzanspruchs zugunsten eines einzelnen Marktteilnehmers aufrechterhalten bliebe.[308] Insofern besteht beim Insiderhandel ein Zielkonflikt: Es kann nur entweder der Markt geschützt werden oder die einzelnen Anleger. Da aber der Schutz des Marktes in seiner Gesamtheit als das wesentliche Ziel der Insiderhandelsverbotes feststeht – anderes wird wohl nicht ernsthaft behauptet werden können – und die Frage des Anlegerschutzes gerade erörtert werden soll, muss dieser Zielkonflikt zugunsten des Marktschutzes und zulasten des individuellen Anlegerschutzes aufgelöst werden.

Zusammenfassend lässt sich feststellen, dass beim Insiderhandel kein Schaden entsteht. Die Tatsache, dass mangels Schadenseintritts kein Schadensersatzanspruch besteht, ist keinesfalls „naiv".[309] Zwar ist der Gegenansicht in dem Punkt recht zu geben, dass Insiderhandel sanktioniert werden muss, weil er dazu führt, dass Anleger den Kapitalmarkt meiden.[310] Daraus allerdings den Schluss zu ziehen, dass dem Insider ein Schadensersatzanspruch zustehen müsse, ist grundlegend falsch, wie gerade aufgezeigt wurde. Richtigerweise ist das marktwidrige Verhalten über straf- und verwaltungsrechtliche Sanktionen zu sanktionieren.

c) *Das Fehlen von Kausalität*

Selbst wenn man dieser Argumentation nicht folgen wollte und von einem Schaden des Outsiders ausginge, müsste man jedenfalls im Rahmen der haftungsausfüllenden Kausalität zu dem Ergebnis gelangen, dass eine solche aufgrund des Einwands der hypothetischen Kausalität (genauer: des rechtmäßigen Alternativverhaltens) verneint werden muss.[311] Unter dem Einwand des rechtmäßigen

---

308 Vgl. dazu *Ekkenga*, ZIP 2004, 781 (785): „prolongiert".

309 *Hopt*, ZGR 1991, 17 (26).

310 *Fürhoff*, Kapitalmarktrechtliche Ad hoc-Publizität zur Vermeidung von Insiderkriminalität, S. 82.

311 *Assmann*, in: Assmann/Schneider, WpHG, § 14 Rn. 209; *Mennicke*, in: Fuchs WpHG, § 14 Rn. 445; *Sethe*, in: Assmann/Schütze, Kapitalanlagerecht, § 8 Rn. 162; ausführlich zu diesem Einwand: *Steinhauer*, Insiderhandelsverbot und Ad-hoc-Publizität, S. 85 ff.

Alternativverhaltens wird die Frage verstanden, ob die Zurechenbarkeit ausgeschlossen ist, wenn ein durch rechtswidrige Handlung verursachter Schaden auch bei rechtmäßigem Verhalten eingetreten wäre.[312] So stellt sich die Situation beim Insiderhandel dar. Denn dort hätte ein Outsider für den Fall, dass sich der Insider rechtmäßig verhalten und daher bis zur Herstellung der Bereichsöffentlichkeit nicht ge- oder verkauft hätte, mit einem anderen Outsider kontrahiert.[313] In diesem Fall wäre ihm letztlich derselbe „Schaden" entstanden.

Darüber hinaus wird auch zu Recht darauf verwiesen, dass der Geschädigte dadurch, dass durch die zeitlich frühere Schädigung durch den Insider eine zeitlich nachgelagerte Schädigung durch andere Outsider verhindert wird, einen nicht gerechtfertigten Vorteil, nämlich den Schadensersatzanspruch gegen den Insider, erhielte und somit besser stünde als ohne das schädigende Ereignis. Insofern ist im Rahmen der Vorteilsanrechnung eine haftungsausfüllende Kausalität zu verneinen.[314]

II. § 826 BGB

Auch § 826 BGB kam als Anspruchsgrundlage nicht in Betracht. Neben den im Rahmen von § 823 Abs. 2 BGB aufgeführten Argumenten gegen einen Schadensersatzanspruch haben sich zudem Beweisprobleme ergeben. So hätte der Geschädigte nicht nur beweisen müssen, dass eine vorsätzliche sittenwidrige Schädigung vorlag, sondern auch, dass der Schaden – wollte man einen solchen annehmen – vorsätzlich herbeigeführt wurde.[315]

III. Exkurs: Sonstige zivilrechtliche Rechtsfolgen

Das Deckungsgeschäft mit dem Kreditinstitut ist nicht nichtig gemäß § 134 BGB, weil der Insider daran nicht beteiligt ist. Auch bei der Beauftragung der Bank durch den Insider liegt kein verbotenes Insidergeschäft vor. § 134 BGB soll nicht das Rechtsgeschäft zwischen dem Insider und seinem Kreditinstitut verhindern, sondern lediglich das Ausnutzen der Insiderinformation, was durch die strafrechtlichen Konsequenzen erreicht wird.[316]

---

312 Vgl. statt aller *J.W. Flume*, in: Beck-OK BGB, § 249 Rn. 333.

313 *Mennicke*, in: Fuchs, WpHG, § 14 Rn. 445.

314 *Beneke/Thelen*, BKR 2017, 12 (17).

315 Vgl. *Sprau*, in: Palandt, BGB, § 826 Rn. 18.

316 Vgl. zum Ganzen *Steinhauer*, Insiderhandelsverbot und Ad-hoc-Publizität, S. 89 f.

B. Rechtsfolgen beim Face-to-Face-Geschäft

I. Schadensersatzansprüche

1. Deliktische Ansprüche

Hinsichtlich der möglichen Ansprüche auf Schadensersatz gemäß § 823 Abs. 2 in Verbindung mit § 14 WpHG a. F. und § 826 BGB ist auf die obigen Ausführungen zu verweisen.[317]

2. Haftung aus culpa in contrahendo (c. i. c.)

a) Haftung aus c. i. c. bei Insiderhandel nach Ansicht der Literatur

Bei außerbörslichen Wertpapiergeschäften (Face-to-Face-Geschäften) wird von Teilen der Literatur ein Anspruch aus culpa in contrahendo gemäß §§ 280 Abs. 1, 311 Abs. 2, 241 Abs. 2 BGB bejaht.[318] In diesem Zusammenhang wird angenommen, dass der Insider pflichtwidrig handelte, indem er im Rahmen der Vertragsverhandlungen seinen Vertragspartner nicht über die Insiderinformation aufklärte. Dazu müsste der Insider eine Aufklärungspflicht haben. Dies ist nach der Rechtsprechung des BGH dann der Fall, wenn der Vertragspartner nach Treu und Glauben unter Berücksichtigung der Verkehrsanschauung redlicherweise eine Aufklärung erwarten durfte.[319]

Gegen eine solche Aufklärungspflicht bei Insiderverkäufen wird vorgebracht, dass die Aufklärungspflicht im Hinblick auf eine Insiderinformation hinter dem insiderrechtlichen Weitergabeverbot zurücktreten müsse.[320] Teilweise wird dies zumindest dann angenommen, wenn die Weitergabe der Insiderinformation unbefugt war.[321]

b) Stellungnahme

Richtigerweise ist eine Aufklärungspflicht hinsichtlich der Insiderinformation und damit letztlich eine Haftung aus c. i. c. zu verneinen.[322] Eine vorvertragliche Aufklärungspflicht besteht nur dann, wenn der Anleger nach Treu und Glauben unter Berücksichtigung der Verkehrsanschauung redlicherweise eine

317 Zweiter Teil, 2. Kapitel, § 3 A.
318 *Klöhn*, in: Kölner Kommentar WpHG, § 14 Rn. 519 f.
319 Allgemein zum Bestehen einer Aufklärungspflicht BGH WM 1989, 416 ff.
320 *Weimann*, DStR 1998, 1556 (1560 f.); *Steinhauer*, Insiderhandelsverbot und Ad-hoc-Publizität, S. 81 f.
321 *Mennicke*, in: Fuchs, WpHG, § 14 Rn. 437.
322 A.A. *Fürhoff*, Kapitalmarktrechtliche Ad hoc-Publizität, S. 92 ff.

Aufklärung erwarten durfte.[323] Diese Voraussetzung ist im Falle eines Verstoßes gegen das Insiderhandelsverbot nicht erfüllt. Sinn und Zweck von (vorvertraglichen) Aufklärungspflichten ist die Herstellung von Informationsgleichheit. Um ein ungerechtfertigtes Informationsungleichgewicht wieder auszutarieren, soll die Vertragspartei, die den Informationsvorsprung besitzt, zur Herausgabe ihrer Informationen gezwungen werden.[324]

Im Falle des Insiderhandels soll aber gerade verhindert werden, dass die Insiderinformation weitergegeben wird. Der Gesetzgeber hat in § 14 WpHG a. F. klargestellt, dass er den Insiderhandel untersagen will, weil nicht einzelne Marktteilnehmer an Insiderinformationen gelangen sollen. Andernfalls käme es zu einer Übervorteilung der Informationshändler, die die Suche nach neuen Informationen unterbrechen würden, was zu einer Ineffizienz des Kapitalmarktes führen würde.[325] Das Regelungsziel des Gesetzgebers würde umgangen werden, bejahte man eine vorvertragliche Aufklärungspflicht des Insiders gegenüber seinem Vertragspartner. Denn auf diese Weise würde sich die Insiderinformation im Markt perpetuieren: Anstatt eines Insiders existieren dann zwei Insider. Daher überlagern die Regelungen des Insiderrechts als zwingendes Aufsichtsrecht die allgemeinen Vorschriften und Wertungen des Zivilrechts. Andernfalls würde das Ziel des Insiderhandelsverbotes „konterkariert".[326]

II. Sonstige Rechtsfolgen

1. Nichtigkeit gemäß § 134 BGB

§ 14 Abs. 1 Nr. 1 WpHG a. F. ist kein Verbotsgesetz im Sinne des § 134 BGB.[327] Gemäß § 134 BGB ist ein Rechtsgeschäft nichtig, wenn es gegen ein gesetzliches Verbot verstößt, es sei denn, dass sich aus dem Sinn und Zweck des Gesetzes etwas anderes ergibt.[328] Das verbotswidrige Rechtsgeschäft ist demgegenüber gültig, wenn sich die Verbotsnorm nur gegen eine der Vertragsparteien richtet (sog. einseitiges Verbotsgesetz) und die andere Vertragspartei weder Kenntnis von dem Verstoß noch mit einem solchen gerechnet hatte.[329] Von diesen Grundsätzen ausgehend wurde bezüglich § 14 WpHG a. F. allgemein vertreten, dass ein

323 Vgl. nur BGH NJW 1989, 1793 (1794).

324 Vgl. *Kaiser*, WM 1997, 1557 (1559).

325 Siehe zum rechtsökonomischen Hintergrund des Insiderhandels oben Erster Teil, 2. Kapitel, § 2.

326 *Weimann*, DStR 1998, 1556 (1560 f.).

327 Vgl. dazu *Mennicke*, in: Fuchs, WpHG, § 14 Rn. 421 ff.

328 Ständige Rechtsprechung, vgl. nur BGHZ 118, 182 = NJW 1992, 2557 (2558 f.).

329 Vgl. nur *Ellenberger*, in: Palandt, BGB, § 134 Rn. 8 f.

Verstoß gegen diesen nicht die Nichtigkeit des Rechtsgeschäfts zwischen Insider und Outsider nach sich ziehe.[330] § 14 WpHG a. F. richte sich ausschließlich gegen den Insider und nicht gegen Dritte. Auch sprächen Sinn und Zweck des § 14 WpHG a. F. gegen die Nichtigkeit: Dieser solle lediglich das Verhalten des Insiders sanktionieren, was durch strafrechtliche Konsequenzen geschehe.[331]

2. *Nichtigkeit gemäß § 138 BGB*

Ein Rechtsgeschäft ist gemäß § 138 Abs. 1 BGB nichtig, wenn es gegen die guten Sitten verstößt. Dies ist der Fall, wenn das Rechtsgeschäft das Anstandsgefühl aller billig und gerecht Denkenden verletzt.[332] Um dem Begriff der Sittenwidrigkeit Konturen zu verleihen, wird heute überwiegend auf die der Rechtsordnung immanenten rechtsethischen Werte und Prinzipien abgestellt.[333] Danach sind vor allem solche Rechtsgeschäfte nichtig, die grundlegende Prinzipien der Rechtsordnung verletzen.[334] Durch die Einführung von strafrechtlichen Sanktionen hat der Gesetzgeber eindeutig zum Ausdruck gebracht, dass Insidergeschäfte gegen die Rechtsordnung verstoßen.[335] Daher sind Rechtsgeschäfte, die unter Verwendung von Insiderinformationen geschlossen werden, nichtig. Genauer betrachtet ist ein solches Rechtsgeschäft nicht inhaltssittenwidrig, sondern umstandssittenwidrig.[336] Denn nicht der Inhalt des Wertpapierkaufvertrages verstößt gegen die guten Sitten, sondern vielmehr der Umstand, dass dieser Kaufvertrag unter Verwendung von Insiderinformationen geschlossen wurde.[337]

330 *Assmann*, in: Assmann/Schneider, WpHG, § 14 Rn. 206 f.; *Schäfer*, in: Wertpapierhandelsgesetz, Börsengesetz, Verkaufsprospektgesetz Kommentar, § 14 WpHG Rn. 77; *Schwark/Kruse*, in: Schwark/Zimmer, KmRK, § 14 WpHG Rn. 4; *Steinhauer*, Insiderhandelsverbot und Ad-hoc-Publizität, S. 89; *Krauel*, Insiderhandel, S. 307 f.; *Mennicke*, in: Fuchs, WpHG, § 14 Rn. 423.

331 *Steinhauer*, Insiderhandelsverbot und Ad-hoc-Publizität, S. 89; *Krauel*, Insiderhandel, S. 308.

332 Ständige Rechtsprechung, vgl. nur RGZ 80, 219 (221); BGHZ 10, 228 (232).

333 Vgl. *Hefermehl*, in: Soergel, BGB, § 138 Rn. 7; *Ellenberger*, in: Palandt, BGB, § 138 Rn. 3.

334 BGHZ 68, 1 (4) = NJW 1977, 761: „dem gesetzgeberischen Leitgedanken widersprechend[ ]“; BGHZ 80, 153 (158) = NJW 1981, 1206 (1207); BGHZ 106, 336 (338) = NJW 1989, 1477.

335 Allgemeine Ansicht, vgl. dazu nur *Mennicke*, in: Fuchs, WpHG, § 14 Rn. 425.

336 Vgl. zur Unterscheidung *Ellenberger*, in: Palandt, BGB, § 138 Rn. 7 f.

337 Statt aller *Mennicke*, in: Fuchs, WpHG, § 14 Rn. 427.

wonach die Geldbuße den wirtschaftlichen Vorteil, der aus der Ordnungswidrigkeit gezogen wird, übersteigen sollte.[344] Im Falle des leichtfertigen Handelns halbierte sich das Höchstbußgeld auf maximal 500 000 Euro (vgl. § 17 Abs. 2 OWiG).

Neben der Bebußung von natürlichen Personen war auch eine Verbandsgeldbuße möglich, entweder kumulativ oder isoliert. Dabei richtete sich der Bußgeldrahmen nach der Art der Anknüpfungstat. War diese eine bloße Ordnungswidrigkeit, so wie es bei einem Verstoß gegen die Ad-hoc-Mitteilungspflicht der Fall war (vgl. § 39 Abs. 2 Nr. 5a WpHG a. F.), betrug das Höchstmaß der Verbandsgeldbuße bei vorsätzlicher Begehung 1 Million Euro und bei fahrlässiger Begehung 500 000 Euro (vgl. § 30 Abs. 2 S. 1 Nr. 1, 2 OWiG).[345]

§ 3 Zivilrechtliche Folgen

Die zivilrechtlichen Folgen bei Verstoß gegen die Ad-hoc-Mitteilungspflicht unterschieden sich von den beiden anderen Marktmissbrauchstatbeständen dadurch, dass sie spezialgesetzlich geregelt wurden.

A. Die Haftung nach §§ 37b, c WpHG

I. Aktivlegitimation und Pflichtverletzung

Anspruchsberechtigt aus dem Kreis möglicher Geschädigter ist[346] nur derjenige, der eine Transaktion innerhalb der sog. *Desinformationsphase* vorgenommen hat. Die Desinformationsphase ist der Zeitraum, der gemäß § 37b WpHG durch das pflichtwidrige Unterlassen der Veröffentlichung einer Tatsache ausgelöst wird, beziehungsweise gemäß § 37c WpHG zum Zeitpunkt der Veröffentlichung der unwahren Information beginnt[347] und mit dem Bekanntwerden der Insiderinformation respektive mit dem Bekanntwerden der Unrichtigkeit der früheren Information endet.[348] Aktivlegitimiert sind gemäß § 37c Abs. 1 Nr. 1 WpHG alle

344 Vgl. dazu ausführlich *Altenhain*, in: Kölner Kommentar WpHG, § 39 Rn. 93.

345 Vgl. zu den Verbandsgeldbußen auch *Waßmer*, in: Fuchs, WpHG, vor §§ 38–40b Rn. 96 m.w.N.

346 Die §§ 37b,c WpHG wurden im Zuge der Umsetzung der MMVO nur technisch, aber nicht inhaltlich angepasst. Daher gelten sie auch nach Inkrafttreten der MMVO weiter.

347 Vgl. nur *Mülbert/Steub*, in: Habersack/Mülbert/Schlitt, Handbuch der Kapitalmarktinformation, § 41 Rn. 196.

348 *Möllers/Leisch*, in: Möllers/Rotter, Ad-hoc-Publizität, § 14 Rn. 55; *Maier-Reimer/Webering*, WM 2002, 1857 (1858 f.).

Anleger, die die Finanzinstrumente nach dem Unterlassen der Veröffentlichung erworben haben und bei Bekanntwerden der Insiderinformation noch Inhaber der Finanzinstrumente sind, mit anderen Worten Neuanleger, die das Wertpapier „zu teuer" gekauft haben.[349] Gemäß § 37c Abs. 1 Nr. 2 WpHG ist aktivlegitimiert, wer das Wertpapier vor dem Entstehen der Insiderinformation erworben hat und in der Desinformationsphase veräußert.[350] § 37c Abs. 1 WpHG trifft eine identische Anordnung für die Fälle der Veröffentlichung unwahrer Tatsachen, gemäß Nr. 1 für positive und gemäß Nr. 2 für negative Tatsachen.[351]

II. Verschulden

Der Emittent haftet nicht, wenn er nachweist, dass die Unterlassung nicht auf Vorsatz oder grober Fahrlässigkeit beruht (vgl. § 37b Abs. 2 WpHG), respektive wenn er nachweist, dass er die Unrichtigkeit der Insiderinformation nicht gekannt hat und die Unkenntnis nicht auf grober Fahrlässigkeit beruht (vgl. § 37c Abs. 2 WpHG). Es besteht somit eine Beweislastumkehr zugunsten des Anlegers.[352] Wann ein Verschulden vorliegt, ist Sache des Einzelfalls.[353] Ist eine Tatsache dem Emittenten nicht bekannt oder aufgrund nur leichter Fahrlässigkeit unbekannt geblieben, so scheidet ein Verschulden demnach aus. Ob und wann Unkenntnis bezüglich solcher Insiderinformationen angenommen werden kann, die dem Tätigkeitsbereich des Emittenten entstammen (vgl. § 15 Abs. 1 S. 3 WpHG), ist ein Problem der Wissenszurechnung.[354]

III. Schadensersatz

Unterlässt es der Emittent, eine Insiderinformation zu veröffentlichen, so ist er einem Dritten zum Ersatz des durch die Unterlassung entstandenen Schadens verpflichtet (vgl. § 37b Abs. 1 WpHG). Das Gleiche gilt für die Veröffentlichung einer unwahren Insiderinformation (vgl. § 37c Abs. 1 WpHG). Bezüglich des

---

349 *Mülbert/Steub*, in: Habersack/Mülbert/Schlitt, Handbuch der Kapitalmarktinformation, § 41 Rn. 198.

350 *Mülbert/Steub*, in: Habersack/Mülbert/Schlitt, Handbuch der Kapitalmarktinformation, § 41 Rn. 199.

351 *Mülbert/Steub*, in: Habersack/Mülbert/Schlitt, Handbuch der Kapitalmarktinformation, § 41 Rn. 200 f.

352 BGHZ 192, 90 = NJW 2012, 1800 (1804) Rn. 33 – IKB.

353 Zu den Einzelheiten *Mülbert/Steub*, in: Habersack/Mülbert/Schlitt, Handbuch der Kapitalmarktinformation, § 41 Rn. 206 ff.

354 Generell die Unkenntnis verneinend *Mülbert/Steub*, in: Habersack/Mülbert/Schlitt, Handbuch der Kapitalmarktinformation, § 41 Rn. 206.

Anspruchsinhaltes enthalten die §§ 37b, c WpHG keine Regelung. In der Literatur und Rechtsprechung ist die Frage des Anspruchsinhaltes hoch umstritten.[355] Mittlerweile haben sich hierzu drei Meinungsstränge herausgebildet: Eine Ansicht vertritt, dass der Geschädigte die Rückabwicklung der Transaktion verlangen kann, von einer weiteren Literaturmeinung wird dem Geschädigten lediglich Ersatz des Kursdifferenzschadens zugesprochen. Eine dritte Ansicht gewährt dem Anschlussinhaber schließlich die Wahl zwischen dem Ersatz des Kursdifferenzschadens und der Rückabwicklung der Transaktion.

1. *Kursdifferenzschaden*

Nach allgemeiner Ansicht wird dem Geschädigten Ersatz des sog. Kursdifferenzschadens gewährt. Ersetzt wird demnach die Kursdifferenz, also die Differenz zwischen dem tatsächlichen Transaktionspreis und dem hypothetischen Kurs des Wertpapiers, der bei pflichtgemäßem Verhalten bestanden hätte.[356]

2. *Rückabwicklung der Transaktion (Vertragsabschlussschaden)*

Teile der Literatur sprechen sich darüber hinaus für die Möglichkeit einer Rückabwicklung des Wertpapiergeschäfts aus (sog. *Restitutionslösung*). Dabei soll der Geschädigte in den Fällen der §§ 37b Abs. 1 Nr. 1, 37c Abs. 1 Nr. 1 WpHG die Rückzahlung des Kaufpreises Zug um Zug gegen Rückgabe der Papiere und in den Fällen der §§ 37b Abs. 1 Nr. 2, 37c Abs. 1 Nr. 2 WpHG die Lieferung der Wertpapiere gegen Zahlung des zu niedrig erzielten Verkaufspreises verlangen können.[357]

Zur Begründung wird angegeben, dass auch im Rahmen der Haftung nach §§ 37b, c WpHG der Grundsatz der Totalreparation gemäß § 249 BGB gelte. Danach ist derjenige Zustand herzustellen, der bestünde, wenn der zum Ersatz verpflichtende Umstand nicht eingetreten wäre.[358] Wie im Falle der

---

355 *Möllers/Leisch*, in: Kölner Kommentar WpHG, §§ 37b, c Rn. 267: „[…] die wohl umstrittenste Frage im Bereich der kapitalmarktrechtlichen Informationshaftung […]".

356 *Mülbert*, JZ 2002, 826 (835); anders *Reichert/Weller*, ZRP 2002, 49 (55) (Differenz der Börsenkurse am Tag, an dem Verpflichtung zur Veröffentlichung bestanden hätte und dem Tag der tatsächlichen Veröffentlichung).

357 So *Möllers/Leisch*, in: Möllers/Rotter, Ad-hoc-Publizität, § 14 Rn. 83 ff.; *Möllers/Leisch*, in: Kölner Kommentar WpHG, §§ 37b, c Rn. 269 ff.; *Ehricke*, in: Hopt/Voigt, Prospekt- und Kapitalmarktinformationshaftung, S. 294 f.; *Rössner/Bolkart*, ZIP 2002, 1471 (1475); auch in diese Richtung aber mit Einschränkungen *Fleischer*, BB 2002, 1869 (1870 f.); *Veil*, ZHR 167 (2003), 365 (391).

358 Siehe dazu bereits oben Zweiter Teil, 1. Kapitel, § 3 A. I. 5.

Marktmanipulation müsse auch bei einem Verstoß gegen die Ad-hoc-Mitteilungspflicht ein Anspruch auf Rückabwicklung bestehen, wenn und weil die Informationspflichtverletzung für die Kaufentscheidung ursächlich war.[359] Von §§ 15, 37b, c WpHG sei auch die rationale Anlegerentscheidung umfasst, weshalb ein Ersatz des negativen Interesses grundsätzlich in Betracht kommen müsse.

3. *Wahl des Geschädigten zwischen Rückabwicklung der Transaktion und Kursdifferenzschaden*

Im sog. IKB-Urteil hat sich der BGH schließlich für eine Wahlmöglichkeit des geschädigten Anlegers zwischen Rückabwicklung der Transaktion und Ersatz des Kursdifferenzschadens ausgesprochen.[360] Ausgangspunkt ist nach Ansicht des Senats § 249 BGB als „Basisnorm des gesamten Schadensrechts".[361] Dieser beinhalte den Grundsatz der Totalreparation, weshalb eine Einschränkung des Anspruchsumfangs nur dann in Betracht käme, wenn die §§ 37b, c WpHG dies geböten. Dies sei allerdings nicht der Fall. So enthalte bereits die Legaldefinition der Insiderinformation in § 13 Abs. 1 S. 2 WpHG, auf den die §§ 37b, c WpHG verweisen, den Hinweis auf die „Anlageentscheidung eines verständigen Anlegers" und damit auf die ihr zeitlich vorangehende Willensbildung. Auch die Tatsache, dass § 37c Abs. 1 WpHG a. F. hinsichtlich des zu ersetzenden Schadens auf das „Vertrauen" des Geschädigten abstellt, zeige, dass zwischen der Ad-hoc-Mitteilung und dem Anlageentschluss Kausalität vorausgesetzt sei. Diese wäre überflüssig, würde man lediglich den Ersatz der Kursdifferenz gewähren.[362] Im Übrigen stünden auch der systematische Zusammenhang, in den die §§ 37 b, c WpHG eingebettet sind, und die Gesetzesmaterialien[363] einer Rechtspflicht zum Ersatz des Vertragsabschlussschadens nicht entgegen.

4. *Stellungnahme*

Die Argumentation entspricht derjenigen des Schadensersatzanspruchs wegen Marktmanipulation.[364] Eine Festlegung auf eine konkrete Form des Schadensersatzes kann hier jedoch dahingestellt bleiben. Wie sich sogleich

359 Vgl. *Möllers/Leisch*, in: Kölner Kommentar WpHG, §§ 37b, c Rn. 266 ff.
360 BGHZ 192, 90 = NJW 2012, 1800 (1805 f.) Rn. 51 ff. = ZIP 2012, 318 – IKB.
361 BGHZ 192, 90 = NJW 2012, 1800 (1805 f.) Rn. 51 f. = ZIP 2012, 318 – IKB.
362 BGHZ 192, 90 = NJW 2012, 1800 (1805 f.) Tz. 53 = ZIP 2012, 318 – IKB.
363 BGHZ 192, 90 = NJW 2012, 1800 (1805 f.) Tz. 55 = ZIP 2012, 318 – IKB: „Bestenfalls ambivalent".
364 Vgl. oben Zweiter Teil, 1. Kapitel, § 3, A. I. 5.

zeigen wird, ist die Haftung nach §§ 37b, c WpHG im Ganzen kritisch zu sehen und daher de lege ferenda aufzugeben.[365]

IV. Haftungsadressat

Die §§ 37b, c WpHG a. F. nennen ausschließlich den Emittenten als Haftungsadressaten. Damit sind die Organmitglieder des Emittenten nicht von dem Adressatenkreis der Norm umfasst. Gegen sie ist im Wege der Innenhaftung gemäß § 37b Abs. 6 und § 37 c Abs. WpHG jeweils in Verbindung mit § 93 Abs. 2 AktG vorzugehen.[366]

B. Kritische Auseinandersetzung mit der Haftung nach §§ 37b, c WpHG a. F.

Die bislang vom Gesetzgeber vorgesehene Haftung wegen Verletzung der Ad-hoc-Mitteilungspflicht gemäß §§ 37b, c WpHG sah sich seit ihrer Einführung massiver Kritik ausgesetzt. Mit den bisher vorgebrachten Argumenten der Kritiker von §§ 37b, c WpHG soll sich zunächst kritisch auseinandergesetzt werden. Im Anschluss daran soll dargelegt werden, warum die Haftung gemäß §§ 37b, c WpHG zu ungerechten Ergebnissen führt und mangels Veränderungsmöglichkeit im Ganzen abzuschaffen ist.

I. Kritik an den §§ 37b, c WpHG a. F. aus der Literatur

Im Folgenden sollen die einzelnen Kritikpunkte kategorisiert und sodann auf ihre Richtigkeit überprüft werden.

1. Missbrauchsgefahr

Zunächst wird vorgebracht, dass durch die Gewährung von Schadensersatzansprüchen bei Verstoß gegen die Ad-hoc-Mitteilungspflicht die Gefahr von missbräuchlichen Klagen steige, indem „vorsorglich“ geklagt und zumindest der „Lästigkeitswert“ der Klage im Wege des Vergleichs abgekauft werde. Dadurch sei die Präventionsfunktion des Schadensersatzanspruchs erheblich gemindert: Emittenten, die sich auch bei rechtmäßigem Marktverhalten einer Schadensersatzklage gegenüberstehen sehen, würden von vornherein darauf verzichten, die Kapitalmarktvorschriften einzuhalten.[367]

---

365 Siehe unten Zweiter Teil, 3. Kapitel, § 3 B. II.

366 Vgl. nur *Fuchs*, in: Fuchs, WpHG, §§ 37b, c Rn. 53.

367 Vgl. dazu *Dirigo*, Haftung für fehlerhafte Ad-hoc-Publizität, S. 313 ff. m.w.N.

Dieses Argument überzeugt nicht. Bereits die Annahme der Literatur, dass dem Schadensersatzanspruch eine Präventivfunktion zukommt, verkennt, dass dem Zivilrecht in Deutschland keine Präventivwirkung zukommt, sondern dass der Schadensersatzanspruch allein der Kompensation des entstandenen Schadens dient.[368] Es dürfte sich hierbei auch um ein spezielles Problem des US-amerikanischen Rechtssystems handeln, weil in den USA die Vereinbarung eines Erfolgshonorars zulässig ist und sich die Honorare für Klägeranwälte durchschnittlich auf ca. 30 % der Vergleichssumme belaufen. Ein solch großer Anreiz zur Erhebung von Klagen, allein aus der Motivation heraus, Vergleiche abzuschließen, besteht in Deutschland indes nicht, auch weil die Kostentragung – anders als in den USA – nicht den jeweiligen Prozessparteien obliegt, sondern nach deutschem Zivilprozessrecht der jeweils unterliegenden Partei (§ 91 ZPO).[369]

Freilich kann auch im deutschen Rechtssystem die Gefahr missbräuchlicher Klagen nie ganz ausgeschlossen werden. Sie dürfte jedoch sehr gering sein und damit die Existenz der Haftung im Ganzen nicht in Frage stellen können.

2. *Gesamtwirtschaftliche und individuelle Überkompensation*

Von einem Teil der Literatur wird vorgebracht, Schadensersatzansprüche aufgrund eines Verstoßes gegen die Ad-hoc-Mitteilungspflicht würden zu einer Überkompensation führen und aus diesem Grund der Präventivfunktion des Schadensersatzrechts nicht gerecht werden. Denn das ideale Maß an Abschreckung liege in der Relation von gesamtgesellschaftlichem Ressourcenschaden und der Wahrscheinlichkeit der Entdeckung des rechtswidrigen Verhaltens.[370] Vor diesem Hintergrund wird bezweifelt, dass es tatsächlich einen gesamtgesellschaftlichen Ressourcenschaden im Falle des Verstoßes gegen die Ad-hoc-Publizitätspflicht gibt: Würde man dem geschädigten Anleger den entstandenen Schaden ersetzen, so käme es gesamtwirtschaftlich betrachtet zu einer Überkompensation, zumal dem Kursdifferenzschaden eines Anlegers stets der Gewinn eines anderen Anlegers gegenüberstünde. Gesamtwirtschaftlich würde es

---

368 Vgl. oben Erster Teil, 3. Kapitel, § 3 C.

369 Vgl. dazu *Dirigo*, Haftung für fehlerhafte Ad-hoc-Publizität, S. 314 m.w.N.; in anderem Zusammenhang auch *Möllers/Leisch*, in: Kölner Kommentar WpHG, §§ 37b, c Rn. 304: „[die US-amerikanischen Ansätze] fußen auf einem anderen rechtsphilosophischen, rechtstatsächlichen und verfahrensrechtlichen Fundament".

370 Siehe oben Erster Teil, 3. Kapitel.

sich lediglich um eine Umverteilung des Schadens von einer Aktionärsgruppe auf eine andere handeln.[371]

Zudem würden sich bei diversifizierten Anlegern die Verluste im Laufe der Zeit durch anderweitige Gewinne auf natürliche Weise ausgleichen, da die Wahrscheinlichkeit, Geschädigter oder Profiteur einer Informationspflichtverletzung zu sein, gleich groß sei. In diese Richtung gehen auch die Bedenken, dass auch Anleger in den Genuss eines Schadensersatzanspruchs kämen, die schon vor Bekanntwerden der wahren Informationslage eine gegenläufige Transaktion durchgeführt haben.[372] Würde man den geschädigten Anlegern ihren durch die Verletzung der Ad-hoc-Mitteilungspflicht entstandenen Schaden ersetzen, käme es nicht nur mit Blick auf die Wirtschaft im Ganzen, sondern auch mit Blick auf die einzelnen Anleger zu einer Überkompensation, weil die einzelnen Anleger langfristig gesehen durch die Möglichkeit von Schadensersatzklagen besser gestellt würden: Sie könnten die Vorteile aus den profitablen Geschäften behalten und gleichzeitig die Nachteile aus den unrentablen Geschäften mittels Schadensersatzklagen revidieren.[373] Der einzelne Anleger habe daher kein Interesse am Schutz vor Umverteilungsschäden.[374] Da er sich gegen Verluste aus Geschäften, die aufgrund falscher oder unterlassener Ad-hoc-Mitteilung entstanden sind, selbst absichern könne, sei er der sog. *cheapest cost avoider*,[375] was zur Folge habe,

371 *Sauer*, Haftung für Falschinformation des Sekundärmarktes, S. 338 ff.; *Fleischer*, Gutachten F für den 64. DJT, S. 100; *Steinhauer*, Insiderhandelsverbot und Ad-hoc-Publizität, S. 254 ff.; *Köndgen*, in: FS Druey, S. 803 Fn. 72.

372 Vgl. dazu *Maier-Reimer/Seulen*, in: Habersack/Mülbert/Schlitt, Handbuch der Kapitalmarktinformation, 1. Aufl. 2008, § 30 Rn. 131; wohl aufgegeben in der 2. Auflage 2013, in der die Rn. 131 fehlt.

373 *Sauer*, Haftung für Falschinformation des Sekundärmarktes, S. 343 f.; *Klöhn*, AG 2012, 345 (353 f.).

374 *Sauer*, Haftung für Falschinformation des Sekundärmarktes, S. 343 f.; *Schäfer*, in: Hopt/Voigt, Prospekt- und Kapitalmarktinformationshaftung, S. 169.

375 Die Wirtschaftswissenschaft befasst sich unter anderem mit der Frage, wem die Einhaltung von Regelungen und damit die Haftung für Fehlverhalten am ökonomisch sinnvollsten übertragen werden kann. Entscheidend hierfür sind vor diesem Hintergrund Kosten und Nutzen einer Handlung. Nach dem Coase-Theorem werden Ressourcen im Wege privater Transaktionen immer dorthin geleitet, wo sie am effektivsten eingesetzt werden können. Im Umkehrschluss soll auch immer diejenige Partei den Schaden tragen, die den Schadensfall unter Aufwand der geringsten Kosten hätte verhindert können (sog. cheapest cost avoider), vgl. *Coase*, Journal of Law & Economics Vol. 3 (1960), S. 6 ff., übersetzt in: *Assmann/Kirchner/Schanze*, Ökonomische Analyse des Rechts, S. 129 ff.

dass es gerechtfertigt ist, ihm das Risiko fehlerhafter oder unterlassener Ad-hoc-Mitteilungen aufzubürden.

Gegen diese Argumentation sprechen eine Reihe von Gegenargumenten. Zunächst wird dieser Ansicht zu Recht entgegengehalten, dass nicht nur bei den Anlegern ein Schaden entsteht, sondern auch bei anderen Emittenten, die zusätzliche Kosten darauf verwenden müssen, dem Kapitalmarkt die Vertrauenswürdigkeit ihres eigenen Unternehmens zu signalisieren (sog. *Signaling-Kosten*).[376] Auch wird insgesamt die Allokationseffizienz des Kapitalmarktes beeinträchtigt, wenn Anleger durch Informationsdefizite benachteiligt werden, was wiederum die Finanzierungsfunktion des Kapitalmarktes trifft.[377] Daher ist durchaus von einem gesamtgesellschaftlichen Schaden auszugehen. Eine Überkompensation ist somit bereits vor diesem ökonomischen Hintergrund nicht ersichtlich.

Des Weiteren ist der oben nachgezeichneten Argumentation entgegenzuhalten, dass die gesamtwirtschaftliche Betrachtung zwar in den USA eine wichtige Rolle bei der Zuerkennung von Schadensersatz spielen mag,[378] aus deutscher Perspektive die Beurteilung aber anders ausfallen muss. Denn vor dem Hintergrund des § 249 Abs. 1 BGB ist nach deutschem Rechtsverständnis auf jedes schadensverursachende Ereignis und auf jeden Betroffenen individuell abzustellen.[379] Zwar gibt es auch im deutschen Recht die Grundsätze der Vorteilsausgleichung und des Verbotes der schadensersatzrechtlichen Bereicherung.[380] Allerdings können in diesem Zusammenhang nur Vorteile berücksichtigt werden, die aus dem konkreten haftungsbegründenden Ereignis entstanden sind.[381] Ein Vermögensschaden liegt daher auch dann vor, wenn in der Folgezeit anderweitig Gewinne durch Wertpapiergeschäfte erzielt werden. Wer hingegen mit den Vertretern der Gegenansicht nicht den einzelnen Schaden beziehungsweise den einzelnen Betroffenen, sondern den gesamtwirtschaftlichen Ressourcenschaden in den Fokus des Schadensausgleichs rückt und als Konsequenz dem

---

376 Vgl. oben Erster Teil, 2. Kapitel, § 1 A. IV.

377 Siehe oben, Erster Teil, 2. Kapitel, § 1 A. I.

378 Vgl. *Fox*, Columbia Law Review Vol. 109, No. 2 (2009), 237 (252 f.); *Langevoort*, Arizona Law Review Vol. 38, No. 2 (1996), 639 (657 ff.); *Alexander*, Stanford Law Review Vol. 48, No. 6 (1996), 1487 (1514 f.); *Coffee*, Columbia Law Review Vol. 106, No. 7, Symposium: Litigation Reform since PSLRA: A Ten-Year Retrospective, 1534 (1582 ff.).

379 Siehe oben, Erster Teil, 3. Kapitel, § 1 C. I.

380 Ausführlich dazu *Möllers/Leisch*, in: Kölner Kommentar WpHG, §§ 37b, c Rn. 305 ff.

381 *Möllers*, AcP 208 (2008), 1 (28); *Weichert*, Der Anlegerschaden bei fehlerhafter Kapitalmarktpublizität, S. 269 f.

geschädigten Anleger einen vollen Schadensausgleich versagt, nimmt private Sonderopfer zugunsten der Gemeinschaft in Kauf.[382] Ein solches Verständnis der Normdurchsetzung ist dem deutschen Recht fremd.

Schließlich überzeugt auch die These, dass der Anleger selbst der *cheapest cost avoider* sein soll, nicht. Denn wer ungerechtfertigte Informationsdefizite fürchten muss, sich jedoch nicht diversifizieren kann oder will, wird langfristig gesehen den Kapitalmärkten fernbleiben. Richtigerweise verhält es sich so, dass der Vorstand eines Emittenten am einfachsten dafür sorgen kann, dass die kapitalmarktrechtlichen Pflichten eingehalten werden. Durch Schaffung eines funktionierenden Compliance-Systems kann er von vornherein verhindern, dass dem Kapitalmarkt falsche Informationen mitgeteilt oder wichtige Informationen vorenthalten werden. Ihm selbst ist es dabei überlassen, wie er dieses Compliance-System errichtet. Aus diesem Grund wird von Teilen der Literatur auch eine Haftung (allein) des Vorstands vorgeschlagen – anstelle der Haftung des Emittenten.[383] Ungeachtet dessen muss jedenfalls feststehen, dass der geschädigte Anleger nicht der *cheapest cost avoider* ist und er daher sehr wohl schützenswürdig ist.

3. *Die Ungleichbehandlung der in-and-out traders*

Weiter wird in der Literatur aus systematischer Sicht angeführt, dass es hinsichtlich des Kreises der Anspruchsberechtigten zu einer ungerechtfertigten Ungleichbehandlung käme. Kaufen Anleger nach Beginn der Desinformationsphase Wertpapiere und verkaufen sie diese noch während der Desinformationsphase wieder (sog. *in-and-out trader*), so haben sie nach der gesetzlichen Konzeption der §§ 37b, c WpHG keinen Schadensersatzanspruch. Der Ausschluss dieser Anleger sei willkürlich und damit nicht gerechtfertigt, weil nicht einzusehen sei, warum diese anders zu behandeln seien als die Neuanleger, die während der Desinformationsphase Wertpapiere gekauft haben und diese noch halten.[384]

---

382 So auch *Möllers/Leisch*, in: Kölner Kommentar WpHG, §§ 37b, c Rn. 302: „Rechtsphilosophisch bedeutet es – als System konsequent zu Ende gedacht – eine Abkehr von der Freiheit des Individuums als Ausgangs-und Bezugspunkt unserer Rechtsordnung hin zum ökonomischen Utilitarismus".

383 *Horn*, in: FS Ulmer, S. 827 f.; Bericht der Regierungskommission Corporate Governance, BT-Drucks. 14/7515, S. 19; *Coffee*, Columbia Law Review Vol. 106, No. 7, Symposium: Litigation Reform since PSLRA: A Ten-Year Retrospective (2006), 1534 (1582 ff.).

384 Kritisch hierzu *Maier-Reimer/Webering*, WM 2002, 1857 (1860 f.); *Veil*, ZHR 167 (2003), 365 (389) mit Fn. 118; so auch *Klöhn*, AG 2012, 345 (353).

Auch diese Argumentation verfängt nicht. So übersehen die Vertreter dieser Ansicht, dass ein Kursdifferenzschaden schon deshalb entfällt, weil sich der Kurs während der Desinformationsphase mangels Veröffentlichung der Insiderinformation nicht verändert hat. Auch ein Vertragsabschlussschaden besteht nicht, denn der Markt behandelt den Anleger – ebenfalls mangels Kenntnis der Insiderinformation – so, als sei seine Vorstellung zutreffend. Das bedeutet, dass der Anleger das Wertpapier zwar zu einem überhöhten Preis kauft, aber auch zu einem überhöhten Preis verkauft.[385] Dem Anleger entsteht folglich kein Schaden. Daher ist es gerechtfertigt, ihn aus dem Kreis der Anspruchsberechtigten auszuschließen.

4. Verstoß gegen das Verbot des Erwerbs eigener Aktien (§ 71 AktG)?

Schließlich werden Verstöße gegen das (kapital-)gesellschaftsrechtliche Gebot der Kapitalerhaltung ausgemacht.[386] Denn der geschädigte Anleger hat gemäß §§ 37b, c WpHG einen Anspruch auf Ersatz der Erwerbsaufwendungen gegen Übertragung der erworbenen Rechtspositionen auf den Emittenten.[387] In der Literatur wurde darin zunächst ein Verstoß gegen das Verbot des Erwerbs eigener Aktien gemäß § 71 AktG gesehen.[388]

Allerdings gilt heute als allgemein anerkannt, dass dem Kapitalmarktrecht gegenüber dem Grundsatz der Kapitalerhaltung der Vorrang gebührt.[389] Dem ist uneingeschränkt zuzustimmen, weil das Kapitalmarktrecht abschließende Spezialregelungen enthält, die den gesellschaftsrechtlichen Regelungen aufgrund des lex-posterior-Grundsatzes vorgehen.[390]

5. Die Verlagerung des allgemeinen Marktrisikos auf den Emittenten

Stichhaltiger als die bisher dargestellten Kritikpunkte an der Haftung wegen Verstoßes gegen die Ad-hoc-Publizitätspflicht ist ein anderes Argument aus der Literatur. Gegen den Ersatz des Vertragsabschlussschadens wird vorgetragen, dass dadurch das allgemeine Marktrisiko, Kursverluste zu erleiden, auf den

---

385 Zutreffend *Möllers/Leisch*, in: Kölner Kommentar WpHG, §§ 37b, c Rn. 274.

386 Siehe zum Meinungsstreit *Bayer*, in: MüKo AktG, § 57 Rn. 20 ff.

387 Vgl. *Möllers/Leisch*, in: Kölner Kommentar WpHG, §§ 37b, c Rn. 330.

388 *Reichert/Weller*, ZRP 2002, 49 (55).

389 Statt aller *Möllers/Leisch*, in: Kölner Kommentar WpHG, §§ 37b, c Rn. 333; die gegenteilige Ansicht ausdrücklich aufgegeben: *Bayer*, in: Müko AktG, § 57 Rn. 21 mit Fn. 69.

390 Vgl. zum – mittlerweile aufgehobenen – § 44 BörsG *Hopt*, in: Baumbach/Hopt, HGB, 35. Aufl. 2012, § 44 BörsG Rn. 5 m.w.N.

Emittenten verlagert werde, da der Geschädigte durch die Rückabwicklung auch negative Kursentwicklungen, die nicht mit der Verletzung der Ad-hoc-Publizitätspflicht zusammenhängen, ausgleichen könnte und der Emittent damit auch das Risiko zufälliger Kursstürze trüge.[391]

Dem von der Gegenauffassung angeführten Einwand, § 346 Abs. 3 S. 1 Nr. 3 BGB zeige die generelle Intention des Gesetzgebers, dass die Gefahr einer Verschlechterung der zurückzugewährenden Sache generell beim Schädiger liege solle,[392] wird – zutreffend – entgegnet, dass sich § 346 Abs. 3 S. 1 Nr. 3 BGB auf ein Zweipersonenverhältnis beziehe, wohingegen bei Verletzung der Ad-hoc-Publizitätspflicht meistens ein Dreipersonenverhältnis vorliege. Der Vertragspartner profitiere hier nicht von der Pflichtverletzung.[393]

II. Stellungnahme

Die Kritik an den §§ 37b, c WpHG ist im Ergebnis berechtigt, die bisherigen Argumente treffen aber nicht den Kern des Problems. Denn die Kritik an der Haftung für fehlerhafte oder unterlassene Ad-hoc-Mitteilungen richtet sich überwiegend gegen den Anspruchsinhalt der Haftung. Richtigerweise muss die Kritik an der Haftung nach §§ 37b, c WpHG bereits an der Existenz der Normen ansetzen und die Haftung im Ganzen, also de lege ferenda, infrage stellen.[394]

1. Schützenswertes Vertrauen bei Verstößen gegen die Ad-hoc-Mitteilungspflicht?

Der innere Grund der Ad-hoc-Mitteilungspflicht besteht darin, dass der Emittent eines Finanzinstruments dazu gezwungen werden soll, sämtliche ihn betreffenden kursrelevanten Informationen zu veröffentlichen. Auf diese Weise wird schon von vornherein die Existenz von Insiderinformationen unterbunden und Insiderhandel damit per se unmöglich gemacht. Insofern kann die Ad-hoc-Mitteilungspflicht als Adjutant des Insiderhandelsverbotes bezeichnet werden. Ebenso wie dieses ist auch die Ad-hoc-Mitteilungspflicht eine objektiv

---

391 *Mülbert/Steub*, in: Habersack/Mülbert/Schlitt, Handbuch der Kapitalmarktinformation, § 41 Rn. 215 ff.

392 Vgl. zum Streitstand *Möllers/Leisch*, in: Kölner Kommentar WpHG, §§ 37b, c Rn. 268 ff. m.w.N.

393 *Möllers/Leisch*, in: Kölner Kommentar WpHG, §§ 37b, c Rn. 290 ff.; so auch der BGH, vgl. BGHZ 192, 90 = NJW 2012, 1800 (1805 f.) Rn. 58 = ZIP 2012, 318 – IKB.

394 In diese Richtung auch *Klöhn*, AG 2012, 345 (353), der seine Kritik lediglich auf den Ersatz des Vertragsabschlussschadens bezieht; dagegen zu Recht *Möllers/Leisch*, Kölner Kommentar WpHG, §§ 37b, c Rn. 303: „rechtsökonomische Fundamentalkritik".

marktschützende Verhaltenspflicht. Vor dem Hintergrund der Normdurchsetzung nach deutschem Recht, das die primäre Funktion von Schadensersatzansprüchen in der Kompensation der Geschädigten sieht,[395] stellt sich die Frage, ob ein Schadensersatzanspruch aufgrund der Kompensationsfunktion des Zivilrechts existieren muss und die Existenz der §§ 37b, c WpHG gerechtfertigt ist. Zu prüfen ist daher, ob eine Kompensation bei Verstößen gegen die Ad-hoc-Mitteilungspflicht infrage kommt.

Gegen eine Kompensation in Form des Ersatzes des Vertragsabschlussschadens spricht, dass dieser ein schutzwürdiges Vertrauen des geschädigten Anlegers in die rechtzeitige beziehungsweise richtige Veröffentlichung aller kursrelevanten Informationen voraussetzt.[396] Denn mit dem Vertragsabschlussschaden ist der Vertrauensschaden (negatives Interesse) gemeint, der dadurch entsteht, dass der Anleger bei zutreffender Kapitalmarktinformation eine andere Entscheidung getroffen hätte.[397] Das würde aber voraussetzen, dass es bei einem Verstoß gegen die Ad-hoc-Mitteilungspflicht ein schützenswertes Vertrauen auf die (richtige) Veröffentlichung der Information gibt. Ein derartiges schützenswertes Vertrauen des Geschädigten existiert am Kapitalmarkt aber nicht, da niemand davon ausgehen kann, dass alle Informationen hinsichtlich eines Wertpapiers veröffentlicht sind. Jeder Marktteilnehmer geht bei seiner Anlageentscheidung stets das Risiko ein, nicht umfassend informiert zu sein. Insofern realisiert sich dabei lediglich das allgemeine Lebensrisiko, eine schlechte Anlageentscheidung getroffen zu haben.[398] Dieses trägt der Anleger selbst.[399]

Das gilt zunächst für „normale" Informationen, bei denen es selbstverständlich ist, dass es ein Informationsungleichgewicht gibt. Wie oben[400] bereits dargelegt wurde, ist ein Informationsungleichgewicht zwischen den einzelnen Anlegern sogar grundlegende Voraussetzung für einen funktionierenden Kapitalmarkt. Denn das Informationsungleichgewicht sorgt dafür, dass Informationshändler aus

395 Siehe oben Erster Teil, 3. Kapitel, § 3 A.; a.A. *Klöhn*, AG 2012, 345 (354 ff.).

396 Vgl. *Möllers/Leisch*, in: Kölner Kommentar WpHG, §§ 37b, c Rn. 267 ff.

397 Vgl. *Fuchs*, in: Fuchs, WpHG, Vor §§ 37b, c Rn. 46.

398 Die Argumentation bezieht sich hierbei nicht auf das oben nachgezeichnete Marktrisiko-Argument. Während unter diesem Topos die These aufgestellt wird, der Emittent übernehme als eine Art „Versicherer" das Risiko ungünstiger Marktentwicklungen für die geschädigten Anleger, soll hier begründet werden, warum schon ganz allgemein kein Vertrauen in die Veröffentlichung aller Informationen bestehen kann.

399 So auch *Fleischer*, BB 2002, 1869 (1871); dagegen *Möllers/Leisch*, in: Kölner Kommentar WpHG, §§ 37b, c Rn. 290 ff.

400 Vgl. Erster Teil, 2. Kapitel, § 2 B.

finanziellem Anreiz nach neuen Informationen suchen und diese in den Kurs des Wertpapiers einpreisen. Ohne ein Informationsungleichgewicht bestünde keine Arbitragemöglichkeit der Informationshändler. Vor dem Hintergrund der rechtsökonomischen Theorien wird damit ersichtlich, dass jeder Anleger stets damit rechnen muss, dass andere Marktakteure mehr Informationen besitzen und er daher Gefahr läuft, unvorteilhafte Geschäfte abzuschließen. Ein schützenswertes Vertrauen der Anleger auf die Veröffentlichung aller Informationen kann es vor diesem Hintergrund nicht geben.

Aber auch bei Insiderinformationen besteht kein schützenswertes Vertrauen dahingehend, dass der Emittent alle Insiderinformationen veröffentlicht. Auch bezüglich dieser Art von Informationen kann niemand deren Veröffentlichung erwarten und auf dieser Basis seine Anlageentscheidungen treffen. Dies ergibt sich bereits aus dem Gesetz selbst. So sieht der Gesetzgeber in § 15 Abs. 3 S. 1 WpHG a. F. in Verbindung mit § 6 WpAIV[401] Ausnahmen von der Pflicht zur Veröffentlichung von Ad-hoc-Mitteilungen vor, womit er Konstellationen kreiert, in denen das Interesse des Anlegers an der Veröffentlichung aller relevanten Informationen hinter dem Interesse des Emittenten auf Geheimhaltung zurückstehen muss. Wenn aber ein Anleger stets damit rechnen muss, dass eine Insiderinformation existiert, diese aber aufgrund des Vorliegens einer der Ausnahmetatbestände nicht veröffentlicht werden muss, kann er niemals auf den Umstand vertrauen, dass sämtliche Insiderinformationen veröffentlicht sind. Auch die Tatsache, dass der Emittent gemäß § 15 Abs. 1 S. 1 WpHG a. F.[402] die Insiderinformation unverzüglich veröffentlichen muss, streitet gegen die Möglichkeit eines schutzwürdigen Vertrauens der Anleger. „Unverzüglich" bedeutet nämlich nur, dass die Veröffentlichung der Insiderinformation ohne schuldhaftes Zögern geschieht.[403] Das bedeutet, dass der Emittent zunächst einmal prüfen darf, ob es sich bei der Information um ein die Ad-hoc-Mitteilungspflicht auslösende Information handelt. Auch in dieser Zeitspanne liegt eine Insiderinformation vor, die während der Dauer des Prüfungsvorgangs aber nicht veröffentlichungspflichtig ist, weshalb auch hier wieder das Interesse des geschädigten Anlegers hinter dem Interesse des Emittenten an der Zurückbehaltung der Information zurückstehen muss.

Das bedeutet indes keinesfalls, dass rechtswidrige Verstöße gegen die Ad-hoc-Mitteilungspflicht akzeptiert werden müssen. Dysfunktionales Verhalten ist dabei allerdings wie beim Insiderhandelsverbot über die öffentlich-rechtlichen

---

401 Das gilt auch für die neue Rechtslage, vgl. Art. 17 Abs. 4, 5 MMVO.

402 Nach neuer Rechtslage: „so bald wie möglich" vgl. Art. 17 Abs. 1 MMVO.

403 *Klöhn*, in: Kölner Kommentar WpHG, § 15 Rn. 103.

Sanktionen zu verhindern, zumal zivilrechtlicher Schadensersatz im deutschen Systemverständnis hinsichtlich der Verhaltenssteuerung (grundsätzlich) keine Rolle spielt.[404] Daher ist das richtige Sanktionsinstrument die (öffentlich-rechtliche) Geldbuße und nicht der (zivilrechtliche) Schadensersatzanspruch.

Auch ein Vergleich mit dem Verbot der Marktmanipulation untermauert diese Sichtweise. Dort wurde herausgearbeitet, dass einem geschädigten Anleger ein Schadensersatzanspruch aufgrund von Marktmanipulation zustehen müsse.[405] Der Unterschied zwischen beiden Tatbeständen besteht darin, dass die betroffenen Anleger im Falle der Marktmanipulation bewusst in die Irre geführt werden. Nur in diesem Fall erzielt der Täter nämlich einen Gewinn. Das Risiko, in die Irre geführt zu werden, braucht der Geschädigte selbstverständlich niemals zu tragen, weshalb es konsequent ist, dem Täuschenden die Schadenstragungslast aufzuerlegen.

Auf Grundlage des hier nun entstehenden Gesamtkonzepts, das nach bisheriger Rechtslage einen Schadensersatzanspruch allein bei Marktmanipulation, nicht aber bei Insiderhandel oder Verstoß gegen die Ad-hoc-Mitteilungspflicht befürwortet, lassen sich auch wertungsmäßig die richtigen Ergebnisse herleiten: Liegt ein Verstoß durch Unterlassen der Veröffentlichung einer Insiderinformation vor, so handelt es sich lediglich um das allgemeine Risiko am Kapitalmarkt, nicht alle Informationen zur Verfügung zu haben. Dieses Risiko zu minimieren ist vornehmliche Aufgabe des Staates, kann aber keinen Schadensersatzanspruch begründen. Täuscht dagegen der Emittent im Rahmen einer fehlerhaften Ad-hoc-Mitteilung, so ist der daraus resultierende Schaden nicht dem Anleger aufzubürden. Da es sich in einem solchen Fall aber auch um einen Verstoß gegen das Verbot der Marktmanipulation handelt, kann gegen den Täter bei Vorliegen der weiteren tatbestandlichen Voraussetzungen des § 20a WpHG a.F. aus diesem Grund zivilrechtlich vorgegangen werden. Auf eine Haftung wegen Verletzung der Ad-hoc-Mitteilungspflicht muss in diesem Fall nicht mehr zurückgegriffen werden. Das ist auch im Einklang mit der Rechtsprechung des BGH, der Ad-hoc-Mitteilungen seit jeher eine gewichtige Rolle am Kapitalmarkt zuschreibt.[406]

2. *Ungerechtfertigte Ungleichbehandlung der Anleger*

Auch führt ein Schadensersatzanspruch zu einer ungerechtfertigten Ungleichbehandlung verschiedener Anlegergruppen.

---

404 Siehe oben Erster Teil, 3. Kapitel, § 3 C.

405 Siehe oben Zweiter Teil, 1. Kapitel, § 3 A. I. 4.

406 S. oben Zweiter Teil, 1. Kapitel, § 3 A. I. 4. c) bb).

a) *Der Schaden der Altanleger*

Die Aktionäre lassen sich in zwei Gruppen unterteilen: die Altaktionäre, also diejenigen Aktionäre, die vor der Desinformationsphase bereits am Unternehmen beteiligt waren, und die Neuaktionäre, die erst während der Desinformationsphase die Wertpapiere erworben haben und die Anteile noch halten. Schadensersatzansprüche stehen nach dem Gesetz nur den Neuaktionären zu (vgl. §§ 37b, c WpHG). Im Falle der Geltendmachung der Schadensersatzansprüche durch die Neuaktionäre verliert der Emittent in der von diesen geltend gemachten Schadenshöhe an Unternehmenswert. Wirtschaftlich betrachtet müssen die Aktionäre des Unternehmens den Schaden tragen, weil deren Anteile in gleichem Maße an Wert verlieren. Während die Neuaktionäre diesen Wertverlust durch die Geltendmachung des Schadensersatzanspruchs gemäß §§ 37b, c WpHG wiedererstattet bekommen, bleiben die Altaktionäre auf diesem Wertverlust sitzen.[407] Die Altaktionäre trifft dieser Umstand besonders schwer, weil sie mit der Geltendmachung der Schadensersatzansprüche genau genommen zwei Einbrüche im Unternehmenswert erleiden: zum einen den Kurseinbruch aufgrund des Primärereignisses, das so bedeutsam ist, dass es zu einem Kursverlust geführt hat (andernfalls hätte es die Ad-hoc-Mitteilungspflicht nicht ausgelöst), zum anderen der Schaden, der dem Unternehmen dadurch entsteht, dass die Neuaktionäre ihren Anspruch aus §§ 37b, c WpHG geltend machen; denn Adressat der Haftung ist der Emittent.

Besonders anschaulich lässt sich dieser Fall am VW-Dieselskandal darstellen. Dort ist allen Aktionären dadurch ein Schaden entstanden, dass VW Motoren manipuliert hat und infolgedessen hohen Schadensersatzforderungen im In- und Ausland ausgesetzt ist.[408] Insofern ist allen Aktionären ein Primärschaden entstanden. Da VW zu spät per Ad-hoc-Mitteilung über die Manipulationen informierte, können und werden die Neuaktionäre gegen VW einen Anspruch wegen Verstoß gegen die Ad-hoc-Mitteilungspflicht geltend machen.[409] Dadurch wird der VW-AG ein weiterer Schaden entstehen. Dieser Sekundärschaden verbleibt, wie gerade gezeigt, im Ergebnis allein bei den Altaktionären.

---

407 Vgl. *Klöhn*, ZIP 2015, 53 (57 f.), der allerdings de lata argumentiert. Das überzeugt nicht, weil die zwingende Folge dieser Argumentation die Abschaffung der Haftung gem. §§ 37b, c WpHG ist und nicht, so wie von ihm angenommen, allein die Begrenzung der Haftung auf den Ersatz des Kursdifferenzschadens.

408 Siehe oben Erster Teil, 1. Kapitel, § 3.

409 Siehe oben Erster Teil, 1. Kapitel, § 3.

Dem kann auch nicht entgegengehalten werden, der sekundäre Wertverlust entstünde nicht, weil dem Emittenten ein Regressanspruch gemäß § 93 Abs. 2 AktG gegen seinen Vorstand zustehe, der vom Aufsichtsrat auch zwingend durchgesetzt werden müsse.[410] Die *ARAG/Garmenbeck*-Rechtsprechung des BGH konstituiert lediglich die grundsätzliche Pflicht des Aufsichtsrates, Haftungsansprüche gegen den Vorstand geltend zu machen. Dabei darf nicht übersehen werden, dass von diesem Grundsatz viele Ausnahmen bestehen.[411] Zudem verhält es sich in der Praxis des Öfteren dergestalt, dass der Vorstand in den Aufsichtsrat wechselt und somit gegen sich selbst vorgehen müsste, was freilich theoretischer Natur ist. Auch diesbezüglich dient der VW-Dieselskandal als Paradebeispiel: Der damalige für die Veröffentlichung von Ad-hoc-Mitteilungen zuständige Finanzvorstand *Hans Dieter Pötsch* ist nunmehr Aufsichtsratsvorsitzender. Vor diesem Hintergrund ist kaum zu erwarten, dass er gegen sich selbst Regressansprüche in der Dieselaffäre geltend machen wird.

Zudem setzt die Gegenansicht stillschweigend voraus, dass das Vorstandsmitglied solvent und der Schadensregress damit überhaupt möglich ist. Auch dies wird in der Praxis angesichts der hohen Schadenssummen kaum der Fall sein.[412] Diesen Umstand hat auch der Gesetzgeber erkannt und daher die Haftung wegen fehlerhafter oder unterlassener Ad-hoc-Mitteilung gegen den Emittenten und nicht gegen dessen Organe konstituiert.[413]

b) Ungerechtfertigte Schlechterstellung der Altanleger

Der Umstand, dass wirtschaftlich betrachtet die Altaktionäre allein den Schaden zu tragen haben, kann aus mehreren Gründen nicht überzeugen. So ist zunächst fraglich, warum allein die Altaktionäre den Schaden des Verstoßes gegen die Ad-hoc-Mitteilungspflicht tragen sollen. Eilig betrachtet mag es einleuchten, an die Tatsache der Unterlassung anzuknüpfen und dementsprechend die Anleger in Alt- und Neuaktionäre einzuteilen. Richtig ist, dass die Altaktionäre ihre Aktien unabhängig von dem schadensbegründenden Ereignis erworben haben und ihnen deshalb kein Schadensersatzanspruch zusteht, wohingegen den Neuaktionären durch das Unterlassen der Veröffentlichung ein kausaler Schaden entstanden ist.

---

410 So aber *Möllers/Leisch*, in: Kölner Kommentar WpHG, §§ 37b, c Rn. 303.

411 Vgl. dazu oben Erster Teil, 2. Kapitel, § 1 B. III.

412 Zu den Schadenssummen s. oben Erster Teil, 1. Kapitel, § 3.

413 Vgl. *Fuchs*, in: Fuchs, WpHG, Vor §§ 37b, c Rn. 75: „[…] sondern im Regelfall auch die solventeren Schuldner kapitalmarktrechtlicher Schadensersatzhaftung sind.“

Ökonomisch betrachtet bilden jedoch beide Aktionärsgruppen die Gesamtheit der Aktionäre, von der nur ein Teil den wirtschaftlichen Schaden tragen muss.[414] Auch für diese ökonomische Ungleichbehandlung bedarf es einer besonderen Begründung. Denn die Altaktionäre haben den Pflichtverstoß weder verschuldet, noch hatten sie die Möglichkeit, diesen zu unterbinden.[415] Das wäre allein Aufgabe der Organe, insbesondere des Vorstands, gewesen.

Zudem werden durch dieses System kurzfristig orientierte Spekulanten bevorzugt, während langfristig orientierte Anleger das Nachsehen haben. Dies ergibt sich aus dem Umstand, dass kurzfristige Haltestrategien dazu führen, dass die Spekulanten öfter ihr Portfolio umschichten und damit die Wahrscheinlichkeit, zur Gruppe der Neuaktionäre zu zählen, signifikant steigern.[416] Auch vor diesem Hintergrund ist nicht ersichtlich, warum die Altaktionäre wirtschaftlich den Schaden tragen sollen.

Schließlich besteht noch die Gefahr, dass Spekulanten (beispielsweise Hedgefonds) Strategien entwickeln, um sich diesen Zustand zunutze zu machen. So könnten beispielsweise Spekulanten bei Auftreten von Gerüchten untereinander ihre Aktien verkaufen, um mit höherer Wahrscheinlichkeit zu der Gruppe der Neuanleger zu zählen. Auch dies ist ein unerwünschter Nebeneffekt, der durch die Ungleichbehandlung der einzelnen Anleger ausgelöst wird.[417]

Im Ergebnis ist nicht ersichtlich, warum allein die Altaktionäre den Schaden zu tragen haben. Eine Differenzierung zwischen den beiden Aktionärsgruppen ist nicht gerechtfertigt und führt zu unerwünschten Konsequenzen.

c) Friktionen im Normdurchsetzungsgefüge

Neben der Tatsache, dass die Altaktionäre ungerechtfertigterweise den wirtschaftlichen Schaden tragen, streitet noch ein weiterer Aspekt für die Kritik an der Existenz der §§ 37b, c WpHG, nämlich dass die Haftung für fehlerhafte oder unterbliebene Ad-hoc-Mitteilung in einer Vielzahl der Fälle leerläuft. So kann sie nur für solche Fälle sinnvoll Anwendung finden, in denen eine geringe Anzahl von Neuaktionären von dem Verstoß betroffen ist und Schadensersatzansprüche gegen den Emittenten geltend macht. Hat dagegen eine große Anzahl von Neuaktionären beziehungsweise ein Neuaktionär mit einer großen Anzahl

414 *Horn*, in: FS Ulmer, S. 827 f. spricht daher von einem Verstoß gegen den Grundsatz der Gleichbehandlung der Aktionäre (§ 53a AktG).

415 So auch *Klöhn*, ZIP 2015, 53 (57).

416 *Klöhn*, ZIP 2015, 53 (57).

417 *Coffee*, Columbia Law Review Vol. 106, No. 7, Symposium: Litigation Reform since PSLRA: A Ten-Year Retrospective (2006), 1534 (1558).

von Anteilen in der relevanten Zeitspanne die Anteile erworben, werden diese (beziehungsweise der Großaktionär) keinen Anreiz haben, einen Schadensersatzanspruch geltend zu machen. Denn in diesem Fall würden die Neuaktionäre den Schaden bei wirtschaftlicher Betrachtung von sich selbst ersetzt verlangen, zumal das Unternehmen im selben Maße an Wert verliert, wie die Schadenssumme ausfällt. Das käme aber einer Umverteilung „von der linken in die rechte Hosentasche gleich".[418] Besonders deutlich wird dieses Argument, wenn man den Fall auf die Spitze treibt: Würde ein Aktionär sämtliche Aktien an einem Unternehmen erwerben und damit als Neuaktionär in den relevanten Zeitraum fallen, verlöre er mit der Geltendmachung des Schadensersatzanspruchs sogar Geld, da abgesehen davon, dass die Geltendmachung für ihn ein Nullsummenspiel wäre, ihm darüber hinaus auch noch Anwalts-, Gerichts- und sonstige Durchsetzungskosten entstünden. Das Haftungssystem ist daher nur auf den Fall der Schädigung einer kleinen Gruppe von Anlegern ausgelegt.[419]

Die Ursache dieses Missstandes erkennt man einmal mehr, wenn man die Haftung nach §§ 37b, c WpHG aus dem Blickwinkel der Normdurchsetzung betrachtet. Vor deren Hintergrund ist festzustellen, dass es sich bei dieser Haftung nach §§ 37b, c WpHG um einen Fremdkörper im System der Normdurchsetzung in Deutschland handelt. Dies resultiert daraus, dass diese Haftungsnormen nicht nur eine Stärkung des Anlegerschutzes bezwecken, sondern darüber hinaus auch eine (general-)präventive Wirkung entfalten sollen.[420] Eine solche Wirkrichtung ist jedoch – wie bereits mehrfach gezeigt wurde – dem deutschen Recht grundsätzlich fremd. Sie hat ihren Ursprung im US-amerikanischen Recht und dient in erster Linie der Abschreckung.[421] Nimmt man es mit der Abschreckungswirkung ernst, so müsste man zu dem Ergebnis kommen, dass sich die Haftung gegen den Vorstand und nicht gegen das Unternehmen richten muss. Ökonomisch betrachtet ist er der richtige Adressat der Haftung wegen Verstoß gegen die Ad-hoc-Publizitätspflicht. Er ist der *cheapest cost avoider*, da er für die Veröffentlichung der Information zuständig ist.[422] Im Falle der Geltendmachung

---

418 *Coffee*, Columbia Law Review Vol. 106, No. 7, Symposium: Litigation Reform since PSLRA: A Ten-Year Retrospective (2006), 1534 (1558).

419 So auch *Coffee*, Columbia Law Review Vol. 106, No. 7, Symposium: Litigation Reform since PSLRA: A Ten-Year Retrospective (2006), 1534 (1559 ff.).

420 Begr. RegE 4. Finanzmarktförderungsgesetz, BT-Drucks. 14/8017, S. 64, 93.

421 Die kompensatorische Wirkung wird im US-amerikanischen Kapitalmarktrecht als sehr gering eingestuft, vgl. *Coffee*, Columbia Law Review Vol. 106, No. 7, Symposium: Litigation Reform since PSLRA: A Ten-Year Retrospective, 1534 (1582 ff.).

422 Siehe oben Zweiter Teil 3. Kapitel § 3 B mit Fn. 376.

der Schadensersatzansprüche gegenüber dem Vorstand käme es auch nicht zu der Problematik der unterschiedlichen Behandlung beider Anlegergruppen. Der Vorstand würde direkt den geschädigten Anlegern gegenüber haften, sodass nicht die Altaktionäre den Schaden zu tragen hätten, sondern der Vorstand. Die gewünschte Abschreckungswirkung läge damit in allen Erwerbskonstellationen vor und würde nicht mit zunehmender Anzahl von Geschädigten abgeschwächt.[423]

Auch die Tatsache, dass das Unternehmen von einem Verstoß gegen die Ad-hoc-Mitteilungspflicht nicht profitiert, spricht gegen die Haftung des Unternehmens und für eine Haftung des Vorstands. Denn dieser profitiert durch die höheren Kurse, beispielsweise in Form von kursbasierten Vergütungsmodellen, die sich am Aktienkurs des Unternehmens orientieren und damit umso höher ausfallen, je weiter und länger der Kurs steigt.[424] Während das Unternehmen in anderen Bereichen des Kapitalmarktrechts, zum Beispiel bei der Veröffentlichung von Prospekten im Rahmen des Primärmarktes, aus einer fehlerhaften Veröffentlichung finanzielle Vorteile zieht, erzielt das Unternehmen bei einem Verstoß gegen die Ad-hoc-Publizitätspflicht keinen Gewinn. Es verschiebt sich lediglich der Zeitpunkt der Veröffentlichung der kursrelevanten Tatsache. Daher ist es weder effektiv noch gerechtfertigt, eine Haftung des Emittenten zu konstituieren. Richtigerweise müsste sich die Haftung nach §§ 37b, c WpHG stattdessen gegen den Vorstand richten, um effektiv ihrer Präventionswirkung gerecht zu werden.

In der rechtspolitischen Diskussion in Deutschland stand die Frage nach der persönlichen Haftung von Vorständen seit jeher im Vordergrund: So stellte das Bundesfinanzministerium bereits im Jahr 2004 einen Diskussionsentwurf eines Gesetzes zur Verbesserung der Haftung für falsche Kapitalinformation (KapInHaG) vor, der eine Haftung sowohl des Emittenten als auch der verantwortlichen Organmitglieder für falsche und pflichtwidrig unterlassene Kapitalmarktinformationen vorsah.[425]

Eine Haftung, die sich direkt gegen den Organwalter richtet, ist aber ebenso kritisch zu betrachten. Erstens richtet sich die Mitteilungspflicht gegen den Emittenten (vgl. § 15 Abs. 1 S. 1 WpHG a.F.), nicht gegen das Vorstandsmitglied.

---

423 *Coffee*, Columbia Law Review Vol. 106, No. 7, Symposium: Litigation Reform since PSLRA: A Ten-Year Retrospective, 1534 (1582 ff.).

424 Vgl. zu den unterschiedlichen Formen variabler Vergütung *Spindler*, in: MüKo AktG, § 87 Rn. 94 ff. m.w.N.

425 Dieser Entwurf wurde jedoch auf Druck der Wirtschaft zugunsten einer Emittentenhaftung aufgegeben Vgl. zum Ganzen *Fuchs*, in: Fuchs, WpHG, Vor §§ 37b, c Rn. 69 m.w.N.

Zweitens wird der Organwalter nicht in der Lage sein, den Schadensersatz zu leisten, weil es sich meist um sehr hohe Schadensbeträge handelt. Daher kommt auch eine Haftung des Organwalters nicht in Betracht, weil andernfalls der Geschädigte seinen Schaden nicht ersetzt bekäme, was der Kompensationsfunktion des Schadensrechts widerspräche.[426]

Im Ergebnis wurde damit ein Haftungssystem eingeführt, das nicht vollständig durchdacht ist. Präventive Wirkung kann die Haftung nicht entfalten, weil sie sich nicht gegen den Verantwortlichen richtet. Die Haftung muss sich aber gegen den Emittenten richten, weil sie aus der Publizitätspflicht folgt. Adressat dieser Pflicht ist der Emittent und nicht der Organwalter. Auch wäre die Kompensation der geschädigten Anleger nicht sichergestellt, träfe die Haftung das einzelne Vorstandsmitglied.

Um diesen Missstand zu beseitigen, ist es nur konsequent zu fordern, die Haftung gemäß §§ 37b, c WpHG zu streichen und zum ursprünglichen System der Normdurchsetzung zurückzukehren. In diesem Fall müssen die öffentlich-rechtlichen Sanktionsmittel für eine präventive Verhaltenssteuerung genügen.

C. *Weitere zivilrechtliche Anspruchsgrundlagen*

I. *Bürgerlich-rechtliche Prospekthaftung*

Ein Schadensersatz aufgrund bürgerlich-rechtlicher Prospekthaftung (im engeren Sinne) kommt unter zwei Gesichtspunkten nicht in Betracht. Erstens wird man den Prospektbegriff nicht so weit fassen können, dass jede marktbezogene schriftliche Mitteilung darunterfällt, die die Beurteilung von Vermögensanlagen ermöglichen soll.[427] Vielmehr sind unter einem Prospekt nur solche Darstellungen zu verstehen, die das Anlegerpublikum umfassend über die anlageerheblichen Umstände aufklären sollen.[428] Ad-hoc-Mitteilungen sind daher (meist) keine Prospekte, weil sie typischerweise keine das Publikum umfassend informierende Darstellung enthalten, sondern einzelfallbezogene Hinweise.[429]

---

426 Vgl. *Fuchs*, in: Fuchs, WpHG, Vor §§ 37b, c, Rn. 75: „[…], dass die Emittenten nicht nur die konzeptionell richtigen Haftungsadressaten, sondern im Regelfall auch die solventeren Schulder kapitalmarktrechtlicher Schadensersatzhaftung sind."

427 So aber *Hamann*, in: Schäfer/Hamann, KMG, §§ 44, 45 BörsG Rn. 46; in diese Richtung auch *Schwark*, in: Schwark/Zimmer, KmRK, § 45 BörsG Rn. 16; *Dogan*, Ad-hoc-Publizitätshaftung, S. 137 ff.

428 Vgl. nur *Möllers/Leisch*, in: Kölner Kommentar WpHG, §§ 37b, c Rn. 417.

429 BGHZ 160, 134 (146) = NJW 2004, 2664 (2667) = ZIP 2004, 1599 – Infomatec; *Rützel*, AG 2003, 69 (71); *Sethe*, in: Assmann/Schneider, WpHG, § 37b, c Rn. 125.

Zweitens entfalten die §§ 37b, c WpHG eine Sperrwirkung hinsichtlich anderer Anspruchsgrundlagen. Andernfalls würde der strenge Verschuldensmaßstab der §§ 37b, c WpHG (Haftung nur bei grober Fahrlässigkeit) durch die Prospekthaftung unterlaufen.[430]

II. § 823 Abs. 2 BGB i. V. m. Verletzung eines Schutzgesetzes

Auch eine Haftung des Emittenten nach § 823 Abs. 2 BGB in Verbindung mit der Verletzung eines Schutzgesetzes kommt nicht in Betracht. Weder § 15 WpHG a. F. noch § 39 WpHG a. F. ist ein Schutzgesetz im Sinne des § 823 Abs. 2 BGB. Gegen die Schutzgesetzeigenschaft sprechen die soeben angeführten Argumente.[431] Ob § 400 Abs. 1 Nr. 1 AktG ein Schutzgesetz ist, richtet sich nach dem Einzelfall. Darstellungen im Sinne dieser Vorschrift sind nämlich nur solche Mitteilungen, die ein Gesamtbild über die wirtschaftliche Lage der Gesellschaft ermöglichen und den Eindruck von Vollständigkeit erwecken.[432] Meist beschränken sich Ad-hoc-Mitteilungen auf ein bestimmtes Ereignis und erfüllen das Tatbestandsmerkmal der Darstellung daher nicht.[433] Anders stellt sich der Fall dar, wenn die Informationen Rückschlüsse auf die Vermögens-, Finanz- und Ertragslage im Ganzen zulassen. Der BGH hat eine Haftung bei der Veröffentlichung von Halbjahreszahlungen in Gestalt einer Gewinn- und Verlustrechnung bejaht.[434] § 264a StGB wird zwar allgemein als Schutzgesetz im Sinne des § 823 Abs. 2 BGB angesehen,[435] allerdings gilt bezüglich des Tatbestandsmerkmals der Darstellung das oben Gesagte.[436] Auch § 263 StGB kommt grundsätzlich als Schutzgesetz

---

430 Statt aller *Sethe*, in: Assmann/Schneider, WpHG, §§ 37b, c Rn. 126.

431 Geht man entgegen der Ansicht des Verfassers von einer Existenzberechtigung der §§ 37b, c WpHG a.F. aus, ergibt sich dieses Ergebnis bereits aus der gesetzgeberischen Klarstellung in § 15 Abs. 6 S. 1 WpHG a.F. Dadurch soll verhindert werden, dass die speziellen Regelungen der §§ 37b, c WpHG a.F. durch die allgemeine Deliktshaftung konterkariert werden. So sind der Kreis der Anspruchsberechtigten, der Verschuldensmaßstab, der Anspruchsausschluss und die Verjährung weit enger gefasst, als dies bei § 823 Abs. 2 BGB der Fall ist.

432 Vgl. nur *Fuchs*, in: Fuchs, WpHG, Vor §§ 37b, c Rn. 65.

433 *Zimmer/Grotheer*, in: Schwark/Zimmer, KmRK, §§ 37b, c WpHG Rn. 110; *Leisch*, in: Möllers/Rotter, Ad-hoc-Publizität, § 16 Rn. 51; *Groß*, WM 2002, 477 (483 f.); *Ehricke*, in: Hopt/Voigt, Prospekt- und Kapitalmarktinformationshaftung, S. 278.

434 BGHSt 49, 381 (389 f.) = NJW 2005, 445 (447 f.) = AG 2005, 162; BGH NJW 2005, 2450 (2451) = ZIP 2005, 1270; aus der Literatur *Sethe*, in: Assmann/Schneider, WpHG, §§ 37b, c Rn. 138 a.E.

435 Vgl. nur *Fuchs*, in: Fuchs, WpHG, Vor §§ 37b, c Rn. 67.

436 Vgl. Fn. 424.

in Betracht.[437] Hier scheitert jedoch ein Schadensersatzanspruch am fehlenden Merkmal der Stoffgleichheit: Da der getäuschte Anleger die Wertpapiertransaktion mit einem Dritten vornimmt, führt die Vermögensverfügung nicht zu einem Vermögensvorteil des Täuschenden (Emittenten).[438]

III. § 826 BGB

Schließlich kommen Schadensersatzansprüche auf der Grundlage des § 826 BGB in Betracht. Voraussetzung hierfür ist zunächst ein sittenwidriges Verhalten. Im Rahmen der Sittenwidrigkeit muss eine umfassende Gesamtabwägung unter Würdigung aller Umstände des Einzelfalls vorgenommen werden.[439] Dabei muss dem für die Gesellschaft handelnden Organmitglied die Pflicht zur Veröffentlichung der Information bekannt gewesen sein. Dazu müssen noch weitere Umstände kommen, zumal bei bloßer Nichterfüllung seiner Pflichten noch keine Sittenwidrigkeit vorliegt.[440] Anzunehmen ist Sittenwidrigkeit in Fällen, in denen das Organmitglied aus eigennützigen Motiven handelt.[441]

Zudem muss ein Schädigungsvorsatz vorliegen. Ausreichend hierfür ist, dass der Schädiger den Schaden zumindest billigend in Kauf genommen hat (Dolus eventualis).[442] Übertragen auf den Kapitalmarkt muss ein solcher Vorsatz dann angenommen werden, wenn der Emittent bewusst eine falsche Insiderinformation veröffentlicht, weil er damit rechnen muss, dass aufgrund dieser (falschen) Information Wertpapiertransaktionen durchgeführt werden, die womöglich bei wahrer Tatsachenkenntnis unterblieben wären.[443] Dasselbe muss gelten, wenn ein Emittent bewusst die Veröffentlichung einer Insiderinformation unterlässt. Denn auch in diesem Fall wird der Emittent annehmen können, dass Wertpapiere auf falscher Tatsachenbasis ge- oder verkauft werden.

---

437 Vgl. nur *Fuchs*, in: Fuchs, WpHG, Vor §§ 37b, c Rn. 66.

438 Statt aller *Maier-Reimer/Seulen*, in: Habersack/Mülbert/Schlitt, Handbuch der Kapitalmarkinformation, § 30 Rn. 163.

439 Vgl. oben Zweiter Teil, 1. Kapitel, § 3 A. I. 4. c) aa).

440 Vgl. oben Zweiter Teil, 1. Kapitel, § 3 A. I. 4. c) aa).

441 *Krause*, ZGR 2002, 799 (824 f.): „[...] um eigennützige Geschäfte nicht zu gefährden."; *Fleischer*, DB 2004, 2031 (2035): „Element der Eigennützigkeit"; *Fleischer*, in: Assman/Schütze, Kapitalanlagerecht, § 6 Rn. 22; *Sauer*, Haftung für Falschinformation des Sekundärmarkts, S. 52 f.; *Sethe*, in: Assmann/Schneider, WpHG, § 37b, c Rn. 143; a.A.: *Maier-Reimer/Seulen*, in: Habersack/Mülbert/Schlitt, Handbuch der Kapitalmarktinformation, § 30 Rn. 175 f.

442 Statt aller *Wagner*, in: MüKo BGB 6. Aufl., § 826 Rn. 29.

443 BGHZ 160, 134 = NJW 2004, 2664 (2666) = ZIP 2004, 1599 – Infomatec.

Die Ad-hoc-Mitteilung muss schließlich auch kausal für die Anlageentscheidung gewesen sein. Dies gilt zumindest für das Begehren des Anlegers auf Rückabwicklung des Rechtsgeschäfts.[444] Der BGH nimmt dies nunmehr auch bei Geltendmachung des Differenzschadens an.[445] Liegen die Voraussetzungen vor, kann der geschädigte Anleger nach herrschender Ansicht nach seiner Wahl den Ersatz des Differenzschadens oder die Rückabwicklung des Rechtsgeschäfts verlangen.[446]

D. Ergebnis

Im Ergebnis steht fest, dass die Haftung nach §§ 37b, c WpHG aufgrund fehlerhafter oder unterlassener Ad-hoc-Mitteilungen ersatzlos zu streichen ist, weil nicht ersichtlich ist, wie die der Haftungsgrundlage immanenten Missstände durch bloße Korrekturen de lege lata oder de lege ferenda behoben werden könnten.

§ 4 Zusammenfassung mit Blick auf die Normdurchsetzung

Eine schadensrechtliche Kompensation gemäß §§ 37b, c WpHG kommt bei Verstößen gegen die Ad-hoc-Mitteilungspflicht nach allem Gesagten nicht infrage. Damit stellt sich die Frage, ob eine effektive Normdurchsetzung dennoch, das heißt ohne weitere gesetzgeberische Maßnahmen gewährleistet ist. Der Gesetzgeber der §§ 37b, c WpHG wollte durch Einführung dieser Normen ausdrücklich den Anlegerschutz verbessern:

> *Die neuen Vorschriften sind erforderlich, da einerseits Anleger bei der unterlassenen oder verspäteten Veröffentlichung oder der unrichtigen Behauptung solcher Tatsachen bislang nur unzureichend geschützt sind und andererseits das Publizitätsverhalten einiger börsennotierter Unternehmen insoweit starke Mängel aufweist.*[447]

---

444 Statt aller *Sethe*, in: Assmann/Schneider, WpHG, § 37b, c Rn. 146.

445 BGH ZIP 2007, 679 (680) Rn. 9 = NZG 2007, 960; ablehnend *Leuschner*, ZIP 2008, 1050 (1054 ff.); *Sethe*, in: Assmann/Schneider, WpHG, § 37b, c Rn. 148; *Maier-Reimer/Seulen*, in: Habersack/Mülbert/Schlitt, Handbuch der Kapitalmarktinformation, § 30 Rn. 179.

446 *Maier-Reimer/Seulen*, in: Habersack/Mülbert/Schlitt, Handbuch der Kapitalmarktinformation, § 30 Rn. 179 f.; *Sethe*, in: Assmann/Schneider, WpHG, § 37b, c Rn. 150; *Maier-Reimer/Seulen*, in: Habersack/Mülbert/Schlitt, Handbuch der Kapitalmarktinformation, § 30 Rn. 179; a.A. *Fuchs/Dühn*, BKR 2002, 1063 (1068); *Kort*, NZG 2005, 708.

447 Begr. RegE 4. Finanzmarktförderungsgesetz, BT-Drucks. 14/8017, S. 64, 93.

Da sowohl Anlegerschutz als auch Prävention im Fokus des Gesetzgebers stehen, stellt sich die Frage, wie diese Ziele anderweitig erreicht werden können. Hierzu dient die öffentlich-rechtliche Normdurchsetzung, beispielsweise in Form von Strafen und Geldbußen. Hintergrund der Ad-hoc-Mitteilungspflicht ist der Wille des Gesetzgebers, Insidergeschäfte zu verhindern. Dazu dient zunächst das Insiderhandelsverbot. Darüber hinaus wollte der Gesetzgeber verhindern, dass überhaupt Insiderinformationen existieren. Deshalb soll jeder Emittent von Wertpapieren dazu verpflichtet werden, sämtliche Insiderinformationen sofort zu veröffentlichen, wodurch der Insiderhandel bereits „im Keim erstickt" wird. Hierbei wird Folgendes deutlich: Sinn der Ad-hoc-Publizitätspflicht ist es nicht, ein – nicht vorhandenes – Vertrauen der Anleger zu schützen, sondern vielmehr den Emittenten zu zwingen, alle kursrelevanten Informationen zu veröffentlichen.[448] Da die Pflicht also präventiv wirken soll, muss sie öffentlich-rechtlich durchgesetzt werden und nicht privatrechtlich.

Um ausreichend Präventionswirkung zu entfalten, ist es von besonderer Bedeutung, die öffentlich-rechtliche Normdurchsetzung effektiver zu gestalten. Wie dies geschehen könnte, soll im Vierten Teil erörtert werden.

4. Kapitel: Zusammenfassung der Ergebnisse

Verstöße gegen die Marktmissbrauchsregelungen ziehen nach bisheriger Rechtslage in den Fällen von Marktmanipulation und Insiderhandel sowohl straf- als auch verwaltungsrechtliche Sanktionen, im Falle von unterlassener oder fehlerhafter Ad-hoc-Mitteilung verwaltungsrechtliche Sanktionen nach sich.

Darüber hinaus stellte sich bei allen drei Marktmissbrauchsformen die Frage, ob geschädigten Anlegern ein Schadensersatzanspruch zustand. Im Falle der Marktmanipulation war dies zu bejahen. Die Geschädigten sind ein individuell abgrenzbarer Kreis von Personen, weshalb vor allem vor dem Hintergrund der Schutznormtheorie die Schutzgesetzeigenschaft von § 20a WpHG a.F. anzunehmen war.

Beim Verstoß gegen das Insiderhandelsverbot konnte ein Schadensersatzanspruch schon allein deshalb nicht bestehen, weil der Kreis der Adressaten nicht von den übrigen Marktteilnehmern abgegrenzt werden konnte. Auch erlitt der Insider keinen Schaden. Schließlich lag auch keine Kausalität zwischen dem Verstoß und dem Schaden vor.

---

448 Vgl. *Klöhn*, in: Kölner Kommentar WpHG, § 15 Rn. 1 ff.

Im Falle eines Verstoßes gegen die Ad-hoc-Mitteilungspflicht sollte die existierende Haftungsregelung (§§ 37b, c WpHG) entfernt werden. Sie führt zu einer ungerechtfertigten Ungleichbehandlung unterschiedlicher Anlegergruppen und setzt zudem ein Vertrauen in die Richtigkeit und Vollständigkeit von Informationen voraus, das nicht existiert.

Dritter Teil: Das „europäische“ Normdurchsetzungsmodell

Möglicherweise wird sich das bisher bestehende System der Normdurchsetzung im Marktmissbrauchsrecht durch neuere Entwicklungen auf europäischer Ebene radikal verändern. Im Mittelpunkt dieser Veränderung stehen die Marktmissbrauchsverordnung und die Rechtsprechung des EuGH zum Kartell- und Lauterkeitsrecht. Es wird sich zeigen, dass insbesondere durch die Rechtsprechung des EuGH – sofern man ihre Leitgedanken auf das Kapitalmarktrecht überträgt – ein neuer Normdurchsetzungsansatz konstituiert wird, der erhebliche Auswirkungen auf die materielle Rechtslage im Marktmissbrauchsrecht zeitigen würde. Sowohl die historischen Hintergründe als auch die Veränderungen im Einzelnen sind Gegenstand dieses Teils der Arbeit.

1. Kapitel: Die Neuerungen nach der Marktmissbrauchsverordnung

Zunächst soll die neue, nach Inkrafttreten der MMVO geltende Rechtslage betrachtet werden. Insbesondere ist zu untersuchen, inwiefern Abweichungen zum alten Recht bestehen respektive welche Neuerungen durch das 1. FiMaNoG in das deutsche Recht implementiert wurden.

§ 1 Die neue Rechtslage bei Marktmanipulation (Art. 15 i. V. m. Art. 12 MMVO)

A. Verwaltungsrechtliche Befugnisse und Sanktionen

I. Die Befugnisse der BaFin nach neuer Rechtslage

Die Mitgliedstaaten benennen eine Behörde, die für die Zwecke der MMVO zuständig ist (vgl. Art. 22 S. 1 MMVO). Gemäß Art. 22 S. 3 MMVO gewährleistet diese Behörde die Anwendung der Bestimmungen der Verordnung, auf alle in ihrem Hoheitsgebiet ausgeführten Handlungen und auf im Ausland ausgeführte Handlungen in Bezug auf die in Art. 22 S. 3 MMVO aufgeführten Instrumente. Diese Zuständigkeit liegt in Deutschland nach wie vor bei der BaFin (vgl. § 4 Abs. 3b WpHG).[449] Die einzelnen Aufgaben und Befugnisse der BaFin richten

449 Die europäische Wertpapier-und Marktaufsichtsbehörde (ESMA) ist dagegen nicht für die Aufsicht zuständig. Sie nimmt vielmehr Überwachungs- und

sich nach § 4 WpHG, der auf Art. 23 MMVO zurückgeht. Wie bereits nach bisheriger Rechtslage kann die BaFin auch weiterhin den Handel mit Finanzinstrumenten vorübergehend untersagen oder die Aussetzung des Handels anordnen (vgl. § 4 Abs. 2 S. 1 WpHG). Diese Anordnung kann sie nunmehr auch gegenüber einem öffentlich-rechtlichen Rechtsträger oder gegenüber einer Börse erlassen (vgl. § 4 Abs. 2 S. 3 WpHG). Auch kann die BaFin – wie bisher – von jedermann Auskünfte, die Vorlage von Unterlagen und die Überlassung von Kopien verlangen sowie Personen laden und vernehmen (vgl. § 4 Abs. 3 S. 1 WpHG). Insbesondere kann sich das Auskunftsverlangen auf Bestandsveränderungen in Finanzinstrumenten sowie auf Auskünfte über Vertragspartner erstrecken (vgl. § 4 Abs. 3 S. 2 WpHG). Gemäß § 4 Abs. 3c S. 1 WpHG kann die BaFin von einem Telekommunikationsbetreiber die Herausgabe von Verkehrsdaten verlangen, die sich in dessen Besitz befinden, soweit dies zur Erforschung von Sachverhalten hinsichtlich des Verbotes von Insidergeschäften und unrechtmäßiger Offenlegung von Insiderinformationen (Art. 14 MMVO) erforderlich ist. § 4 Abs. 3d S. 1 WpHG gewährt der BaFin die Befugnis, Aufzeichnungen von Telefongesprächen (Nr. 1), elektronischen Mitteilungen (Nr. 2) und Verkehrsdaten im Sinne des § 3 Nr. 30 des Telekommunikationsgesetzes zu verlangen.

Die BaFin kann zur Verhinderung weiterer Verstöße unter den Voraussetzungen des § 4 Abs. 3h WpHG für einen Zeitraum von bis zu zwei Jahren die Einstellung der den Verstoß begründenden Handlungen verlangen respektive einer natürlichen Person untersagen, Geschäfte für eigene Rechnung zu tätigen (vgl. § 4 Abs. 3i WpHG). Auch kann sie die Ausübung der Berufstätigkeit bei vorsätzlichem Verstoß untersagen (vgl. § 4 Abs. 3j WpHG). Des Weiteren ist sie – wie bisher – befugt, während der üblichen Arbeitszeit Grundstücke und Geschäftsräume der nach § 4 Abs. 3 WpHG auskunftspflichtigen Personen zu betreten (vgl. § 4 Abs. 4 S. 1 WpHG), was – soweit zur Verhütung von dringenden

---

Koordinierungstätigkeiten hinsichtlich der nationalen Aufsichtsbehörden ihrerseits, sowie den Erlass von technischen Durchführung-und Regulierungsstandards wahr (vgl. Art. 10, 15 ESMA-VO). Gemäß Art. 24 MMVO sind die nationalen Aufsichtsbehörden verpflichtet, mit der ESMA zu kooperieren und darüber hinaus die von der ESMA vorgegebenen Kooperationsvereinbarungen mit Drittstaaten abzuschließen, vgl. Art. 26 MMVO. Durch Leitlinien und Empfehlungen, die eine faktische Bindungswirkung entfalten (comply or explain) kommen ihr weitere Einflussmöglichkeiten zu (Art. 8 I b; 16 ESMA-VO), vgl. *Poelzig*, NZG 2016, 492 (492) m.w.N. Ein Überblick zur Entwicklung des Banken- und Kapitalmarktaufsichtsrechts in den Jahren 2015/2016 und insbesondere zur Rolle der BaFin findet sich bei *Gurlit*, WM 2016, 2053.

Gefahren für die öffentliche Sicherheit oder Ordnung erforderlich – auch ohne das Einverständnis der auskunftspflichtigen Personen möglich ist (vgl. § 4 Abs. 4 S. 2 WpHG). Darüber hinaus dürfen – wie bereits nach alter Rechtslage in Deutschland – Wohnräume betreten werden (vgl. § 4 Abs. 4a S. 1 WpHG). Des Weiteren dürfen die Bediensteten der BaFin Gegenstände sicherstellen (vgl. § 4 Abs. 4a S. 2 WpHG) respektive beschlagnahmen (vgl. § 4 Abs. 4a S. 3, 4 und Abs. 5 WpHG). Schließlich kann die BaFin die Beschlagnahme von Vermögenswerten beantragen (vgl. § 4 Abs. 4b S. 1 WpHG).

Die wohl prominenteste Neuerung des Marktmissbrauchsrechts ist § 40d WpHG. Danach ist die BaFin verpflichtet, Entscheidungen über Maßnahmen und Sanktionen unverzüglich nach Unterrichtung der natürlichen oder juristischen Person, gegen die die Maßnahme oder Sanktion verhängt wurde, auf ihrer Website zu veröffentlichen (sog. *naming and shaming*). Während die BaFin bislang ihre Entscheidungen gemäß § 40b WpHG a. F. nur ausnahmsweise bekannt machte,[450] besteht nunmehr eine Pflicht zur Bekanntmachung. In Erwägungsgrund 73 heißt es dazu:

> *Damit die Entscheidungen der zuständigen Behörden auf die allgemeine Öffentlichkeit abschreckend wirken, sollten sie im Normalfall veröffentlicht werden. Die Bekanntmachung von Entscheidungen ist auch ein wichtiges Instrument für die zuständigen Behörden zur Unterrichtung der Marktteilnehmer darüber, welches Verhalten als Verstoß gegen diese Verordnung betrachtet wird, sowie zur Förderung eines einwandfreien Verhaltens der Marktteilnehmer.*

Gemäß § 40d Abs. 1 S. 2 WpHG gilt dies nicht für Entscheidungen über Ermittlungsmaßnahmen. Nur ausnahmsweise kann die BaFin die Bekanntmachung der Identität der betroffenen juristischen oder natürlichen Person aufschieben (vgl. § 40d Abs. 3 Nr. 1 WpHG), die Bekanntmachung ohne Nennung der Identität vornehmen (vgl. § 40d Abs. 3 Nr. 2 WpHG) oder gänzlich auf die Bekanntmachung verzichten, wenn die Bekanntmachung der Identität unverhältnismäßig wäre oder laufende Ermittlungen respektive die Stabilität der Finanzmärkte gefährden würde. Richtet sich die Maßnahme gegen eine juristische Person, so sind die verantwortlichen Organe nicht in der Bekanntmachung zu nennen. Etwas anderes gilt nur dann, wenn sie selbst Adressat der Maßnahme sind.[451]

---

450 Vgl. zur geringen praktischen Relevanz des § 40b WpHG a.F. *Walla*, Die Konzeption der Kapitalmarktaufsicht in Deutschland, S. 124 f.

451 Vgl. die Gesetzesbegründung zu § 40c WpHG, Begr. RegE, BT-Drucks. 18/5010, S. 54; *Poelzig*, NZG 2016, 492 (500).

Auch bei nicht bestands- oder nicht rechtskräftigen Entscheidungen ist die BaFin dazu verpflichtet, diese zu veröffentlichen. Sie darf daher nicht abwarten, bis die Entscheidung unanfechtbar geworden ist. Sie hat der Bekanntmachung lediglich einen entsprechenden Hinweis hinzuzufügen (vgl. § 40d Abs. 4 S. 1 WpHG). Ebenso hat ein Hinweis zu erfolgen, wenn gegen die bekanntzumachende Entscheidung ein Rechtsbehelf eingelegt wird (vgl. § 40d Abs. 4 S. 2 WpHG). Die Bekanntmachung ist nach fünf Jahren zu löschen (vgl. § 40d Abs. 5 S. 2 WpHG). Personenbezogene Daten sind zu löschen, sobald ihre Bekanntmachung nicht mehr erforderlich ist (vgl. § 40d Abs. 5 S. 2 WpHG).

II. Bußgelder

§ 39 Abs. 3d Nr. 2 WpHG erfasst Verstöße gegen das Marktmanipulationsverbot nach Art. 15 i. V. m. Art. 12 Abs. 1a – d MMVO. Voraussetzung hierfür ist, dass der Verstoß mindestens leichtfertig begangen wurde. Leichtfertiges Verhalten liegt dann vor, wenn die gebotene Sorgfalt in einem außergewöhnlich hohen Maße außer Acht gelassen wurde.[452] Gemäß § 39 Abs. 4a WpHG kann Marktmanipulation mit einer Geldbuße von bis zu 5 Millionen Euro geahndet werden, wenn sie von natürlichen Personen begangen wurde. Gegenüber einer juristischen Person oder Personenvereinigung kann gemäß § 39 Abs. 4a S. 2 Nr. 1 WpHG eine Geldbuße von maximal 15 Millionen Euro oder wahlweise[453] 15 % des Gesamtumsatzes, den die juristische Person oder Personenvereinigung im vorausgegangenen Geschäftsjahr erzielt hat, verhängt werden.[454]

Schließlich kann bei Marktmanipulation eine Geldbuße von bis zu dem Dreifachen des aus dem Verstoß gezogenen wirtschaftlichen Vorteils auferlegt werden (vgl. § 39 Abs. 4a S. 3 WpHG).[455] Dabei umfasst der wirtschaftliche Vorteil

452 Vgl. statt aller *Schwark/Kruse*, in: Schwark/Zimmer, KmRK, § 14 Rn. 68.

453 Vgl. dazu *Poelzig*, NZG 2016, 492 (498) m.w.N.

454 In Anlehnung an das Kartellrecht wird unter dem jährlichen Gesamtumsatz der Konzernumsatz verstanden (vgl. Art. 39 Abs. 5 S. 2 WpHG respektive Art. 30 Abs. 2 S. 1 lit. j, S. 3 MMVO). Ähnlich wie im Kartellrecht stellt sich auch mit Blick auf § 39 Absatz 4a S. 2 WpHG die Frage, ob es sich hierbei um eine Kappungsgrenze bei einem ansonsten nach oben offenen Bußgeldrahmen oder um eine Obergrenze des Bußgeldrahmens handelt. Die besseren Argumente, insbesondere Erwägungsgrund 71 MMVO, der von einer „Obergrenze" spricht, streiten für eine Einordnung als Obergrenze des Bußgeldrahmens, zum Ganzen *Poelzig*, NZG 2016, 492 (498 f.).

455 Zu berücksichtigen sind bei der Bemessung der Höhe des jeweiligen Bußgeldes sind gem. Art. 31 Abs. 1 MMVO die Schwere und Dauer des Verstoßes (a), der Grad an Verantwortung (b), die Finanzkraft (c), die Höhe der von der für den Verstoß verantwortlichen Person erzielten Gewinne oder vermiedenen Verluste (d), das Ausmaß

alle erzielten Gewinne und vermiedenen Verluste, die durch die marktmanipulierende Handlung entstanden sind. Die Höhe der Gewinne respektive Verluste darf geschätzt werden (vgl. § 39 Abs. 4a S. 4 WpHG a. E). Wie bei allen straf- und verwaltungsrechtlichen Sanktionen wollte der Gesetzgeber auch mit dieser Regelung die Abschreckungswirkung erhöhen. Marktmanipulation soll sich nicht mehr lohnen. Eine einfache Vorteilsabschöpfung wie bisher (vgl. § 17 Abs. 4 OWiG) sah der Verordnungsgeber vor diesem Hintergrund als nicht ausreichend an.[456] Von der Möglichkeit, Gewinne unabhängig von einem Bußgeldverfahren einziehen zu können, wie es Art. 30 Abs. 2b MMVO vorsieht, hat der deutsche Gesetzgeber im Rahmen des 1. FiMaNoG keinen Gebrauch gemacht.

B. Strafrechtliche Sanktionen

Gemäß § 38 Abs. 1 Abs. 1 Nr. 1 WpHG in Verbindung mit § 39 Abs. 2 Nr. 3 WpHG wird Marktmanipulation mit einer Freiheitsstrafe von bis zu 5 Jahren oder mit einer Geldstrafe sanktioniert, wenn die Handlung vorsätzlich begangen wird und durch die Handlung auf einen der in § 38 WpHG genannten Preise eingewirkt wird. Der Einwirkungserfolg muss sich – unter anderem – auf den inländischen Börsen- oder Marktpreis eines Finanzinstruments (lit. a), den Preis einer Ware im Sinne des § 2 Abs. 2c, einer Emissionsberechtigung oder eines ausländischen Zahlungsmittels im Sinne des § 51 BörsG (lit. c) oder auf die Berechnung eines Referenzwertes (lit. d) beziehen.[457]

Mit einer Freiheitsstrafe von 1 Jahr bis zu 10 Jahren wird nunmehr nach § 38 Abs. 5 WpHG bestraft, wer gewerbsmäßig oder als Mitglied einer Bande handelt (Nr. 1) oder in Ausführung seiner Tätigkeit für eine inländische Finanzaufsichtsbehörde, ein Wertpapierdienstleistungsunternehmen, eine Börse oder einen Betreiber eines Handelsplatzes handelt (Nr. 2).

Von der Möglichkeit, weitere Sanktionen vorzusehen (zum Beispiel den Ausschluss von öffentlichen Zuwendungen, die Unterstellung unter richterliche Aufsicht oder die Schließung von Einrichtungen, vgl. Art. 9 CRIM-MAD) hat der deutsche Gesetzgeber im Rahmen des 1. FiMaNoG abgesehen.[458]

---

der Zusammenarbeit des Verantwortlichen mit der zuständigen Behörde (e), frühere Verstöße (f) und Maßnahmen, die vom Verantwortlichen ergriffen wurden, um zu verhindern, dass sich der Verstoß wiederholt (g).

456 *Poelzig*, NZG 2016, 492 (499).

457 Letzteres ist vor allem eine Reaktion auf die Libor Manipulationen.

458 Gesetzentwurf Erstes Finanzmarktnovellierungsgesetz, BT-Drucks. 18/7482, S. 78.

C. *Zivilrechtliche Rechtsfolgen*

Die MMVO und die CRIM-MAD beschränken sich hinsichtlich der Marktmanipulation ausschließlich auf die Einführung beziehungsweise Verschärfung von strafrechtlichen und verwaltungsrechtlichen Sanktionen. Zivilrechtliche Sanktionen sind nicht vorgesehen.

D. *Sonstige Neuerungen*

I. *Beteiligung der Marktteilnehmer sonstiger Wirtschaftsakteure*

Das Gegenstück zu den Befugnissen der BaFin sind die zahlreichen Pflichten der Marktteilnehmer, die einen stärkeren Beitrag zur Marktintegrität leisten sollen.[459] So müssen die Marktteilnehmer gemäß § 4 Abs. 3 WpHG generell alle Auskünfte erteilen respektive Unterlagen zur Verfügung stellen, wenn dies zur Einhaltung des WpHG oder der MMVO erforderlich ist. Daneben bestehen einzeln aufgeführte Pflichten zur Mitteilung von Verstößen (vgl. Art. 16 Abs. 1, 2 MMVO). Wie bisher bestehen zahlreiche Meldepflichten (vgl. § 9 WpHG und Art. 4 MMVO), durch die mehr Transparenz geschaffen werden soll.[460] Zudem bestehen zahlreiche Aufzeichnungspflichten (vgl. Art. 11 Abs. 5 MMVO) und Aufbewahrungspflichten hinsichtlich dieser Aufzeichnungen (vgl. Art. 11 Abs. 8 MMVO). Auch – unter anderem schriftliche – Erläuterungspflichten können den Emittenten treffen, etwa wenn er die Offenlegung von Insiderinformationen aufschieben will (vgl. Art. 17 Abs. 4 MMVO). Betreiber von Handelsplätzen und Personen, die gewerbliche Geschäfte vermitteln oder ausführen, sind darüber hinaus verpflichtet, ein Compliance-System einzurichten, um Marktmissbrauch zu verhindern (vgl. Art. 16 Abs. 1, Abs. 2 S. 1 MMVO, dazu Erwägungsgrund 45 MMVO).

II. *Das Whistleblowing*

Seit dem Bekanntwerden des behördlichen Ankaufs von CDs mit Daten über (mutmaßliche) Steuerhinterzieher in der Schweiz, spätestens aber durch die Enthüllungen von Edward Snowden zu den weltweiten Abhörmaßnahmen der *National Security Agency* (NSA) ist das Whistleblowing in den Fokus der deutschen Öffentlichkeit geraten. Whistleblowing, das in den USA eine 150-jährige Rechtstradition aufweist und in Deutschland bereits im Arbeits-[461] und im

459 Vgl. Erwägungsgrund 63 MMVO.

460 Vgl. Erwägungsgrund 9 MMVO.

461 Vgl. *Paschke/Jessen*, RdTW 2015, 1 (5) m.w.N.

Kartellrecht[462] Einzug gehalten hat, soll nunmehr auch Kapitalmarktrecht helfen, Verstöße gegen Rechtsnormen von innen heraus aufzudecken.[463] Gemäß Art. 32 Abs. 1 MMVO haben die Mitgliedstaaten dafür Sorge zu tragen, dass die zuständigen Behörden wirksame Mechanismen schaffen, um die Meldung tatsächlicher oder möglicher Verstöße gegen die Marktmissbrauchsverordnung durch (unternehmensinterne) Informanten zu ermöglichen. Offensichtlich inspiriert von der US-amerikanischen Rechtslage[464] soll es ein solches Whistleblowing nunmehr auch in Europa und damit auch in Deutschland geben. Durch die Mitteilung neuer Erkenntnisse soll die Aufdeckung von Marktmissbrauch respektive die Verhängung von Sanktionen unterstützt werden. In Erwägungsgrund 74 MMVO heißt es dazu:

> *Bei Furcht vor Vergeltung oder beim Fehlen von Anreizen können Hinweise von Informanten jedoch unterbleiben. Daher sollten angemessene Vorkehrungen getroffen werden, um Informanten zur Unterrichtung der zuständigen Behörden über mögliche Verstöße gegen diese Verordnung zu befähigen und sie vor Vergeltungsmaßnahmen zu schützen.*

Gemäß Erwägungsgrund 74 MMVO kommen dem Whistleblowing zwei unterschiedliche Funktionen zu: Auf der einen Seite sollen insbesondere das Recht auf Schutz personenbezogener Daten, das Recht auf Verteidigung und das Recht auf Anhörung angemessenen Schutz erfahren, um arbeits- oder strafrechtliche Vergeltungsmaßnahmen auszuschließen. Dem Informant soll damit die Angst genommen werden, die jeweiligen Informationen an die zuständige Behörde weiterzugeben. Daneben sollen finanzielle Anreize geschaffen werden, um den Informant zur Preisgabe der Information zu motivieren. Diese sollen jedoch nur dann dem jeweiligen Informant zugutekommen, wenn dieser Informationen mitteilt, zu deren Meldung er nicht ohnehin per Gesetz verpflichtet ist.

Der deutsche Gesetzgeber verpflichtet vor diesem Hintergrund die BaFin, ein System zur Annahme von Meldungen über potenzielle oder tatsächliche Gesetzesverstöße zu errichten (vgl. § 4d FinDAG). Um mögliche Vergeltungsmaßnahmen auszuschließen, können die Meldungen von den Hinweisgebern anonym abgegeben werden (vgl. § 4d Abs. 1 S. 2 FinDAG). Zudem ist es der

---

462 Vgl. *Paschke/Jessen*, RdTW 2015, 1 (5 f.) m.w.N.

463 Ein Überblick hierzu findet sich bei *Paschke/Jessen*, RdTW 2015, 1.

464 Dort hatte der Gesetzgeber im Jahre 2010 im Rahmen des Dodd-Frank Acts sein Belohnungssystem nochmals ausgeweitet, vgl. Dodd-Frank Wall Street Reform and Consumer Protection Act of 2010, Public Law 111–203. Anlass war wohl das „Schneeballsystem" von Bernhard Madoff, vgl. dazu *Fleischer/Schmolke*, NZG 2012, 361 (363) m.w.N.

BaFin nicht gestattet, die Identität des Hinweisgebers ohne dessen ausdrückliche Zustimmung bekanntzugeben (vgl. § 4d Abs. 3 S. 1 FinDAG). Auch die Identität der Person, die Gegenstand des Hinweises ist, darf nicht preisgegeben werden (vgl. § 4d Abs. 3 S. 2 FinDAG). Ausnahmen hiervon dürfen nur aufgrund eines Gesetzes oder Gerichtsbeschlusses gemacht werden (vgl. § 4d Abs. 3 S. 3 FinDAG). Auch der Jahresbericht der BaFin darf keine Rückschlüsse auf die beteiligten Personen oder Unternehmen zulassen (vgl. § 4d Abs. 4 S. 2 FinDAG).

§ 4d Abs. 6 FinDAG ordnet darüber hinaus an, dass die Hinweisgeber weder nach arbeitsrechtlichen noch nach strafrechtlichen Vorschriften verantwortlich gemacht werden dürfen. Auch Schadensersatzansprüche gegen sie sind ausgeschlossen. Eine Ausnahme gilt nur für Fälle vorsätzlicher oder grob fahrlässiger Falschmeldung (vgl. § 4d Abs. 6 FinDAG). Ergänzend bestimmt § 4d Abs. 7 FinDAG, dass hiervon nicht durch vertragliche Vereinbarung abgewichen werden kann. Dieser Schutz kommt allerdings nur Mitarbeitern der von der BaFin beaufsichtigten Unternehmen zu (vgl. § 4d Abs. 6 FinDAG). Schließlich stellt § 4d Abs. 8 FinDAG klar, dass die Anhörungsrechte gemäß §§ 28 und 29 VwVfG nicht eingeschränkt werden.

Der deutsche Gesetzgeber belässt es dabei bei den Mindestvorgaben des Art. 32 Abs. 1 MMVO. Finanzielle Anreize werden den Hinweisgebern gesetzlich nicht gewährt, wohl auch aufgrund der im Schrifttum vertretenen Ansicht, dass solche finanziellen Anreize zu rechtsmissbräuchlichen Meldungen führen würden.[465] Auch auf weitergehende Anreize wie beispielsweise eine dem Kartellrecht entsprechende Kronzeugenregelung wurde verzichtet.[466]

§ 2 Die neue Rechtslage beim Insiderhandel

Auch die Sanktionen bezüglich des Insiderhandels wurden vielfach erweitert.

A. Verwaltungsrechtliche Befugnisse und Sanktionen

Hinsichtlich der Aufsichts- und Ermittlungsbefugnisse gilt das oben[467] zur Marktmanipulation Gesagte.

Mit einer Geldbuße wird belegt, wer (leichtfertig) ein verbotenes Insidergeschäft tätigt (vgl. § 39 Abs. 3b WpHG in Verbindung mit § 38 Abs. 3 Nr. 1–3 WpHG). Gemäß § 39 Abs. 4a WpHG kann Insiderhandel mit einer Geldbuße von bis von zu fünf Millionen Euro geahndet werden, wenn sie von natürlichen

465 Vgl. *Fleischer/Schmolke*, NZG 2012, 361 m.w.N.

466 Dazu *Poelzig*, NZG 2016, 492 (495) m.w.N.

467 Vgl. oben Dritter Teil, 1. Kapitel, § 1 A. I.

Personen begangen wurde. Gegenüber einer juristischen Person oder Personenvereinigung kann gemäß § 39 Abs. 4a S. 2 Nr. 1 WpHG eine Geldbuße von maximal 15 Millionen Euro oder wahlweise[468] 15 % des Gesamtumsatzes, den die juristische Person oder Personenvereinigung im vorausgegangenen Geschäftsjahr erzielt hat, verhängt werden. In Anlehnung an das Kartellrecht wird unter dem jährlichen Gesamtumsatz der Konzernumsatz verstanden (vgl. § 39 Abs. 5 S. 2 WpHG respektive Art. 30 Abs. 2 S. 1j, S. 3 MMVO).

B. Strafrechtliche Sanktionen

Gemäß § 38 Abs. 3 WpHG wird mit einer Freiheitsstrafe von bis zu fünf Jahren oder einer Geldstrafe sanktioniert, wer entgegen § 14a WpHG ein Insidergeschäft tätigt (Nr. 1), entgegen § 14b WpHG einem Dritten empfiehlt, ein Insidergeschäft zu tätigen, oder einen Dritten dazu anstiftet (Nr. 2) oder schließlich entgegen § 14c WpHG eine Insiderinformation offenlegt (Nr. 3). Hier liegt der Strafrahmen damit höher als von Art. 7 Abs. 3 CRIM-MAD gefordert.

Der wichtigste Unterschied zur bisherigen Rechtslage ist wohl das Wegfallen der Differenzierung zwischen Primär- und Sekundärinsidern. So machen sich nunmehr auch Sekundärinsider strafbar, sofern sie eine der in § 38 Abs. 3 WpHG unter Strafe gestellten Handlungen vornehmen. Nach dem Wortlaut des § 38 Abs. 3 WpHG ist nicht erforderlich, dass die Handlung vorsätzlich erfolgt. Allerdings wird man auch hinsichtlich des Insiderhandels ein Vorsatzerfordernis annehmen müssen.[469] Gemäß § 38 Abs. 4 WpHG ist auch hinsichtlich des verbotenen Insiderhandels der Versuch strafbar.

C. Zivilrechtliche Rechtsfolgen

Die MMVO und die CRIM-MAD beschränken sich hinsichtlich des Insiderhandels ausschließlich auf die Einführung respektive Verschärfung von strafrechtlichen und verwaltungsrechtlichen Sanktionen. Zivilrechtliche Sanktionen sind nicht vorgesehen.

---

468 Vgl. dazu *Poelzig*, NZG 2016, 492 (498) m.w.N.

469 Siehe dazu *Poelzig*, NZG 2016, 492 (496) m.w.N.

§ 3 Die neue Rechtslage bei Verstößen gegen die Ad-hoc-Mitteilungspflicht

A. *Verwaltungsrechtliche Befugnisse und Sanktionen*

Hinsichtlich der Aufsichts- und Ermittlungsbefugnisse gilt das oben[470] zur Marktmanipulation Gesagte.

Gemäß § 39 Abs. 3d Nr. 6–11 WpHG wird mit Geldbuße belegt, wer vorsätzlich oder leicht fahrlässig gegen die Ad-hoc-Publizitätspflicht verstößt. Gemäß § 39 Abs. 4a WpHG kann ein Verstoß gegen die Ad-hoc-Publizitätspflicht mit einer Geldbuße von bis zu 1 Million Euro geahndet werden, wenn er von natürlichen Personen begangen wurde. Gegenüber einer juristischen Person oder Personenvereinigung kann gemäß § 39 Abs. 4a S. 2 Nr. 1 WpHG eine Geldbuße von maximal 2,5 Millionen Euro oder wahlweise[471] 2 % des Gesamtumsatzes, den die juristische Person oder Personenvereinigung im vorausgegangenen Geschäftsjahr erzielt hat, verhängt werden.

B. *Strafrechtliche Sanktionen*

Strafrechtliche Sanktionen hinsichtlich eines Verstoßes gegen die Ad-hoc-Publizitätspflicht sind nach der CRIM-MAD nicht vorgesehen.

C. *Zivilrechtliche Rechtsfolgen*

Zivilrechtliche Sanktionen sieht die MMVO hinsichtlich eines Verstoßes gegen die Ad-hoc-Publizitätspflicht nicht vor. Da das 1. FiMaNoG weiterhin an der zivilrechtlichen Haftung für unterlassene beziehungsweise fehlerhafte Ad-hoc-Mitteilungen festhält, wurde insoweit eine redaktionelle Anpassung des § 37c WpHG vorgenommen, der nunmehr auf Art. 17 MMVO verweist und nicht mehr – wie bisher – auf § 15 WpHG a. F.

§ 4 Zusammenfassung

Die Erweiterung des Anwendungsbereichs der MMVO hat für Emittenten, deren Finanzinstrumente im Freiverkehr (sog. *open market*) gehandelt werden, die Konsequenz, dass sie nunmehr auch zur Ad-hoc-Publizität verpflichtet

---

470 Vgl. oben Dritter Teil, 1. Kapitel, § 1 A. I.

471 Vgl. dazu *Poelzig*, NZG 2016, 492 (498) m.w.N.

sind.[472] Weiterhin gilt für sie das Verbot von Insiderhandel und Marktmanipulation. Der verwaltungsrechtliche Maßnahmenkatalog der BaFin ist etwas weiter ausgestaltet, als es bisher der Fall war. So kann sie Untersagungsverfügungen erlassen und erzielte Gewinne einziehen. Außerdem ist sie befugt, die Zulassung eines Wertpapierunternehmens auszusetzen respektive zu widerrufen und bestimmten Personen die Übernahme von Führungsaufgaben in einem Wertpapierunternehmen zu untersagen und Eigengeschäfte zu verbieten. Insbesondere kann sie auch Handelsverbote verhängen.

Grundsätzlich hat die BaFin schließlich sämtliche Maßnahmen oder Sanktionen gegen Marktteilnehmer auf ihrer Website zu veröffentlichen. Neu sind auch zahlreiche Vorschriften, die das Whistleblowing erleichtern sollen. Insofern versucht der Verordnungsgeber, potenzielle Informanten vor Vergeltungsmaßnahmen – vor allem im arbeitsrechtlichen Bereich – zu schützen.

Der Bußgeldrahmen für Verstöße gegen die Marktmissbrauchsvorschriften wurde drastisch erhöht. Bei natürlichen Personen beträgt er nunmehr bis zu 5 Millionen Euro für Verstöße gegen Insiderhandelsverbote und das Verbot der Marktmanipulation. Bei der Verletzung der Ad-hoc-Publizitätspflicht beträgt das Bußgeld 1 Million Euro. Noch schärfer sind die Bußgeldvorschriften bei Verletzung durch juristische Personen. Hier können Geldbußen von bis zu 15 Millionen Euro oder 15 % des Jahresumsatzes für Verstöße gegen die Insiderhandelsverbote und das Verbot der Marktmanipulation verhängt werden. Geldbußen von bis zu 2,5 Millionen Euro oder 2 % des Jahresumsatzes können bei Verletzung der Ad-hoc-Publizitätspflicht verhängt werden.

Weitergehende Regelungen wie etwa eine Kronzeugenregelung entsprechend dem Kartellrecht oder die Einführung eines Unternehmensstrafrechts finden sich nicht in der MMVO. Von entscheidender Bedeutung ist der Umstand, dass die MMVO keine zivilrechtlichen Sanktionen vorsieht. Die Konstituierung dieser Sanktionsart bleibt damit den Mitgliedstaaten überlassen.

2. Kapitel: Die Rechtsprechung des EuGH zum Lauterkeitsrecht

Die fehlende Konstituierung zivilrechtlicher Ansprüche durch die MMVO hat einige Autoren in der Literatur dazu bewogen, eine EuGH-Rechtsprechung hinsichtlich des Wettbewerbsrechts auf das Kapitalmarktrecht zu übertragen. Das

472 Daneben sind diese Emittenten nunmehr auch zu der Mitteilung von Directors' Dealings (Art. 19 Abs. 4 MMVO) und zum Führen von Insiderverzeichnissen (Art. 18 Abs. 7 MMVO) verpflichtet.

bisherige System der Normdurchsetzung würde dadurch um einen grundlegenden Gedanken erweitert: die Subjektivierung des Einzelnen zugunsten einer effektiveren Durchsetzung der europäischen Regelungen. Die Herkunft dieser Rechtsprechung soll im Folgenden dargestellt werden und im Anschluss daran überprüft werden, ob die in anderem Zusammenhang entwickelten Maßstäbe auf die Fallgestaltungen des Kapitalmarktrechts übertragen werden können. Daran anknüpfend soll erörtert werden, welche Folgen eine mögliche Übertragung der Rechtsprechungsgedanken für das deutsche Rechtssystem im Allgemeinen hätte.

§ 1 Die Rechtsprechung des EuGH zum Kartell- und Lauterkeitsrecht

Um die Tragweite der EuGH-Rechtsprechung zu verstehen, sollen die der Rechtsprechung des EuGH zugrunde liegenden Fälle, in denen das Gericht seine hier interessierende Rechtsprechung entwickelt hat, in ihrem historischen Kontext betrachtet und dieser in der gebotenen Kürze dargestellt werden.

A. *Francovich*

Das *Francovich*-Urteil des EuGH[473] kann man guten Gewissens als Meilenstein der Rechtsprechungsgeschichte des EuGH bezeichnen. Gegenstand der EuGH-Entscheidung war eine europäische Richtlinie (RL 80/987), die den Arbeitnehmern auf Unionsebene einen Mindestschutz bei Zahlungsunfähigkeit des Arbeitgebers garantieren sollte. Italien, das seiner Verpflichtung zur Umsetzung der Richtlinie nicht nachkam, wurde von einem Arbeitnehmer auf Ersatz des ihm entstandenen Schadens verklagt. Der Arbeitnehmer war mit seiner Lohnfortzahlungsklage zwar erfolgreich, eine Vollstreckung mangels Masse des in Konkurs gegangenen Unternehmens jedoch gescheitert.[474]

Noch im Jahr 1981 hatte der EuGH geurteilt, dass der EG-Vertrag „nicht zusätzlich zu den nach nationalem Recht bereits bestehenden Rechtswegbehelfen neue Klagemöglichkeiten zur Wahrnehmung des Gemeinschaftsrechts vor den nationalen Gerichten schaffen wollte."[475] Diese Rechtsprechung hat der EuGH in seiner *Francovich*-Entscheidung aufgegeben. Die Haftung des Staates für Schäden, die dem Einzelnen durch Verstöße des Staates gegen das Gemeinschaftsrecht entstanden sind, wurzele in dem Wesen der mit dem EG-Vertrag geschaffenen

473 EuGH, Rs. C-6/90, Slg. 1991, I-5357 = NJW 1992, 165 – Francovich.
474 EuGH, Rs. C-6/90, Slg. 1991, I-5357 = NJW 1992, 165 (165) – Francovich.
475 EuGH, Rs. 158/80, Slg. 1981, 1805 Rn. 44 = NJW 1981, 1886 u. 2633 – Butterfahrten.

Rechtsordnung.[476] Die Mitgliedstaaten hätten mit den europäischen Verträgen eine eigene Rechtsordnung geschaffen, deren Rechtssubjekte nicht nur die Mitgliedstaaten seien, sondern auch jeder Einzelne. Das Unionsrecht wolle nicht nur Pflichten auferlegen, sondern den einzelnen Rechtssubjekten auch Rechte verleihen.[477]

Von entscheidender Bedeutung sind die darauf folgenden Aussagen des EuGH:

> *Die volle Wirksamkeit der gemeinschaftsrechtlichen Bestimmungen wäre beeinträchtigt und der Schutz der durch sie begründeten Rechte gemindert, wenn die einzelnen nicht die Möglichkeit hätten, für den Fall eine Entschädigung zu erlangen, daß ihre Rechte durch einen Verstoß gegen das Gemeinschaftsrecht verletzt werden, der einem Mitgliedstaat zuzurechnen ist. [...]*
>
> *Verstößt ein Mitgliedstaat wie im vorliegenden Fall gegen seine Verpflichtung aus Art. 189 III EWGV, alle erforderlichen Maßnahmen zur Erreichung des durch eine Richtlinie vorgeschriebenen Ziels zu erlassen, so verlangt die volle Wirksamkeit dieser gemeinschaftsrechtlichen Regelung einen Entschädigungsanspruch, wenn drei Voraussetzungen erfüllt sind.*
>
> *Erstens muß das durch die Richtlinie vorgeschriebene Ziel die Verleihung von Rechten an einzelne beinhalten. Zweitens muß der Inhalt dieser Rechte auf der Grundlage der Richtlinie bestimmt werden können. Drittens muß ein Kausalzusammenhang zwischen dem Verstoß gegen die dem Staat auferlegte Verpflichtung und dem den Geschädigten entstandenen Schaden bestehen.*
>
> *Diese Voraussetzungen reichen aus, um den einzelnen einen Anspruch auf Entschädigung zu geben, der unmittelbar im Gemeinschaftsrecht begründet ist.*[478]

Der EuGH stellt damit klar, dass Schadensersatzansprüche nicht nur dann zu gewähren sind, wenn sie ausdrücklich vorgesehen sind, sondern auch dann, wenn sie zur Wahrung der allgemeinen Bestimmungen des Unionsrechts geboten sind, um die volle Wirkung dieser Bestimmungen zu gewährleisten.[479]

B. Courage

Wegweisend – und für die vorliegende Arbeit von besonderer Bedeutung – war sodann die *Courage*-Entscheidung des EuGH. Gegenstand des der Vorlagefrage zugrunde liegenden Rechtsstreits vom 20. September 2001 war die Klage einer

---

476 EuGH, Rs. C-6/90, Slg. 1991, I-5357 = NJW 1992, 165 (166 f.) – Francovich.
477 EuGH, Rs. C-6/90, Slg. 1991, I-5357 = NJW 1992, 165 (166 f.) – Francovich.
478 EuGH, Rs. C-6/90, Slg. 1991, I-5357 = NJW 1992, 165 (167) – Francovich.
479 EuGH, Rs. C-6/90, Slg. 1991, I-5357 = NJW 1992, 165 (167) – Francovich.

englischen Brauerei (*Courage Ltd.*) gegen einen Schankwirt (*Crehan*) auf Zahlung noch offener Rechnungen aus einem Bierlieferungsvertrag. Auf der Grundlage dieses Vertrages war der Schankwirt als Pächter der Brauerei verpflichtet, allein von dieser sein Bier zu beziehen. Der beklagte Schankwirt trat dieser Klage mit der Begründung entgegen, die Bezugsverpflichtung verstoße gegen Wettbewerbsrecht, weil andere, von der Brauerei unabhängige Schankwirte ihr Bier zu wesentlich niedrigeren Preisen beziehen könnten. Daher sei der Vertrag nichtig. Im Wege der Widerklage verlangte er Schadensersatz, weil er aufgrund der Preisunterschiede im Vergleich zu anderen Pächtern weniger verdiene.[480]

Die Besonderheit dieses Falls liegt darin, dass nach damaligem englischen Recht die Partei eines rechtswidrigen Vertrages von der anderen Vertragspartei keinen Schadensersatz verlangen konnte, weil ein solcher Anspruch nicht vorgesehen war.[481] Verstöße durch wettbewerbsverzerrende Verhaltensweisen wurden durch administrative Normdurchsetzung zu verhindern versucht. Deswegen sah sich der *Court of Appeal* veranlasst, die Frage dem EuGH zur Vorabentscheidung vorzulegen. Das englische Gericht wollte wissen, ob es mit dem Gemeinschaftsrecht vereinbar sei, dass dem Schankwirt aufgrund des nichtigen Vertrages kein Schadensersatzanspruch zusteht.

Der EuGH entschied, dass jedermann befugt sein müsse, den Ersatz des Schadens zu verlangen, der durch den Abschluss eines gegen die Wettbewerbsregeln und damit gegen Gemeinschaftsrecht verstoßenden Vertrages entstanden ist. Wörtlich führte er aus:

> *Die volle Wirksamkeit des Art. 85 EGV und insbesondere die praktische Wirksamkeit des in Art. 85 Abs. 1 EGV ausgesprochenen Verbots wären beeinträchtigt, wenn nicht jedermann Ersatz des Schadens verlangen könnte, der durch einen Vertrag, der den Wettbewerb beschränken oder verfälschen kann, oder durch ein entsprechendes Verhalten entstanden ist.*[482]

Der EuGH begründete seine Entscheidung damit, dass Art. 85 EGV a.F. als grundlegende Bestimmungen des Unionsrechts „in den Beziehungen zwischen Einzelnen unmittelbare Wirkungen erzeugen und unmittelbar in deren Person Rechte entstehen lassen".[483] Daher sei für einen effektiven Schutz dieser Rechte – neben den bereits existierenden staatlichen Sanktionen – die Schaffung eines Schadensersatzanspruchs nach nationalem (Privat-)Recht notwendig. Insofern erinnert die Entscheidung an das *Francovich*-Urteil, allein mit dem Unterschied, dass es dort

480 EuGH, Rs. C-453/99, Slg. 2001, I-6297 = EuZW 2001, 715 – Courage.
481 *Weyer*, GRUR Int 2002, 57 (57 ff.).
482 EuGH, Rs. C-453/99, Slg. 2001, I-6297 = EuZW 2001, 715 Rn. 26 – Courage.
483 EuGH, Rs. C-453/99, Slg. 2001, I-6297 = EuZW 2001, 715 Rn. 23 – Courage.

um Ansprüche gegen den Staat ging, während es nun um die Ansprüche für Schäden geht, die dem Einzelnen durch Unternehmen entstanden sind.[484]

Weiter führte der EuGH aus, dass ein solcher zivilrechtlicher Schadensersatzanspruch die Durchsetzungskraft der gemeinschaftlichen Wettbewerbsregeln erhöhe und deshalb geeignet sei, von oft verschleierten Vereinbarungen oder Verhaltensweisen abzuhalten, die den Wettbewerb beschränken oder verfälschen.[485] Nach Ansicht des EuGH ist es Aufgabe der Mitgliedstaaten, diesen Anspruch so auszugestalten, dass er den Vorgaben des Äquivalenz-[486] sowie des Effektivitätsgrundsatzes genügt.[487] Ausnahmen seien nur dann zu machen, wenn der Schutz der gemeinschaftsrechtlich gewährleisteten Rechte zu einer ungerechtfertigten Bereicherung des Anspruchsberechtigten führen oder eine Vertragspartei begünstigen würde, die erhebliche Verantwortung für den Rechtsverstoß trägt.[488]

C. *Manfredi*

In der Rechtssache *Manfredi* bestätigte der EuGH diese Rechtsauffassung.[489] Inhaltlich ging es um die Schadensersatzklage eines Versicherten (*Manfredi*) gegen dessen Versicherungsgesellschaft (*Lloyd Adriatico Assicurazioni SpA*) auf Rückzahlung von Prämienerhöhungen. Diese Prämienaufschläge waren von dem Kläger aufgrund von Absprachen gezahlt worden, die das Versicherungsunternehmen im Rahmen eines Kartells mit anderen Versicherungsunternehmen vereinbart hatte.

Der EuGH verwies im Wesentlichen auf seine Erwägung in der Rechtssache *Courage*. Darüber hinaus stellte er fest, dass die Ausgestaltung von Rechtsbehelfsverfahren und die Bestimmung der zuständigen Gerichte Aufgaben des innerstaatlichen Rechts des einzelnen Mitgliedsstaates seien, wenn eine einschlägige Gemeinschaftsregelung fehlt. So sei es beispielsweise Aufgabe des nationalen Rechts, zu bestimmen, wann ein „ursächlicher Zusammenhang" zwischen dem Rechtsverstoß und dem entstandenen Schaden besteht. Die Ausgestaltung

---

484 So auch *Nowak*, EuZW 2001, 715 (718).

485 EuGH, Rs. C-453/99, Slg. 2001, I-6297 = EuZW 2001, 715 Rn. 27 – Courage.

486 Art. 4 Abs. 3 EUV verbietet es, bei der Anwendung nationalen Rechts zur Durchführung des Unionsrechts Unterschiede gegenüber Verfahren zu machen, in denen über gleichartige, aber rein national bestimmte Sachverhalte entschieden wird (sog. Äquivalenzgrundsatz).

487 EuGH, Rs. C-453/99, Slg. 2001, I-6297 = EuZW 2001, 715 Rn. 29 – Courage.

488 EuGH, Rs. C-453/99, Slg. 2001, I-6297 = EuZW 2001, 715 Rn. 30 ff. – Courage.

489 EuGH, Rs. C-295/04 bis C-298/04, Slg. 2006, I-6619 = EuZW 2006, 529 Rn. 58 ff. – Manfredi.

des Schadensersatzverfahrens habe durch das innerstaatliche Recht wiederum anhand des Äquivalenz- und des Effektivitätsgrundsatzes zu erfolgen.[490] Vor diesem Hintergrund solle der Geschädigte vollständigen Ersatz seines Schadens verlangen können, der nicht nur den positiven Schaden, sondern auch den entgangenen Gewinn und die Zahlung von Zinsen umfasst.[491]

D. Muñoz

In seiner *Muñoz*-Entscheidung wies der EuGH schließlich darauf hin, dass die Beachtung von Normen auch in einem Zivilprozess durchgesetzt werden kann, den ein Wirtschaftsteilnehmer gegen einen Konkurrenten anstrengt. Dabei ging es um Verordnungen über eine gemeinsame Marktorganisation für Obst und Gemüse. Die Kläger (*Antonio Muñoz y Cia SA* und *Superior Fruiticola SA*) setzten in einem Zivilprozess gegen ein konkurrierendes Unternehmen (*Frumar Ltd.* und *Redbridge Produce Marketing Ltd.*) die Beachtung dieser Bestimmungen durch. Gewähre man dem Konkurrenten eine solche Klagebefugnis, verstärke dies laut EuGH die Durchsetzungskraft der europäischen Regelung. Ein solcher Zivilprozess ergänze nämlich die zuständigen Behörden und trage daher dazu bei, dass nur schwer aufzudeckende wettbewerbswidrige Praktiken unterbunden werden.[492]

Im Vordergrund steht dabei das Informationsbeschaffungsproblem öffentlicher Aufsichtsstellen. Aufgrund der begrenzten personellen Ressourcen der öffentlich-rechtlichen Aufsichtsbehörden sei es ein großes Defizit, die Informationsressourcen und Durchsetzungsinteressen der übrigen Marktteilnehmer ungenutzt zu lassen.[493] Durch die Klagebefugnis konkurrierender Unternehmen sei eine zusätzliche Kontrolle möglich, was „wesentlich zur Sicherung eines lauteren Handels und der Markttransparenz in der Gemeinschaft beiträgt.“[494]

---

490 Zum Ganzen EuGH, Rs. C-295/04 bis C-298/04, Slg. 2006, I-6619 = EuZW 2006, 529 Rn. 58 ff. – Manfredi; siehe auch aus dem Schrifttum *Bulst*, ZEuP 2008, 183; *Lübbig*, EuZW 2006, 536.

491 EuGH, Rs. C-295/04 bis C-298/04, Slg. 2006, I-6619 = EuZW 2006, 529 Rn. 95 – Manfredi.

492 EuGH, Rs. C-253/00, Slg. 2002, I-7289 = BeckRS 2004, 75459 Rn. 31 – Muñoz.

493 Vgl. zur ähnlichen Rechtslage im Wettbewerbsrecht *Wagner*, AcP 206 (2006), 352 (405).

494 EuGH, Rs. C-253/00, Slg. 2002, I-7289 = BeckRS 2004, 75459 Rn. 31 – Muñoz.

E. Pfleiderer und Donau Chemie

In neueren Entscheidungen hat der EuGH diese oben beschriebenen Grundsätze immer wieder bestätigt. Der Rechtssache *Pfleiderer AG* gegen das Bundeskartellamt lag eine Klage der *Pfleiderer AG* auf umfassende Einsicht in die Akten eines Bußgeldverfahrens (vgl. § 406e Abs. 1 StPO in Verbindung mit § 46 Abs. 1 OWiG) beim Bundeskartellamt zugrunde. Das Bundeskartellamt hatte zuvor gegen mehrere europäische Hersteller von Dekorpapier Bußgelder wegen Preis- und Kapazitätsstilllegungsabsprachen verhängt. Aufgrund dieser Absprachen war der *Pfleiderer AG* als Kundin des mit Geldbußen belegten Unternehmens ein Schaden entstanden, den sie nun im Wege einer zivilrechtlichen Schadensersatzklage ersetzt zu bekommen versuchte. Zur Vorbereitung des Zivilprozesses stellte sie beim Bundeskartellamt einen Antrag auf Akteneinsicht in das Bußgeldverfahren, der sich auch auf Dokumente des Kronzeugenverfahrens bezog.[495] Der EuGH entschied, dass es auf eine Einzelfallabwägung ankomme, wobei das Gericht die positiven Folgen einer Möglichkeit zur Erhebung von Schadensersatzklagen zugunsten der Durchsetzungskraft der Wettbewerbsregeln der Union und eine mögliche Beeinträchtigung der wirksamen Anwendung der Art. 101 und 102 AEUV gegeneinander abwägen müsse. Auch Kronzeugenprogramme seien nützliche Instrumente, um Verstöße gegen das Wettbewerbsrecht aufzudecken und zu beenden, und würden damit der wirksamen Normdurchsetzung dienen. Dies könnte durch die Übermittlung von Dokumenten aus einem Kronzeugenverfahren beeinträchtigt werden, zumal sich Kronzeugen durch die Veröffentlichung sensibler unternehmerischer Daten in Zukunft abhalten lassen könnten, die Möglichkeit eines solchen Verfahrens zu nutzen.[496]

Ähnlich gelagert war der Fall *Bundeswettbewerbsbehörde* gegen *Donau Chemie AG*. Auch dort ging es um die Frage, ob das Unionsrecht einer nationalen kartellrechtlichen Bestimmung entgegensteht, die die Gewährung der Einsicht in Akten des Kartellgerichts (einschließlich Dokumenten, die im Rahmen eines Kronzeugenprogramms übermittelt wurden) durch nicht am Verfahren beteiligte Dritte von der Zustimmung aller Verfahrensparteien abhängig macht. Der EuGH nahm im Rahmen seiner Entscheidung Bezug auf die *Pfleiderer*-Entscheidung und stellte fest, dass es Sache der nationalen Gerichte sei, dem europäischen Recht zur wirksamen Geltung zu verhelfen. Eine Norm, die den Parteien eines Kartellverfahrens die Möglichkeit gewährt, sich ohne Angabe von Gründen

495 EuGH, Rs. C-360/09, Slg. 2011, I-5161 = BeckEuRS 2011, 574633 Rn. 29 – Pfleiderer.

496 EuGH, Rs. C-360/09, Slg. 2011, I-5161 = BeckEuRS 2011, 574633 Rn. 24 ff. – Pfleiderer.

der Akteneinsicht zu widersetzen, sei europarechtswidrig, weil sie die Geltendmachung von Schadensersatzansprüchen übermäßig erschwere, indem sie die Beschaffung der zur Begründung der Klage notwendigen Beweise verhindere.[497]

F. Kone

Schließlich wiederholte der EuGH seine Erwägungen in einer neueren Entscheidung, die die Haftung eines Kartellbeteiligten aufgrund von *umbrella pricing*[498] durch einen Kartellaußenseiter betraf. Dabei hatten seit den 80er Jahren führende Unternehmen[499] den Aufzugs- und Fahrtreppenmarkt unter sich aufgeteilt, wofür die Europäische Kommission im Jahr 2007 eine hohe Geldbuße wegen der Teilnahme der Unternehmen am Kartell verhängt hatte. Durch die Koordination und die Absprachen im Rahmen des Kartells war es den Unternehmen möglich, einen höheren als den unter normalen Wettbewerbsbedingungen erzielbaren Preis festzulegen. Unter Berufung auf sog. Preisschirmeffekte (*umbrella pricing*) verlangte die *ÖBB-Infrastruktur AG* von den am Kartell beteiligten Unternehmen Ersatz desjenigen Schadens, den die AG dadurch erlitten habe, dass sie von dritten, nicht am Kartell beteiligten Unternehmen deren Aufzüge und Fahrtreppen zu einem höheren Preis gekauft habe, als es der Marktlage ohne Kartell entsprochen hätte.

Nach bisheriger Rechtsprechung des Obersten Gerichtshofes (OGH) fehlte es in solchen Fällen hinsichtlich des Schadensersatzanspruchs an dem Kausalzusammenhang zwischen dem Kartell und dem Schaden des Abnehmers. Mache sich ein Kartellaußenseiter den Preisschirmeffekt zunutze, so handele es sich allenfalls um einen mittelbaren Schaden, der aber nicht ersatzfähig sei. Dem trat der EuGH in der *Kone*-Entscheidung entgegen. Nach Ansicht des Gerichts wäre

> *[...] die volle Wirksamkeit von Art. 101 AEUV infrage gestellt, wenn das jedem zustehende Recht, Ersatz des ihm entstandenen Schadens zu verlangen, nach dem nationalen Recht kategorisch und unabhängig von den speziellen Umständen des konkreten Falles vom Vorliegen eines unmittelbaren Kausalzusammenhangs abhängig gemacht werden würde und aufgrund der Tatsache ausgeschlossen wäre, dass der Betroffene vertragliche Beziehungen nicht zu einem Kartellbeteiligten, sondern zu einem Kartellaußenseiter hatte.*[500]

---

497 EuGH, Rs. C-360/09, Slg. 2011, I-5161 = BeckEuRS 2011, 574633 Rn. 37 ff. – Pfleiderer.

498 Vgl. zum umbrella pricing *Zöttl*, EuZW 2014, 588 (589).

499 Darunter beispielsweise ThyssenKrupp, die jedoch aufgrund der Stellung des Kronzeugenantrags am Kartellverfahren nicht beteiligt waren.

500 EuGH, Rs. C-557/12, ABl EU 2014, Nr. C 253, 9 = GRUR Int. 2014, 864 Rn. 33 – Kone.

So sei im vorliegenden Fall durch das Kartell der Schaden dadurch verursacht worden, dass das Kartell ermöglicht habe, den Marktpreis so hoch anzusetzen, dass auch nicht am Kartell beteiligte Wettbewerber von diesem Marktpreis, der höher gewesen sei, als er es ohne das Kartell gewesen wäre, hätten profitieren können.[501]

G. *Zusammenfassung*

In seinen Entscheidungen zum Wettbewerbsrecht hat der EuGH aus dem Effektivitäts- und dem Äquivalenzgrundsatz abgeleitet, dass dem Geschädigten ein Anspruch auf Schadensersatz gewährt werden muss, wenn ein Verstoß gegen europäische Regelungen vorliegt. Voraussetzung dafür ist (lediglich), dass das durch eine Richtlinie oder Verordnung vorgeschriebene Ziel die Verleihung von Rechten an Einzelne beinhaltet, der Einzelne einen Schaden durch den Verstoß gegen diese europäische Regelung erleidet und ein Kausalzusammenhang zwischen dem Verstoß und dem entstandenen Schaden besteht.

Begründet hat der EuGH die Pflicht der Mitgliedsstaaten, Schadensersatzansprüche in solchen Fällen zu konstituieren, mit dem Argument, dass öffentliche Aufsichtsstellen oft aufgrund begrenzter personeller Ressourcen ein Informationsbeschaffungsproblem hätten. Daher sei es ein großes Defizit, die Informationsressourcen und Durchsetzungsinteressen der übrigen Marktteilnehmer ungenutzt zu lassen.[502] Durch die Klagebefugnis Einzelner sei eine zusätzliche Kontrolle möglich, was wesentlich zur Sicherung eines lauteren Handels und der Markttransparenz in der Gemeinschaft beitrage. Das Wettbewerbsrecht zeichne sich vor allem dadurch aus, dass das Handeln der wettbewerbswidrig handelnden Akteure auf Verschleierung ausgelegt ist. Um dennoch die Möglichkeit zu wahren, Regelverstöße aufzudecken, müssen nach Ansicht des EuGH alle verfügbaren Aufdeckungsmöglichkeiten ausgeschöpft werden. Dazu dient auch die Möglichkeit der Subjektivierung Privater, die vor dem Hintergrund der Klageerhebung nach dysfunktionalem Verhalten am Markt suchen.

---

501 EuGH, Rs. C-557/12, ABl EU 2014, Nr. C 253, 9 = GRUR Int. 2014, 864 Rn. 27 – Kone.

502 Vgl. zur ähnlichen Rechtslage im Wettbewerbsrecht *Wagner*, AcP 206 (2006), 352 (405).

§ 2 Übertragbarkeit der EuGH-Rechtsprechung auf das Kapitalmarktrecht?

In der neueren kapitalmarktrechtlichen Literatur mehren sich die Stimmen derer, die sich für eine Übertragung der oben beschriebenen Leitgedanken dieser Rechtsprechung auf das Kapitalmarktrecht aussprechen.[503] Im Folgenden soll der Frage nachgegangen werden, ob eine Übertragung möglich ist.

A. Die Befürworter einer Übertragung der Rechtsprechungsgrundsätze

Die Befürworter einer Übertragung der oben nachgezeichneten Leitgedanken begründen ihre Ansicht hauptsächlich mit dem Argument, dass auch im Marktmissbrauchsrecht das ausschließlich auf öffentlich-rechtlichen Sanktionen beruhende System nicht effektiv genug sei und dem Verbot marktmissbräuchlichen Verhaltens nicht zu voller Wirksamkeit verhelfe.[504] Ebenso wie im Falle des Wettbewerbsrechts sei auch im Rahmen des Marktmissbrauchsrechts zu beobachten, dass die öffentlich-rechtliche Normdurchsetzung Schwächen aufweise. Diese Defizite könnten auch im Kapitalmarktrecht nur durch zusätzliche zivilrechtliche Schadensersatzansprüche der betroffenen Anleger ausgeglichen werden, da es nach der Rechtsprechung des EuGH hinsichtlich der Pflicht zur Konstituierung von Schadensersatzansprüchen ausreiche, dass die Wirksamkeit der MMVO durch einen zivilrechtlichen Schutz verstärkt werde.[505]

B. Die Gegenstimmen

Andere Autoren stehen demgegenüber einer Übertragung dieser Rechtsprechung auf das Kapitalmarktrecht kritisch gegenüber.[506] Ihrer Ansicht nach

---

503 Siehe *Hellgardt*, AG 2012, 154; *Poelzig*, ZGR 2015, 801; *Tountopoulos*, ECFR 2014, 297 (315 ff.); *Seibt/Wollenschläger*, AG 2014, 593 (607); vorsichtig zustimmend *Zetzsche*, in: Gebauer/Teichmann, Europäisches Privat- und Unternehmensrecht, § 7 C Rn. 84; *Seibt*, ZHR 177 (2013), 388 (424); *Veil*, in: Veil, Europäisches Kapitalmarktrecht, § 5 Rn. 59.

504 *Hellgardt*, AG 2012, 154 (157; 165); *Poelzig*, ZGR 2015, 801 (807 ff., 817 ff.).

505 *Hellgardt*, AG 2012, 154 (165); *Poelzig*, ZGR 2015, 801 (817 ff.); *Tountopoulus*, ECFR 2014, 297 (304 ff.).

506 Siehe noch zur den Vorgängerrichtlinien der MAD *Ekkenga*, ZIP 2004, 781 (783); *Vogel*, in: Assmann/Schneider, WpHG, § 20a Rn. 31; *Teigelack*, in: Veil: Europäisches Kapitalmarktrecht, § 14 Rn. 81 ff., 92; so wohl auch *Lutter/Bayer/J. Schmidt*, Europäisches Unternehmens- und Kapitalmarktrecht, § 35 Rn. 19; *Schmolke*, ZBB 2012, 165 (169 f.).

verstößt die Übertragung der EuGH-Rechtsprechung gegen den Grundsatz der *institutionellen Balance*. Beschränke sich der Verordnungsgeber bewusst auf die öffentlich-rechtliche Normdurchsetzung, wie er es im Falle der MMVO getan hat, so dürften die Mitgliedstaaten die öffentlich-rechtliche nicht um eine privatrechtliche Normdurchsetzung ergänzen. Denn der europäische Verordnungsgeber habe in anderen Bereichen des Kapitalmarktrechts sehr wohl Schadensersatzansprüche vorgesehen, was dafür spreche, dass er bei Marktmissbrauch keine zivilrechtlichen Ansprüche konstituieren wollte.[507]

Auch würden sich die oben nachgezeichneten kartell- und lauterkeitsrechtlichen Fälle von den Fallkonstellationen im Kapitalmarktrecht durch den Umstand unterscheiden, dass der Verordnungsgeber der MMVO im Gegensatz zum Gesetzgeber des Wettbewerbsrechts zur Zeit der EuGH-Rechtsprechung ein sehr detailliertes Regelungssystem hinsichtlich der Sanktionen bei Marktmissbrauch geschaffen habe. Vor dem Hintergrund der *institutionellen Balance* komme eine Verpflichtung der Mitgliedstaaten gemäß Art. 4 Abs. 3 EUV aber nur dann in Betracht, wenn sich der europäische Verordnungsgeber darauf beschränke, wirksame verhältnismäßige und abschreckende Durchsetzungsmaßnahmen zu fordern, ohne selbst solche detailliert anzuordnen.[508] Denn das Gebot des *effet utile* dürfe nicht als Gebot einer maximalen Wirksamkeit verstanden werden. Sehe man dies anders, so müsste immer daraus gefolgert werden, dass Art. 4 Abs. 3 EUV eine zivilrechtliche Haftung verlange, sofern diese die Durchsetzungskraft des Marktmanipulationsverbotes erhöhe und damit einen Effektivitätsgewinn verspreche. In diesem Fall versage man dem europäischen Gesetzgeber allerdings die Möglichkeit, das von ihm erstrebte Effektivitätsniveau selbst festzulegen. Er könne daher nicht mehr auf das *private enforcement* verzichten, wenn er dies für überflüssig erachte.[509]

Auch würden die Regelungen des Whistleblowing zeigen, dass der europäische Verordnungsgeber die Indienstnahme Privater zur Rechtsdurchsetzung eben nicht durch eine funktionale Subjektivierung[510], sondern vielmehr durch die Möglichkeit des Whistleblowing aktivieren wollte. Durch die Anerkennung von zivilrechtlichen Haftungsansprüchen gemäß Art. 4 Abs. 3 EUV käme es

507 Vgl. dazu *Schmolke*, NZG 2016, 721 (723 ff.) m.w.N.

508 *Schmolke*, NZG 2016, 721 (727).

509 *Schmolke*, NZG 2016, 721 (727).

510 Das bedeutet, dass dem Einzelnen vom Gesetzgeber oder Gericht eine durchsetzbare Rechtsposition auf Einhaltung der jeweiligen Verhaltensnormen eingeräumt wird, die er als nicht genügend durchgesetzt sieht, vgl. dazu ausführlich unten Dritter Teil, 2. Kapitel, § 3 A. I.

folglich zu einem Eingriff in das Regelungsprogramm des europäischen Verordnungsgebers.[511]

Schließlich wird vorgebracht, zivilrechtliche Schadensersatzansprüche führten zu einem *over-enforcement*, also einem Übermaß an Rechtsdurchsetzung. Das sei immer dann der Fall, wenn sich das gesetzeswidrige vom gesetzestreuen Verhalten nicht unterscheiden lasse. Private könnten auch dann Anreize haben gegen den vermeintlich marktmanipulierenden Akteur zu klagen, wenn sie erkannt hätten, dass kein Gesetzesverstoß vorliege, was die Gefahr missbräuchlicher Klagen in sich berge.[512]

C. Stellungnahme

Gegen diese Ansichten bestehen allerdings gewichtige Bedenken. Da die Möglichkeit der Übertragung der EuGH-Rechtsprechung einen Grundpfeiler des neuen Normdurchsetzungsansatzes ausmacht, muss sich mit den Argumenten der Gegenansicht in vertiefter Weise auseinandergesetzt werden.

I. Zu den Argumenten gegen eine Übertragung

1. Die Entstehungsgeschichte der MMVO

Die Argumentation der Gegner einer Übertragung der Rechtssprechung steht und fällt mit der These, der europäische Verordnungsgeber habe auf ein privatrechtliches Sanktionsregime bewusst verzichtet, weshalb sich eine Herleitung der zivilrechtlichen Normdurchsetzung aus Art. 4 Abs. 3 EUV verbiete. Ob die Nichtregelung von zivilrechtlichen Ansprüchen das Ergebnis eines bewussten Unterlassens ist, darf indes stark bezweifelt werden. Das ergibt sich aus dem historischen Hintergrund der MMVO.

a) Der historische Hintergrund der MMVO

Sowohl die MMVO als auch die sie flankierende CRIM-MAD gehen auf die Postulate des sog. *De-Larosière*-Berichts zurück. Dieser Bericht war die

---

511 Vgl. zum Ganzen *Schmolke*, NZG 2016, 721 (727) m.w.N.; zur alten Rechtslage der MAD *Vogel*, in: Assmann/Schneider, WpHG, § 20a Rn. 31; in diesem Sinne auch *Teigelack* in Veil, Europäisches Kapitalmarktrecht, § 14 Rn. 81 ff., 92: „kein Bedürfnis"; vgl. auch *Moloney*, EC Securities Regulation, S. 1000.

512 Vgl. *Klöhn*, in: Kalls/Fleischer/Vogt, Gesellschafts- und Kapitalmarktrecht in Deutschland, Österreich und der Schweiz 2013, S. 240 f., der auf die Klagen „räuberischer Aktionäre" verweist.

Grundsteinlegung für das gesamte Regelungsregime der MMVO.[513] Dazu heißt es etwa in Erwägungsgrund 70 der MMVO:

> *Ein solider Rahmen für Aufsicht und Unternehmensführung im Finanzsektor sollte sich auf eine wirkungsvolle Aufsichts-, Untersuchungs- und Sanktionsordnung stützen können. Dazu sollten die Aufsichtsbehörden mit ausreichenden Handlungsbefugnissen ausgestattet sein und auf gleichwertige, starke und abschreckende Sanktionsregelungen für alle Finanzvergehen zurückgreifen können, und die Sanktionen sollten wirksam durchgesetzt werden. Nach Ansicht der De-Larosière-Gruppe ist jedoch gegenwärtig keine dieser Voraussetzungen der Praxis gegeben.*

Ergänzend wird in Erwägungsgrund 3 der CRIM-MAD erläutert:

> *Gemäß den Empfehlungen im Bericht der hochrangigen Gruppe „Finanzaufsicht in der EU" unter dem Vorsitz von Jacques de Larosière („De-Larosière-Gruppe") vom 25. Februar 2009 muss sich ein solider Rahmen für Aufsicht und Unternehmensführung im Finanzsektor auf eine wirkungsvolle Aufsichts- und Sanktionsordnung stützen können. Nach Ansicht der De-Larosière-Gruppe müssen die Aufsichtsbehörden dazu mit ausreichenden Handlungsbefugnissen ausgestattet sein und auf gleichwertige, starke und abschreckende Sanktionsregelungen für alle Finanzstraftaten zurückgreifen können, die wirksam durchgesetzt werden sollten, um die Marktintegrität zu wahren. Den Schlussfolgerungen der De-Larosière-Gruppe zufolge sind die Sanktionsregelungen der Mitgliedstaaten jedoch generell schwach und heterogen.*

In Erwägungsgrund 4 der CRIM-MAD wird sodann die Schlussfolgerung aus dem oben Gesagten gezogen:

> *Eine Prüfung der nationalen Regelungen zu verwaltungsrechtlichen Sanktionen [...] ergab, dass nicht alle zuständigen nationalen Behörden über sämtliche erforderlichen Befugnisse verfügen, um Fälle von Marktmissbrauch angemessen anbieten zu können. Insbesondere gibt es nicht in allen Mitgliedstaaten finanzielle verwaltungsrechtliche Sanktionen für Insidergeschäfte und Marktmanipulationen, und die Höhe der Sanktionen variiert in den einzelnen Mitgliedstaaten beträchtlich. Es bedarf daher eines neuen Gesetzgebungsaktes, um in der gesamten Union gemeinsame Mindestvorschriften zu gewährleisten.*

b) Der De-Larosière-Bericht

Der Umstand, dass die MMVO die Vorschläge des De-Larosière-Berichts aufgreift und in geltendes Recht umsetzt, gibt Anlass, sich tiefergehend mit ebendiesem Bericht auseinanderzusetzen.

Mitte November 2008 wurde eine Expertengruppe von der Europäischen Kommission um den Vorsitzenden *Jacques de Larosière* mandatiert, die Hintergründe und Ursachen der Finanzmarktkrise aufzudecken, die seit Juli 2007 die

513 Vgl. dazu *Schmolke*, NZG 2016, 721 (721).

Weltwirtschaft ins Wanken brachte und zur größten Finanzmarktkrise seit 1929 wurde. Die Expertengruppe traf sich in der Folgezeit (nur) elfmal und veröffentlichte am 25. Februar 2009 ihren Bericht, der unter dem Titel „De-Larosière-Bericht" Bekanntheit erlangt hat.[514] In diesem Bericht kommt die Expertengruppe zu dem Ergebnis, dass die bisherigen Antworten auf die Finanzmarktkrise, nämlich die Liquidität der Banken zu erhöhen, Garantien für Banken bereitzustellen, oder gar sog. *bad banks* zu installieren, nicht ausgereicht haben, die Krise zu überwinden. Grund hierfür sind nach Einschätzung der Gruppe die systemimmanenten Schwächen und die gegenseitige Abhängigkeit der Banken.[515]

Genauer betrachtet hat die Expertengruppe fünf Ursachen für die Finanzmarktkrise ausgemacht, die sie in dem Bericht herausarbeitet und die sie zur Verhinderung zukünftiger Krisen bekämpfen möchte. Kern der Krise seien makroökonomische Probleme gewesen. So habe erstens die extreme Liquidität am Markt bei gleichzeitig niedrigen Zinsen in Verbindung mit neuen Finanzprodukten dazu geführt, dass auf der Suche nach immer höheren Renditen viel zu hohe Risiken eingegangen wurden.[516]

Zweitens habe das Risikomanagement der Banken, aber auch das derjenigen Institutionen, die für die Überwachung zuständig waren, versagt. Vor allem aber hätten die Banken ihre Möglichkeiten zur Abschätzung der Risiken überschätzt.[517] Drittens habe das Versagen der Ratingagenturen eine große Rolle bei der Entstehung der Krise gespielt. Diese hätten die Risiken der Finanzprodukte falsch eingestuft. Der *De-Larosière*-Bericht sieht vor allem in dem Interessenkonflikt der Ratingagenturen, die von ihren Auftraggebern, also den Banken selbst, bezahlt werden, einen Grund für ihr Versagen.[518] Viertens habe das Versagen der Corporate Governance eine gewichtige Rolle gespielt. So hätten die *checks and balances* der Corporate Governance versagt. Aber auch der Umstand, dass

---

514 The High-Level Group on Financial Supervision in the EU, Chaired by Jacques de Larosière, Report, abrufbar unter: ec.europa.eu/internal_market/.../de_larosiere_report_en.pdf (zuletzt abgerufen im Dezember 2017).

515 The High-Level Group on Financial Supervision in the EU, Chaired by Jacques de Larosière, Report, S. 6.

516 Dies wird von der Gruppe am Beispiel der exzessiven Vergabe von Krediten am US-amerikanischen HypothekenMarkt festgemacht, die der Hauptgrund der „Blasenbildung" und damit der späteren Finanzmarktkrise war, vgl. The High-Level Group on Financial Supervision in the EU, Chaired by Jacques de Larosière, Report, S. 7 f.

517 The High-Level Group on Financial Supervision in the EU, Chaired by Jacques de Larosière, Report, S. 8 f.

518 The High-Level Group on Financial Supervision in the EU, Chaired by Jacques de Larosière, Report, S. 9.

es für Unternehmen zu viele Anreize gebe, hohe Risiken einzugehen und dafür kurzfristig belohnt zu werden, anstatt ihren langfristigen Profit zu erhöhen, war nach Ansicht der Expertengruppe eine der Ursachen der Krise.[519]

Schließlich kommt die Gruppe um *Jacques de Larosière* zu der Erkenntnis, die Regulierung und Überwachung des Bankensektors hätten versagt. So hätten Aufsichtsbehörden viel zu sehr auf das Risikomanagement und die Möglichkeiten bei den Banken, sich selbst zu überwachen, vertraut. Die Aufsicht habe sich zu sehr auf die individuellen Banken und zu wenig auf den Bankensektor respektive den Kapitalmarkt als Ganzes konzentriert. Dies erkläre sich vor allem durch fehlende Transparenz. So hätten die Aufsichtsbehörden erst viel zu spät alle relevanten Informationen erhalten, um das ganze Ausmaß dieser Exzesse abschätzen zu können.[520]

Die Lösungsvorschläge der *De-Larosière*-Gruppe, wie in Zukunft solche Finanzmarktkrisen verhindert werden können, sind eindeutig: Mehr Regulierung und mehr Aufsicht! Das Mantra des Berichts lautet schlicht: Schärfere, abschreckende und vereinheitlichende Regelungen.[521] In regulatorischer Hinsicht beziehen sich die meisten Vorschläge hinsichtlich einer stärkeren Regulierung direkt auf die Ursachen der Finanzmarktkrise. So werden die Schwächen der Eigenkapitalvorschriften von Banken nach Basel II[522] aufgezeigt, eine strengere Regulierung der Ratingagenturen vorgeschlagen und vor allem eine Verschärfung der Überwachungs- und Sanktionsmöglichkeiten empfohlen.[523] Dabei sollen die Überwachungsbehörden EU-weit gleiche, starke und abschreckende Sanktionsmöglichkeiten erhalten. Insbesondere soll dies für Fälle gelten, in denen die

---

519 The High-Level Group on Financial Supervision in the EU, Chaired by Jacques de Larosière, Report, S. 10.

520 Der Bericht schildert weiter das „Platzen" der Immobilienblase: Im Juli 2007 stellten einige Banken fest, dass schon ein kleiner Ausfall von Kreditrückzahlungen genügen würde, um viele der sich bei den Banken im Depot befindlichen CDOs wertlos zu machen. Es folgten panische Versuche, so viele dieser wertlosen Pakete wie möglich zu veräußern, wenn auch weit unter ihrem angenommenen Wert. Diese Panikverkäufe sorgten in der Folge und bis heute zu einem Vertrauensverlust der Banken untereinander und der Investoren, The High-Level Group on Financial Supervision in the EU, Chaired by Jacques de Larosière, Report, S. 10 f.

521 Vgl. bspw. The High-Level Group on Financial Supervision in the EU, Chaired by Jacques de Larosière, Report, S. 23 (Recommandation 6).

522 Vgl. dazu die EU-Richtlinien 2006/48/EG und 2006/49/EG, die auf die Vorschläge des Basler Ausschusses für Bankenaufsicht zurückgehen.

523 The High-Level Group on Financial Supervision in the EU, Chaired by Jacques de Larosière, Report, S. 23.

unternehmensinternen Kontrollmechanismen versagen und die Solvenz respektive Liquidität der Banken nicht mehr gewährleistet ist.

Was die Überwachung betrifft, wird von der Expertengruppe vorgeschlagen, eine europäische Aufsicht (*European System of Financial Supervisors – ESFS*) zu installieren, die sowohl die mikro- als auch die makroökonomische Überwachung des Bankensektors gewährleistet. So kommt die Expertengruppe zu dem Ergebnis, dass bisher der Fokus zu sehr auf den einzelnen Unternehmen und zu wenig auf dem gesamtwirtschaftlichen Zusammenspiel der unterschiedlichen Akteure gelegen habe.[524] Die Aufsicht soll Risiken frühzeitig erkennen und damit verhindern, darüber hinaus aber auch im Falle des Eintretens von Krisen sofortige Gegenmaßnahmen einleiten können.

c) Stellungnahme der Europäischen Kommission

Im Anschluss an den *De-Larosière*-Bericht kommt auch die Europäische Kommission[525] in einer Stellungnahme vom 8. Dezember 2010 zu dem Ergebnis, dass es einer über die durch MAD und MiFID bereits verwirklichte Harmonisierung hinausgehenden Angleichung der Regelungen in den EU-Mitgliedstaaten bedarf – bei gleichzeitiger Verschärfung der Sanktionen.[526] Dabei nimmt sie Bezug auf die Bestandsaufnahme der Ausschüsse, die die Sanktionsbefugnisse der Mitgliedstaaten auf dem europäischen Finanzdienstleistungssektor überprüft haben. Sie stellt fest, dass bei Verstößen gegen EU-Finanzdienstleistungsvorschriften viele Sanktionen nicht wirksam und abschreckend genug seien, Schwächen bei der Finanzaufsicht bestünden und infolgedessen Wettbewerbsverzerrungen im Binnenmarkt nicht verhindert würden.[527] Ziele einer EU-Initiative seien die Wiederherstellung des Vertrauens in den Finanzsektor, besserer Schutz der Nutzer von Finanzdienstleistungen, Sicherheit, Stabilität und Integrität der Finanzmärkte sowie die Einhaltung der EU-Finanzvorschriften. Um diese Ziele zu verwirklichen, seien wirksame, verhältnismäßige und abschreckende

524 The High-Level Group on Financial Supervision in the EU, Chaired by Jacques de Larosière, Report, S. 38 ff.

525 Zuvor hatten schon die vom früheren CESR erstellten Berichte über öffentlich-rechtliche Sanktionen bei Verstößen gegen die MAD, die MiFID und die PD auf die disparaten Regelungen hingewiesen, vgl. CESR, Report on CESR' Members' powers under the prospectur Directive and ist implementing measures, Juni 2007, 07–383.

526 Vgl. Europäische Kommission, KOM(2010) 716, Amtsblatt der Europäischen Union C 248/108, S. 2 f.

527 Vgl. Europäische Kommission, KOM(2010) 716, Amtsblatt der Europäischen Union C 248/108, S. 2 f.

Sanktionen, die Gewährleistung fairer Wettbewerbsbedingungen sowie eine wirksame Beaufsichtigung von Finanzinstituten notwendig.[528] Im Einzelnen spricht sich die Europäische Kommission dafür aus, gemeinsame Mindestkriterien für Art und Schwere von Verwaltungssanktionen, Sanktionen gegen natürliche wie juristische Personen und strafrechtliche Sanktionen für die schwersten Verstöße einzuführen sowie Mechanismen zu stärken, die die Aufdeckung von Verstößen respektive die Durchsetzung von Sanktionen erleichtern.[529]

d) Fazit

Die MMVO ist zu Recht als die „Antwort der EU auf die Finanzkrise"[530] bezeichnet worden. Mit ihr wurden die zentralen Forderungen des *De-Larosière*-Berichts umgesetzt. Die Gesetzeslage ist hinsichtlich des Marktmissbrauchsrechts in den einzelnen Staaten vereinheitlicht und zudem verschärft, eine zentrale Aufsicht eingeführt und der Anwendungsbereich der MMVO erheblich erweitert worden.[531]

Die *De-Larosière*-Gruppe sah stets die Verhinderung einer weiteren Bankenkrise als Ziel an. Mit den Problemen des Marktmissbrauchsrechts steht die Bankenkrise indes nur oberflächlich in Zusammenhang. Zwar hatte die Bankenkrise auch Auswirkungen auf die Kapitalmärkte und führte zu einem Vertrauensverlust der Anleger. Die Bankenkrise wurde aber nicht durch normwidriges Verhalten, sondern vielmehr durch falsches Risikomanagement und makroökonomische Ursachen ausgelöst. Das ist der entscheidende Unterschied zu den Marktmissbrauchsregelungen, die ein normwidriges Verhalten voraussetzen und sanktionieren. Auch wenn in Randnummer 84 des Berichts von Insidertrading und der dafür weit unterschiedlichen Handhabung im EU-Raum die Rede ist, soll dies allenfalls als Beispiel für die bisher bestehenden sehr unterschiedlichen Länderregelungen innerhalb der EU dienen. Der Umstand, dass der Insiderhandel mit

528 Vgl. Europäische Kommission, KOM(2010) 716, Amtsblatt der Europäischen Union C 248/108, S. 3.

529 Vgl. Europäische Kommission, KOM(2010) 716, Amtsblatt der Europäischen Union C 248/108, S. 7.

530 *Veil/Lerch*, WM 2012, 1557 (1557); *Merkner/Sustmann*, AG 2012, 315 (315).

531 Erfasst werden nunmehr neben den bereits geregelten Märkten auch multilaterale Handelssysteme (Multilateral Trading Facilities – MTF, vgl. Art. 3 Abs. 1 Nr. 7 MMVO), organisierte Handelssysteme (Organised Trading Facilities – OTF, Art. 3 Abs. 1 Nr. 8 MMVO) und der Freiverkehr an den Börsen.

der Bankenkrise in keinem engeren Zusammenhang steht, ist der oberflächlichen Natur des Berichts geschuldet.[532]

Da die Europäische Kommission die allgemeingültigen Postulate der *De-Larosière*-Gruppe im Rahmen der Schaffung der MMVO zu erfüllen versuchte, lässt das Fehlen zivilrechtlicher Normdurchsetzung mehrere Interpretationen zu. So wird teilweise vermutet, die Europäische Union habe schlicht das Potenzial verkannt, den einzelnen Betroffenen für eine effektivere Normdurchsetzung zu instrumentalisieren.[533] Wahrscheinlicher ist aber wohl die Annahme, dass sich die Kommission aufgrund der unterschiedlichen Ausgestaltung der zivilrechtlichen Haftungssysteme in den einzelnen Mitgliedstaaten nicht auf eine einheitliche Regelung einigen konnte – obwohl eine solche eigentlich gewollt war. Insofern wird zu Recht darauf hingewiesen, dass es in der Gesetzgebungsgeschichte der MMVO durchaus Bestrebungen gab, privatrechtliche Sanktionen in Form von Haftungsansprüchen in die MMVO aufzunehmen.[534] Doch nur vereinzelt hatten diese Versuche Erfolg.[535] Rechtsvereinheitlichung und Verschärfung der Sanktionen waren demnach der kleinste gemeinsame Nenner, auf den sich die Politik einigen konnte.

Bei genauerer Betrachtung der Entstehungsgeschichte der MMVO muss man somit zu der Erkenntnis gelangen, dass diese Verordnung die allzu rasche Antwort der Politik auf die derzeitigen Probleme am Kapitalmarkt ist. Die Schaffung eines europaweit einheitlichen zivilrechtlichen Schadensersatzsystems war in dieser kurzen Zeit nicht möglich. Von einer bewusst gewollten Nichtregelung zivilrechtlicher Ansprüche kann daher nicht die Rede sein. Die entscheidende

---

532 Zu Recht spricht *Veil* von einem „eher politischen als wissenschaftlichen Bericht", vgl. den Diskussionsbericht von *Harzmeier*, in: Fleischer/Kalss/Vogt, Enforcement im Gesellschafts- und Kapitalmarktrecht 2015, S. 312.

533 *Hellgardt*, AG 2012, 154 (167): „Augenscheinlich noch nicht voll erkannt".

534 Vgl. in Bezug auf die MiFID-Reform Europäische Kommission, Public Consultation, Review of the Markets in Financial Instruments Directive (MiFID), 8.12.2010, sub 7.2.6 (S. 63). S. aber auch Mitteilung der Kommission vom 8.12.2010, Stärkung der Sanktionsregelungen im Finanzdienstleistungssektor, KOM (2010) KOM Jahr 2010, S. 716 endg., insbes. S. 4 f., wo sich die Kommission bewusst auf die Regelung öffentlich-rechtlicher Sanktionen konzentriert.

535 Siehe zum Ganzen *Wundenberg*, ZGR 2015, 124 (132 f.); zu Art. 35a Abs. 1 Rating-VO siehe noch unten unter 2. Zum MMVO-Entwurf hat es klare Stellungnahmen für eine Regelung zivilrechtlicher Sanktionen in der MMVO gegeben, die jedoch im endgültigen Verordnungstext keinen Niederschlag gefunden haben, s. etwa Ausschuss Bank- und Kapitalmarktrecht des DAV, Stellungnahme zum Vorschlag KOM (2011) KOM Jahr 2011, S. 651, Juni 2012, S. 29 ff.

Frage lautet damit, welche Konsequenzen hinsichtlich der deutschen Rechtslage aus dem Umstand zu ziehen sind, dass der europäische Verordnungsgeber ein Sanktionssystem geschaffen hat, das er selbst für wirksam hielt, das aber etliche Schwächen aufweist, durch die seine Wirksamkeit gerade bezweifelt werden darf.[536]

Wenn die Gegenansicht behauptet, dass der europäische Gesetzgeber als Folge der Übertragung der Rechtsprechungsgrundsätze keine Möglichkeit mehr habe, privatrechtliche Normdurchsetzung nicht zu regeln, überzeugt dies nicht. Diese Möglichkeit bleibt ihm freilich immer überlassen. Er muss dies dann aber ausdrücklich klarstellen, was in der MMVO nicht geschehen ist. Ein Verstoß gegen den Grundsatz der institutionellen Balance ist somit nicht ersichtlich.

2. *Mögliche Überabschreckung?*

Klöhn ist zwar dahingehend zuzustimmen, dass eine zivilrechtliche Haftung nicht gegen das Übermaßverbot verstoßen darf.[537] Allerdings entstammt das Argument, zivilrechtliche Schadensersatzansprüche könnten zu einem *over-enforcement* führen, aus der in den USA geführten Diskussion.[538] Eine solche Gefahr einer Überabschreckung besteht in Deutschland indes nicht. Im amerikanischen Rechtssystem gibt es eine Reihe von Komponenten, die tatsächlich eine solche Überabschreckung befürchten lassen. So führt die Kombination aus Sammelklagen, Strafschadensersatz, Discovery-Recht und dem Vergütungsrecht der Anwälte in den USA dazu, dass viele Klagen missbräuchlich erhoben werden. Da diese Mittel dem deutschen Rechtssystem fremd sind, ist eine Überabschreckung nicht ersichtlich.

3. *Das Whistleblowing*

Auch die Tatsache, dass der europäische Verordnungsgeber andere Maßnahmen eingeführt hat, wie beispielsweise das Whistleblowing, womit er sich das Wissen Privater bei der Durchsetzung der Rechtsnormen zunutze machen will, bedeutet

---

536 Vgl. zu diesem Maßstab der „angemessenen Effektivität“ auch *Grigoleit*, ZHR 177 (2013), 264 (275 ff.) m.w.N.; sieht man mit *Schmolke* das Sanktionssystem der MMVO dagegen als ausreichend an, muss man freilich zum Ergebnis kommen, dass eine Begründung der zivilrechtlichen Haftung zumindest nicht auf den Gedanken des effet utile gestützt werden kann.

537 *Klöhn*, in: Kalss/Fleischer/Vogt, Gesellschafts- und Kapitalmarktrecht in Deutschland, Österreich und der Schweiz 2013, S. 240 f.: „Over-Enforcement“.

538 *Klöhn*, in: Kalss/Fleischer/Vogt, Gesellschafts- und Kapitalmarktrecht in Deutschland, Österreich und der Schweiz 2013, S. 240 f.

keinesfalls, dass dies einer zivilrechtlichen Haftung entgegensteht. Auch hier geht die Literaturansicht davon aus, dass die vom europäischen Verordnungsgeber geschaffenen Sanktionen effektiv sind. Gerade beim Whistleblowing ist dies – wie sich noch zeigen wird[539] – nicht der Fall.

II. Rechtliche Kriterien hinsichtlich der Übertragbarkeit

Nachdem geklärt wurde, dass der Grundsatz der institutionellen Balance und ein *over-enforcement* einer Übertragung der Grundsätze des EuGH nicht entgegenstehen, ist zu analysieren, welche allgemeinen Kriterien sich aus dieser Rechtsprechung herausarbeiten lassen, die für eine Übertragbarkeit der EuGH-Rechtsprechung auf das Kapitalmarktrecht sprechen.

Betrachtet man die der EuGH-Rechtsprechung zugrunde liegenden Fälle genauer, so lassen sich vor allem zwei wesentliche Kriterien finden, aufgrund derer sich der EuGH für eine funktionale Subjektivierung entschlossen hat: Erstens muss die bisherige (öffentlich-rechtliche) Normdurchsetzung ineffektiv sein, so dass es einer zusätzlichen zivilrechtlichen Normdurchsetzung bedarf. Zweitens muss die Konstituierung von zivilrechtlichen Schadensersatzansprüchen eine effektivere Normdurchsetzung erwarten lassen. Nur wenn beide Prämissen auch im Falle des Kapitalmarktrechts zutreffen, kommt eine Übertragung der EuGH-Rechtsprechung in Betracht.

1. Ineffizienz des bestehenden Regelungssystems

Der Umstand, dass das bisherige System, das ausschließlich auf öffentlich-rechtliche Normdurchsetzung setzt, nicht effizient ist, liegt auf der Hand. Das veranschaulichen die VW-Abgasaffäre, der Libor-Skandal der Deutschen Bank und die *Kengeter*-Affäre sehr deutlich. Im Folgenden soll der Frage nachgegangen werden, warum das bisherige System zur Verhinderung von Marktmissbrauch erhebliche Schwachstellen aufweist.

In Deutschland überwacht die BaFin die Einhaltung der kapitalmarktrechtlichen Ge- und Verbote. Damit dies effektiv geschehen kann, wird sie vom europäischen Gesetzgeber mit einer Vielzahl von Befugnissen ausgestattet, nicht zuletzt mit der Möglichkeit der Verhängung von Geldbußen. Allerdings wird die Steuerungsfähigkeit der verwaltungsrechtlichen Durchsetzung bereits seit Ende der 70er Jahre angezweifelt.[540] Dies hat mehrere Gründe.

---

539 Siehe unten Vierter Teil, 2. Kapitel, § 2 B.

540 Dazu umfassend *Lepsius*, Steuerungsdiskussion, Systemtheorie und Parlamentarismuskritik.

a) Abhängigkeit von politischen Einflüssen und Interessen

Zunächst bestehen Zweifel an der Effektivität öffentlich-rechtlicher Normdurchsetzung aufgrund mangelnder Distanz zwischen den Aufsichtsbehörden und den Aufsichtssubjekten. So spielen oft politische Erwägungen wie beispielsweise Standortinteressen oder der Schutz nationaler Unternehmen einer objektiven Kontrolle dieser Unternehmen entgegen. Dieses Phänomen tritt so häufig auf, dass sich im Englischen ein eigener Begriff hierfür herausgebildet hat (sog. *regulatory capture*).[541]

Hierfür können die eingangs beschriebenen Fälle „Dieselgate" und „Libor-Skandal" als Beispiele angeführt werden. Im Falle der Manipulationen bei VW wussten die Behörden in Deutschland schon frühzeitig über derartige Verstöße Bescheid, gingen aber etwaigen Hinweisen nicht weiter nach. Aus Sicht des Wirtschaftsstandortes Deutschland, wo die Autoindustrie Arbeitgeber einer Vielzahl von Bürgerinnen und Bürgern ist, ist dies nachvollziehbar. So ist es auch nicht verwunderlich, dass die Verstöße von einer ausländischen Behörde aufgedeckt wurden.[542]

Im Libor-Skandal der Deutschen Bank wurden von den US-Behörden relativ geringe Bußgelder verhängt. Ausschlaggebend hierfür war zum einen die Systemrelevanz der Deutschen Bank, die man zwar bestrafen, nicht aber in die Insolvenz geraten lassen wollte. Zum anderen dürfte aber auch die Tatsache, dass zahlreiche US-amerikanische Unternehmen an der Deutschen Bank beteiligt sind, eine Rolle bei der Frage gespielt haben, wie hoch die Bußgelder letztlich auszufallen haben.[543]

b) Aufklärungskosten

Weiter fällt auf, dass speziell im Wettbewerbs- und Kapitalmarktrecht erhebliche Informationsbeschaffungsprobleme bestehen, die daraus resultieren, dass öffentliche Aufsichts- und Rechtsdurchsetzungsstellen Verstöße gegen europäische Regelungen nur in ungenügendem Maße erkennen können. Das liegt vor allem daran, dass die verbotenen Verhaltensweisen oft verschleiert werden und daher in vielen Fällen kaum durch Behörden aufzudecken sind.[544] Paradigmatisch für die Überschneidungen von Wettbewerbs- und Kapitalmarktrecht ist

541 Vgl. dazu *Eger/Weise*, in: FS Schäfer, S. 513.

542 Vgl. zum Ganzen oben Erster Teil, 1. Kapitel, § 3.

543 Vgl. oben Erster Teil, 1. Kapitel, § 1.

544 EuGH, Rs. C-453/99, Slg. 2001, I-6297 = EuZW 2001, 715 Rn. 26 f. – Courage.

der LIBOR-Skandal der Deutschen Bank.[545] Besondere Bedeutung kommt hier der Tatsache zu, dass die Deutsche Bank mit dem Kartell zur Manipulation des LIBOR sowohl gegen das kapitalmarktrechtliche Manipulationsverbot, als auch gegen das Verbot wettbewerbswidriger Preisabsprachen verstoßen hat.[546]

Die Effektivität öffentlich-rechtlicher Normdurchsetzung hängt maßgeblich davon ab, inwieweit finanzielle und personelle Ressourcen zur Verfügung stehen.[547] Mit Blick auf die Verstöße gegen kapitalmarktrechtliche Vorschriften darf bezweifelt werden, dass der BaFin hierfür ausreichend Mittel zur Verfügung stehen.[548] Die Überwachung der Kapitalmärkte darf als äußerst schwierig bezeichnet werden, denn sie erfordert viel wirtschaftliches und juristisches Wissen, um die komplexen Sachverhalte durchleuchten zu können und um beurteilen zu können, ob möglicherweise marktmissbräuchliches Verhalten vorgelegen hat. In Anbetracht der Vielzahl von Unternehmen, die den kapitalmarktrechtlichen Regelungen unterliegen, kann nicht davon ausgegangen werden, dass eine lückenlose Überwachung stattfindet. Vielmehr wird sich die Aufsicht auf stichprobenartige Maßnahmen beschränken müssen und lediglich punktuell Verfahren gegen Marktteilnehmer einleiten.[549] Dies geht zu Lasten der Abschreckungswirkung, weil missbräuchlich handelnde Unternehmen am Kapitalmarkt nur selten damit rechnen müssen, dass ihr Handeln enttarnt wird.

Daran wird sich auch nach der MMVO nichts ändern. Zwar stehen der BaFin nunmehr weitergehende Befugnisse zu und auch die Informationsbeschaffung wird vereinfacht,[550] allerdings müssen diese Informationen auch ausgewertet werden, was wiederum mit einem erheblichen personellen Aufwand verbunden ist. Die Europäische Kommission selbst scheint zu der Erkenntnis gelangt zu sein, dass zur Bekämpfung von Marktmissbrauch die staatliche Überwachung nicht ausreicht. So spricht sie sich für einen finanziellen Anreiz für Whistleblower aus, die Informationen von innen heraus an die Behörden weitergeben. Alles in allem wird man zu dem Ergebnis kommen müssen, dass die derzeit

---

545 Zum Sachverhalt siehe oben Erster Teil 1. Kapitel § 1.

546 Vgl. dazu *Fleischer/Bueren*, DB 2012, 2561 ff.; zu der Überschneidung der beiden Verbotstatbestände auch *Buck-Heeb*, WM 2015, 157 (168): „zunehmende Verquickung von Kapitalmarkt- und Kartellrecht".

547 *Linder*, Privatklage und Schadensersatz im Kartellrecht, S. 39 f.

548 Vgl. zur ähnlichen Diskussion im Wettbewerbsrecht *Wagner*, AcP 206 (2006), 352 (405).

549 *Poelzig*, Normdurchsetzung durch Privatrecht, S. 21.

550 Vgl. oben Dritter Teil, 1. Kapitel.

bestehenden verwaltungsrechtlichen Mittel kaum ausreichen, Marktmissbrauch effektiv zu bekämpfen.[551]

c) Konzentration auf bedeutsame Fälle

Die BaFin hat bei allen ihren aufsichtsrechtlichen Befugnissen einen weiten Ermessensspielraum, der es ihr insbesondere ermöglichen soll, ihre Ressourcen auf diejenigen Fälle zu konzentrieren, die von erheblicher Bedeutung für das Gemeinwohl und meist mit einem erheblichen zeitlichen und personellen Aufwand verbunden sind.[552] Anders als beispielsweise die Staatsanwaltschaft, die aufgrund des Legalitätsgrundsatzes dazu verpflichtet ist, bei einem Anfangsverdacht Ermittlungen einzuleiten, steht es der Wirtschaftsaufsicht frei, Verstöße zu verfolgen oder aber sich auf andere Fälle zu konzentrieren, denen sie mehr Bedeutung zumisst.[553] Auch diese Tatsache führt im Ergebnis dazu, dass nur vereinzelt Fälle aufgearbeitet werden, also keinesfalls jedem Verdacht nachgegangen wird.

d) Die persönliche Komponente der öffentlich-rechtlichen Normdurchsetzung

Nicht nur politische Interessen können eine effektive Normdurchsetzung behindern, auch persönliche Gründe der Behördenmitarbeiter tragen dazu bei, dass die Objektivität der Wirtschaftsaufsicht leidet. Dies kann vielfache Gründe haben. Möglicherweise spielen auch hier individuelle Opportunitätsgesichtspunkte wie beispielsweise eigene Karrierepläne eine Rolle.[554] Ebenso kann die „Freizeitpräferenz" der Angestellten des öffentlichen Dienstes einer effektiven Normdurchsetzung entgegenstehen.[555] So besteht stets die Gefahr, dass die Nachteile einer engagierten Normdurchsetzung wie etwa Überstunden, gesundheitliche Probleme, Stress oder persönliche Drohungen die Angestellten des öffentlichen Dienstes dazu veranlassen, weniger Wert auf die Durchsetzung der Rechtsnormen zu legen.

Schließlich besteht auch die Gefahr der Korruption, zumal der Täter einen Anreiz hat, die Beamten zu bestechen, diese aber wiederum nicht genügend motiviert sein könnten, die Normdurchsetzung entgegen dem Geldangebot weiterzuverfolgen. Ersichtlich wird dies vor dem Hintergrund des rechtsökonomischen

---

551 *Schmidt-Preuß*, VVDStRL 56 (1997), 160 (224 f.).

552 *Poelzig*, Normdurchsetzung durch Privatrecht, S. 20.

553 Vgl. *Poelzig*, Normdurchsetzung durch Privatrecht, S. 20; für das Kartellrecht *Hempel*, Privater Rechtsschutz im Kartellrecht, S. 236.

554 Vgl. *Poelzig*, Normdurchsetzung durch Privatrecht, S. 22; *Eger/Weise*, in: FS Schäfer, S. 513.

555 Vgl. *Klöhn*, RabelsZ 76 (2012), 276 (294).

Ansatzes. Denn bei der staatlichen Normdurchsetzung besteht ein Auseinanderfallen des Durchsetzungsanreizes und des persönlichen Nutzens der Normbefolgung. Während beides im Falle der privaten Normdurchsetzung korreliert, haben die Beamten keine persönlichen Vorteile und mithin auch keinen über das allgemeine Pflichtbewusstsein hinausgehenden Anreiz, die Normen konsequent durchzusetzen.[556]

2. *Voraussetzungen der funktionalen Subjektivierung*

Nachdem festgestellt wurde, dass die rein öffentlich-rechtliche Normdurchsetzung nicht effektiv ist, soll nun geklärt werden, ob die zusätzliche Gewährung von zivilrechtlichen Schadensersatzansprüchen zu mehr Effektivität beitragen kann.

a) Durchsetzungskosten

Eine Antwort darauf liefert einmal mehr die Rechtsökonomie, die danach fragt, wer die Durchsetzungskosten zu tragen hat. Dies ist vor allem deshalb entscheidend, weil die Durchsetzung der Befolgung von Rechtsnormen hohe Kosten verursacht. So muss der Rechtsverstoß zunächst erkannt (sog. Informationskosten), die rechtlichen Konsequenzen abgeschätzt, der Täter identifiziert und dieser sodann verfolgt werden (sog. Verfolgungskosten).[557] Die hierdurch entstehenden Kosten soll nach dem *Law-and-Economics*-Ansatz derjenige tragen, bei dem die Kostentragungslast am geringsten ist.

Hierbei unterscheiden sich öffentlich-rechtliche und privatrechtliche Normdurchsetzung ganz entscheidend voneinander. Normdurchsetzung durch den Staat geschieht zentral. Das bedeutet, dass alle Informationen in einem zentralen System der Informationssammlung gespeichert werden. An diesem sind alle Akteure öffentlich-rechtlicher Normdurchsetzung beteiligt, zum Beispiel die Aufsichtsbehörden, die Staatsanwaltschaft und die Börsenbetreiber.[558] Im Gegensatz dazu geschieht Normdurchsetzung durch Private dezentral. Dabei werden die Rechtsverstöße von denjenigen entdeckt, die von dem missbräuchlichen Verhalten betroffen sind. Hinsichtlich der Durchsetzungskosten lässt sich

---

556 Zum Ganzen *Klöhn*, in: Kalss/Fleischer/Vogt, Gesellschafts- und Kapitalmarktrecht in Deutschland, Österreich und der Schweiz 2013, S. 240 m.w.N.

557 Vgl. zum Ganzen *Klöhn*, in: Kalss/Fleischer/Vogt, Gesellschafts- und Kapitalmarktrecht in Deutschland, Österreich und der Schweiz 2013, S. 237 ff.

558 *Klöhn*, in: Kalss/Fleischer/Vogt, Gesellschafts- und Kapitalmarktrecht in Deutschland, Österreich und der Schweiz 2013, S. 237.

daraus folgender Schluss ziehen: Soweit es um die Aufdeckung von dysfunktionalem Verhalten geht, hat ein dezentrales System aus ökonomischer Sicht einen Vorteil: Keine staatliche Behörde kann jemals alle Marktteilnehmer und alle Marktplätze gleichzeitig im Auge behalten und kontrollieren. Dagegen haben Private aufgrund ihrer Stellung als Betroffene die Möglichkeit der Aufdeckung von potenziellen Rechtsverstößen. Ihre Kosten hinsichtlich der Normdurchsetzung sind gering. Behörden, die sämtliche Informationen zentral sammeln müssen, haben hingegen weitaus höhere Kosten.[559] Weil den Privaten also niedrigere Durchsetzungskosten entstehen und sie selbst von dem missbräuchlichen Verhalten betroffen sind, haben sie einen großen Anreiz, zur Normdurchsetzung beizutragen. Daher ist die zusätzliche Normdurchsetzung mittels Privater erfolgsversprechend. Zu Recht schreibt *Wagner*, dass „die Kommission mit ihren begrenzten personellen Ressourcen nicht dazu in der Lage ist, die Masse des Fallmaterials auf anspruchsvollem rechtlichen und ökonomischen Niveau zu bearbeiten, während die reichen Informationsressourcen und Durchsetzungsinteressen der Marktteilnehmer ebenso ungenutzt brachliegen wie die Potenziale der Zivilgerichtsbarkeit."[560]

b) Leitbild des Homo oeconomicus

Wenn durch den dezentralen Normdurchsetzungsansatz auch Private nach Rechtsverstößen suchen, wird dies allgemein für regelkonformes Verhalten sorgen. Denn ein weiterer Grundpfeiler der rechtsökonomischen Analyse ist die Annahme, dass Individuen ihre Handlungen am Ziel der individuellen Nutzenmaximierung ausrichten. Das bedeutet, dass jeder Akteur bei seinen Entscheidungen eine Kosten-Nutzen-Abwägung trifft.[561] Normen werden demnach nur dann befolgt, wenn die zu erwartenden Kosten eines Normverstoßes höher sind als der aus dem Normverstoß zu erwartende Nutzen. Umgekehrt gilt aber auch: Überwiegt der Nutzen des Normverstoßes die Erwartungskosten, so entscheidet sich der Mensch eher für den Normverstoß (*Homo oeconomicus*).[562] Erfolgreiche

559 Vgl. *Klöhn*, in: Kalss/Fleischer/Vogt, Gesellschafts- und Kapitalmarktrecht in Deutschland, Österreich und der Schweiz 2013, S. 238.

560 *Wagner*, AcP 206 (2006), 352 (405).

561 *Veil/Brüggemeier*, in: Fleischer/Kalss/Vogt, Enforcement im Gesellschafts- und Kapitalmarktrecht 2015, S. 279 ff.

562 Instruktiv dazu *Eidenmüller*, JZ 2005, 216; kritisch dagegen *Rittner*, JZ 2005, 668.

Sanktionierung setzt daher bei beiden Parametern, also bei den Kosten und beim Nutzen, an.[563]

Einerseits ist die Höhe der Sanktion maßgebend, etwa die Höhe des Strafmaßes oder der Geldbuße. Die Erhöhung der Buß- und Strafgelder allein genügt allerdings nicht, um Normverstöße zu verhindern. Selbst das höchstmögliche Strafmaß kann Verstöße gegen Regelungen nicht verhindern, wenn derjenige, der gegen die Normen verstößt, nicht damit zu rechnen braucht, dass sein Verhalten entdeckt und sanktioniert wird.[564] Aus diesem Grund ist die Höhe des Strafmaßes nicht das alleinige Kriterium für die Entscheidung, sich normkonform oder missbräuchlich zu verhalten.

Neben der Sanktionshöhe hängt der Erfolg abschreckender Regelungen also maßgeblich von der Entdeckungswahrscheinlichkeit ab. Nur wenn es wahrscheinlich ist, dass Normverstöße überhaupt aufgedeckt werden, können Regelungen Abschreckungswirkung entfalten. Dabei wird davon ausgegangen, dass eine Verdoppelung der Sanktionswahrscheinlichkeit bei konstanter Sanktionshöhe zu einer Verdoppelung der Erwartungskosten und somit im Ergebnis zu mehr Präventionswirkung führt.[565]

Daher ist der Ansatz des EuGH, Private zur Aufdeckung von Rechtsverstößen einzusetzen, im Grundsatz richtig, weil sie die Wahrscheinlichkeit, dass der Normverstoß erkannt wird, erhöhen und damit für mehr Abschreckung sorgen.

c) Wahrnehmung des Anreizes

Schließlich kann Normdurchsetzung nur dann funktionieren, wenn ein optimaler Anreiz zur Durchsetzung der Sanktionen besteht.[566] Entscheidend ist hierbei ein Gleichlauf der persönlichen Anreize des Rechtsdurchsetzers mit den sozial wünschenswerten Anreizen. Weichen die persönlichen Anreize von den sozial gewünschten ab, mindert dies die Effizienz der Normdurchsetzung.

Hier zeigt sich ein Vorteil der privaten Normdurchsetzung gegenüber der staatlichen: Im Rahmen der Normdurchsetzung Privater korrelieren deren Nutzen mit dem Anreiz, die Normen auch durchzusetzen. Denn nur, wenn der Anspruch auf Schadensersatz auch tatsächlich durchgesetzt wird, zieht der Geschädigte einen Vorteil aus der Durchsetzung der Regelung. Somit hat auch der

---

563 Vgl. *Veil/Brüggemeier*, in: Fleischer/Kalss/Vogt, Enforcement im Gesellschafts- und Kapitalmarktrecht 2015, S. 280.

564 Vgl. hierzu *Fleischer/Schmolke*, NZG 2012, 361 (362).

565 *Veil/Brüggemeier*, in: Fleischer/Kalss/Vogt, Enforcement im Gesellschafts- und Kapitalmarktrecht 2015, S. 280.

566 S. oben Dritter Teil, 2. Kapitel, § 2 C. II. 1. a).

private Anleger ein Interesse an der Durchsetzung der Rechtsnormen bei Marktmissbrauch.

Im Falle der staatlichen Aufsicht sieht dies hingegen anders aus. Dort ist der private Nutzen aus der Normdurchsetzung weitaus niedriger als der soziale Nutzen. So partizipieren beispielsweise die Angestellten des öffentlichen Dienstes nicht am Erfolg der Normdurchsetzung, weil sie leistungsunabhängig vergütet werden.[567]

d) *Fazit*

Es lässt sich festhalten, dass sich die Erwartungskosten eines Normverstoßes aus der Höhe der drohenden Sanktionen und der Wahrscheinlichkeit der Sanktionierung zusammensetzen.[568] Nur wenn sowohl die Höhe der Sanktionen als auch die Wahrscheinlichkeit der Entdeckung des marktmissbräuchlichen Verhaltens angemessen sind, können die Regelungen effektiv durchgesetzt werden. Das Sanktionsregime muss dabei von beiden Seiten rational wahrgenommen werden: von dem Schädiger hinsichtlich der Erwartungskosten und seitens des Normdurchsetzers hinsichtlich der Möglichkeiten zur Durchsetzung der Sanktion.

Vor diesem Hintergrund stellt die Normdurchsetzung mittels Privater einen entscheidenen Vorteil dar. Denn die von einem Regelverstoß Betroffenen haben aufgrund ihres Schadens einen hohen Anreiz, die Durchsetzungskosten zu tragen. Durch ihr Mitwirken an der Aufklärung erhöht sich die Entdeckungswahrscheinlichkeit bei missbräuchlichem Verhalten, was im Ergebnis zu einer erhöhten Normbefolgung führt.

Diese Leitgedanken, die der EuGH-Rechtsprechung zum Wettbewerbsrecht zugrunde liegen, sind verallgemeinerungsfähig und lassen sich damit auch auf das Kapitalmarktrecht übertragen.

§ 3 Folgen für die Normdurchsetzung

Für die hier interessierenden Marktmissbrauchstatbestände lassen sich aus der Übertragung der EuGH-Rechtsprechung erste allgemeine Konsequenzen ableiten.

---

567 *Klöhn*, in: Kalss/Fleischer/Vogt, Gesellschafts- und Kapitalmarktrecht in Deutschland, Österreich und der Schweiz 2013, S. 240 f.
m.w.N. zu den Nachteilen öffentlich-rechtlicher Normdurchsetzung, insbesondere mit Hinweis auf die Freizeitpräferenz und die Gefahr der Korruption.

568 Außer Acht gelassen wird hierbei das alternative Steuerungsinstrument positiver Sanktionen, vgl. dazu *Bitter*, Die Sanktion im Recht der Europäischen Union, S. 31 ff.

A. *Die neue, „europäisierte“ Perspektive*

I. *Aufgabe der Schutznormtheorie für das Marktmissbrauchsrecht*

Der primäre Zweck des Schadensersatzrechts wurde bislang in der Kompensation des Geschädigten gesehen.[569] Daher wurde bei einem Verstoß gegen eine Regelung stets danach gefragt, ob diese allein marktschützend ist und deshalb nur öffentlich-rechtliche Sanktionen in Betracht kommen, oder ob ihr darüber hinaus auch ein individualschützender Charakter zukommt und damit den geschädigten Anlegern ein Schadensersatzanspruch nach § 823 Abs. 2 BGB zusteht. Hinsichtlich der Normdurchsetzung spielten zivilrechtliche Schadensersatzansprüche dagegen keine Rolle, weil dem Zivilrecht keine verhaltenssteuernde Wirkung beigemessen wurde. Dies war Aufgabe des Straf- und Verwaltungsrechts.[570]

Diese deutsche Sichtweise wird nun von einer europäischen Perspektive ersetzt. Nach nunmehr geltender Rechtslage ist die Frage eine andere. Sie lautet nicht mehr, wer geschützt werden soll, sondern vielmehr, wer das marktmissbräuchliche Verhalten aufdecken kann respektive aufdecken soll. Dogmatisch bedient sich der EuGH einer Konstruktion, die er funktionale Subjektivierung nennt.[571] Dabei räumt er Marktteilnehmern eine durchsetzbare Rechtsposition auf Einhaltung der jeweiligen Verhaltensnormen ein, die er als nicht genügend durchgesetzt ansieht.[572] Insofern kann auch von einer „Instrumentalisierung“ des Anlegers zur Überwachung der effektiven Implementierung des Europarechts gesprochen werden.[573] Die Normdurchsetzung wird dezentralisiert, die Kontrolle der Einhaltung von europäischen Normen also nicht mehr einseitig von der Europäischen Kommission respektive den Mitgliedstaaten und ihren Aufsichtsbehörden ausgeübt, sondern zusätzlich durch die „Mobilisierung der Bürger“[574] von Privaten wahrgenommen.[575] Schadensersatzansprüche werden damit zu einem weiteren Instrument der Marktregulierung.

Dies zeitigt eine entscheidende Konsequenz für das deutsche Recht: Die bislang in Deutschland herrschende Schutznormtheorie findet vor diesem

569 Vgl. oben Erster Teil, 3. Kapitel, § 3 A.

570 Vgl. oben Erster Teil, 3. Kapitel, § 3 C.

571 Vgl. dazu *Poelzig*, ZGR 2015, 801 (812) mit Fn. 59.

572 Dazu bereits *Poelzig*, Normdurchsetzung und Privatrecht, S. 491 ff.; siehe dazu allgemein *Ruffert*, in: Callies/Ruffert, EUV/AEUV, Art. 1 AEUV Rn. 29; ferner etwa *Harnos*, ZEuP 2015, 546 (560 ff.) m.w.N.

573 *Hellgardt*, AG 2012, 154 (157).

574 Vgl. *Masing*, Die Mobilisierung des Bürgers für die Durchsetzung des Rechts, passim.

575 Zur Rechtsentwicklung vgl. *Poelzig*, Normdurchsetzung durch Privatrecht, S. 272 ff.

Hintergrund keine Anwendung mehr auf Fälle des Marktmissbrauchs. Denn der Gedanke, dass die Judikative sich mittels jener Schutznormtheorie selbst binden muss,[576] um dem gesetzgeberischen Willen nicht zu widersprechen, passt nicht auf Fallgestaltungen, in denen der europäische Gesetzgeber die Vorgaben macht und darauf vertraut, dass diese von den einzelnen Mitgliedstaaten wirksam umgesetzt werden.[577]

Die Tatsache, dass der EuGH das Pferd von hinten aufzäumt, wenn er die Durchsetzung von Rechtsnormen nicht mehr nach der Schutzrichtung beurteilt, sondern danach, wer den Regelverstoß am besten aufdecken kann, ist in jedem Fall beachtenswert und für sich gesehen nach bisherigem Verständnis der Normdurchsetzung ein Novum. Für die Normdurchsetzung hat dies eine beachtliche Konsequenz. So kommt dem Schadensersatzanspruch aufgrund der neuen Perspektive auf den Anleger nunmehr auch eine Steuerungsfunktion zu und nicht mehr ausschließlich die Funktion der Kompensation, weil die drohenden Schadensersatzklagen geschädigter Anleger abschreckend wirken sollen.

II. Kriterien für den Schadensersatzanspruch

Da der EuGH (scheinbar) keine weiteren Bedingungen für die Konstituierung von Schadensersatzansprüchen vorsieht, sondern diese vielmehr wegen ihrer Wirkungsweise voraussetzt, könnte man die EuGH-Rechtsprechung dahingehend verstehen, dass für die Anerkennung von Schadensersatzansprüchen die unmittelbare Anwendbarkeit der jeweiligen unionsrechtlichen Norm genügt.[578]

Dem ist jedoch zu Recht entgegengehalten worden, dass es auch vor dem Hintergrund der Rechtsprechung des EuGH in den Rechtssachen *Courage*, *Manfredi* und *Muñoz* keine Popularklage bezüglich europarechtlicher Regelungen geben darf.[579] Ein solch extensives Verständnis der Normdurchsetzung verlangt auch der EuGH nicht, der lediglich von der „vollen" Wirksamkeit unionsrechtlicher Regelungen spricht. In seinem *Courage*-Urteil nennt der EuGH die Voraussetzungen einer zivilrechtlichen Haftung eines Unternehmens gegenüber einem wettbewerbswidrig Handelnden. So muss zunächst ein Verstoß gegen eine europäische Rechtsnorm vorliegen und dem Vertragspartner hierdurch – also kausal – ein Schaden entstanden sein.[580] Die Effektuierung der privatrechtlichen Normdurchsetzung hat

576 Vgl. dazu oben Erster Teil, 3. Kapitel, § 3 A.

577 So wie hier auch *Schmolke*, NZG 2016, 721 (725): „Die Figur der funktionalen Subjektivierung ist dabei wesentlich offenherziger als die deutsche Schutznormlehre".

578 *Weyer*, ZEuP 2003, 318 (332 f.).

579 *Poelzig*, Normdurchsetzung durch Privatrecht, S. 281 m.w.N.

580 EuGH, Rs. C-453/99, Slg. 2001, I-6297 = EuZW 2001, 715 Rn. 29 – Courage.

dabei dort ihre Grenzen, wo sie bereits aufgrund anderer europäischer Regelungen gewährleistet ist.[581] In persönlicher Hinsicht setzt die private Normdurchsetzung voraus, dass derjenige, der den Schadensersatzanspruch geltend macht, von der Verletzung der Rechtsnorm betroffen ist.[582] Wie oben erläutert, kommt es dem EuGH nicht auf die Abgrenzung von Schutznormen zugunsten der Allgemeinheit oder des Einzelnen an, sondern auf die wirksame Durchsetzung der unionsrechtlichen Normen. Insofern weist der EuGH mittels funktionaler Subjektivierung die Rechtsdurchsetzung demjenigen zu, der sie durchsetzen kann. Wer ein Interesse daran hat, dass die Normen durchgesetzt werden, soll demnach Anspruchsberechtigter sein.[583] Insofern wird zumindest eine mittelbare respektive „reflexartige" Begünstigung von Individualinteressen für eine funktionale Subjektivierung vorliegen müssen. Eine solche wird angenommen, wenn eine pauschalierte Interessen- und Interessentenbeschreibung den individualschützenden Charakter einer unionsrechtlichen Norm begründet.[584]

B. *Exkurs: Regulierungstheoretische Möglichkeit der Normdurchsetzung durch Private*

In einem letzten Schritt hinsichtlich der Übertragbarkeit der EuGH-Rechtsprechung ist zu überprüfen ob vor dem Hintergrund der Regulierungstheorie eine Übertragbarkeit in Frage kommt. Denn oben wurde festgestellt, dass Normen in Deutschland nach herrschender Ansicht grundsätzlich durch öffentlich-rechtliche Sanktionen durchgesetzt werden.[585] Daher stellt sich die Frage, ob die Übertragung der EuGH-Rechtsprechung, die dem Zivilrecht eine Präventivwirkung beimisst, überhaupt regulierungstheoretisch möglich ist.

Schon seit längerem wird von einer sich im Vordringen befindenden Ansicht vertreten, dass dem Privatrecht über die reine Kompensationsfunktion hinaus zusätzlich eine eigenständige präventive Funktion zukommt.[586] Schon ganz

581 EuGH, Rs. C-222/02, Slg. 2004, I-9460 (9480) Rn. 50 f. – Paul; vgl. zum „Subsidiaritätsprinzip" *Hellgardt*, AG 2012, 154 (158) m.w.N.

582 Vgl. EuGH, Rs. C-361/88, Slg. 1991, I-2567 = EuZW 1991, 440 Rn. 16; aus der Literatur *Schoch*, NVwZ 1999, 457 (464).

583 Vgl. zum Ganzen *Poelzig*, Normdurchsetzung durch Privatrecht, S. 289 f.

584 Vgl. *Poelzig*, Normdurchsetzung durch Privatrecht, S. 285 f.

585 Erster Teil, 3. Kapitel, § 3 C.

586 Ein Überblick über die verschiedenen wissenschaftlichen Untersuchungen der Präventivfunktion des Privatrechts findet sich bei *Hellgardt*, Regulierung und Privatrecht, S. 1 ff.; vgl. dazu auch *Schäfer/Ott*, Lehrbuch der ökonomischen Analyse des Zivilrechts, S. 131–155; *Ott/Schäfer*, in: Ott/Schäfer, Die Präventivwirkung zivil- und

grundsätzlich wird diesbezüglich argumentiert, dass eine Schadensverhütung besser sei als die Schadensvergütung.[587] Demnach solle durch das Bestehen potenzieller Schadensersatzansprüche das Verhalten derart gelenkt werden, dass schädigende Ereignisse von vornherein verhindert werden. Die Gegenansicht, die es stets bei einer rein kompensatorischen Wirkung des Deliktsrechts belassen wolle, übersehe, dass im Normalfall mit der Kompensation des Schadens bereits der richtige Präventionsanreiz erreicht sei. Denn oftmals werde es sich so verhalten, dass allein die drohende Wiedergutmachung des Schadens ausreiche, um einen Täter davon abzuhalten, die schädigende Handlung vorzunehmen.[588] In diesen Fällen trete die Präventionswirkung daher nicht sichtbar neben die Kompensationswirkung.

Anders verhalte es sich bei sog. lukrativen Delikten. In diesen Fällen sei der Gewinn des Schädigers weitaus größer als der Nachteil des Geschädigten. Eine Fallgruppe würden hierbei die Eingriffe in Persönlichkeitsrechte durch Massenmedien darstellen. In diesem Fall sei die Ausgleichsfunktion des Schadensersatzanspruchs zu schwach, um potenzielle Schädigungen abzuwenden, da der in Aussicht stehende Gewinn meist sehr hoch sei. In diesem Zusammenhang wird daher eine Präventionswirkung angenommen, namentlich durch den Hemmungseffekt einer hohen Geldentschädigung, um zukünftige Schädigungen zu unterbinden.[589] Ansonsten bestünden ohne zusätzliche Gewinnabschöpfung keinerlei Anreize für die Schädiger, von einer Schädigung abzusehen.[590]

Aber auch dort, wo Rechtsdurchsetzung nur mangelhaft geschieht, vor allem weil die Entdeckungswahrscheinlichkeit sehr gering ist, werde die präventive Wirkrichtung von zivilrechtlichen Klagen virulent.[591] Eben dieser Zustand trifft

---

strafrechtlicher Sanktionen, S. 131 ff.; mit Blick auf das Wettbewerbs- und Kapitalmarktrecht *Poelzig*, Normdurchsetzung durch Privatrecht; *Hellgardt*, Regulierung und Privatrecht.

587 Vgl. dazu und zum historischen Hintergrund *Wagner*, in: MüKo BGB 6. Aufl., Vor § 823 Rn. 46.

588 Siehe *Wagner*, in: MüKo BGB 6. Aufl., Vor § 823 Rn. 46.

589 Vgl. BGHZ 128, 1 (16) = NJW 1995, 861; BGH NJW 1996, 984 (985) = DB 1996, 567; *Brand*, Schadensersatzrecht, S. 15.

590 Dazu *Wagner*, AcP 206 (2006), 352 (374 ff.); *ders.*, Gutachten zum 66. DJT, S. A 83 f.; Anklänge in diese Richtung in BGHZ 128, 1 (15) = NJW 1995, 861.

591 *Poelzig*, Normdurchsetzung und Privatrecht, S. 491 ff.; *Wagner*, AcP 206 (2006), 352 (464 f.); *ders.*, Gutachten zum 66. DJT, S. A 98 ff.; *ders.*, in: MüKo BGB 6. Aufl., Vor § 823 Rn. 46: „denn dann wird die Sanktionswirkung des Schadensersatzbetrags um die Verhängungswahrscheinlichkeit diskontiert".

auf das Marktmissbrauchsrecht zu. Wie oben festgestellt wurde,[592] muss auch im Marktmissbrauchsrecht die Entdeckungswahrscheinlichkeit erhöht werden. Der EuGH sieht hierfür den privaten Anleger als geeignetes Mittel. Damit deckt sich die Rechtsprechung des EuGH mit Literaturansichten, die schon seit langem von einer Präventivwirkung des Zivilrechts in besonders gelagerten Fällen ausgehen. Eine solche besondere Fallkonstellation liegt dem Marktmissbrauchsrecht zugrunde.

Nicht nur die Literatur, sondern auch der Gesetzgeber hat erkannt, dass – wenn auch nicht grundsätzlich – in gewissen Ausnahmesituationen von einer Präventivwirkung des Zivilrechts auszugehen ist. So hat er bei der Schaffung des Kapitalanleger-Musterverfahrensgesetzes (KapMuG) den kapitalmarktrechtlichen Schadensersatzklagen explizit die Funktion der Normdurchsetzung beigemessen und erklärt:

> *Ein schlagkräftiges kollektives Rechtsverfolgungsinstrument soll Emittenten im Bereich des Kapitalmarktrechts verstärkt dazu veranlassen, die Publizitäts-, Vertriebs- oder sonstigen Verhaltensregeln einzuhalten. Die kollektive Rechtsschutzform in Gestalt eines Musterverfahrens verstärkt die staatliche Finanzmarktaufsicht als sog. zweite Spur.*[593]

Auch regulierungstheoretisch ist also der EuGH-Ansatz in das deutsche Recht übertragbar, ohne Friktionen zu verursachen. An dem Grundsatz, dass in Deutschland Normen durch öffentlich-rechtliche Sanktionen durchgesetzt werden, ändert sich dadurch freilich nichts. Vielmehr muss die Präventivwirkung von Anlegerklagen als eine weitere Ausnahme dieses Grundsatzes verstanden werden.

§ 4 Zusammenfassung

In seinen Entscheidungen hat der EuGH festgestellt, dass Geschädigten im Falle eines Verstoßes gegen europäisches Wettbewerbsrecht ein Schadensersatzanspruch gegen den Wettbewerber zugestanden werden muss, wenn die Betroffenen durch den Verstoß einen Schaden erlitten haben. Begründet hat der EuGH diese Pflicht zur Gewährung von Schadensersatzansprüchen aber nicht mit dem Kompensationsinteresse des Geschädigten, sondern mit der Präventivwirkung von zivilrechtlichen Schadensersatzklagen. In den Fällen des Lauterkeits- und Kartellrechts sei es für die staatlichen Überwachungsorgane unmöglich, sämtliche Verstöße gegen europäische Regelungen aufzudecken. Aufgrund des zentralen

592 Dritter Teil, 2. Kapitel, § 2 C. II. 2. a).
593 Vgl. Begr. RegE KapMuG, BT-Drucks. 15/5091, S. 16.

Systems der Informationssammlung könne der Staat angesichts der Vielzahl der Akteure und unterschiedlicher Marktplätze nicht jegliches Handelsgeschehen kontrollieren. Der EuGH hat erkannt, dass es hier der Hinzunahme der dezentralen Aufdeckung durch private Akteure bedarf, die mit sehr viel geringerem Aufwand – und damit kostengünstiger – Verstöße offenlegen können. Dieser Aufgabe werden Private aufgrund ihrer Eigenschaft als Geschädigte nachkommen, sodass damit nach Ansicht des Gerichts eine effektive Normdurchsetzung garantiert ist. Entscheidend ist die Erkenntnis des EuGH, dass durch die Instrumentalisierung der Betroffenen die Lücken in der Normdurchsetzung geschlossen werden können.

Diese Grundsätze können grundsätzlich auf das Kapitalmarktrecht übertragen werden, da es auch hier eine Vielzahl an Märkten, Finanzprodukten und Akteuren und damit auch an potenziellen Verstößen gibt, sodass die zentrale Normdurchsetzung oftmals an ihre Grenzen stößt. Somit kann man sich durchaus auf den Standpunkt stellen, dass es auch im Kapitalmarktrecht einer Hilfeleistung zur Verhinderung von Marktmissbrauch seitens Privater bedarf, die aufgrund ihrer Betroffenheit ein großes Interesse daran haben, dass die Verstöße auch aufgedeckt werden.

Folge einer Übertragung dieser Rechtsprechung ist das Entfallen der Schutznormtheorie für die Fälle des Marktmissbrauchsrechts. Denn der EuGH stellt bei der Frage nach einem Bedarf zivilrechtlicher Normdurchsetzung allein darauf ab, ob Schadensersatzansprüche Privater zu einer effektiveren Normdurchsetzung führen können. Allenfalls zweitrangig ist demnach die Frage, ob die Norm allein objektiv marktschützend ist, oder daneben auch den einzelnen Anleger schützen soll.

3. Kapitel: Die Auswirkungen auf die Rechtslage im Konkreten

Nachdem sowohl der Hintergrund als auch die Übertragbarkeit der EuGH-Rechtsprechung sowie deren Konsequenzen im Allgemeinen dargelegt worden sind, stellt sich die Frage, welche Konsequenzen die Rechtsprechung im Konkreten für die Haftung wegen Marktmissbrauch zeitigen würde. Hinsichtlich einer Haftung nach § 826 BGB wurde bereits oben erläutert, warum diese Anspruchsgrundlage nur auf die Erfassung besonderer Ausnahmefälle beschränkt ist beziehungsweise ihr lediglich eine Art „Türöffnerfunktion“ hinsichtlich neuer und bislang nicht geregelter sittenwidriger Verhaltensweisen zukommt.[594] Aus diesem

594 Vgl. oben Zweiter Teil, 1. Kapitel, § 3 A. I. 4. c) aa).

Grund scheidet § 826 BGB auch vor dem Hintergrund des Effektivitätsgrundatzes als Anspruchsgrundlage bei Marktmanipulation aus. Soll der zivilrechtlichen Haftung verhaltenssteuernde Wirkung zukommen, so muss sie dauerhaft und vielfach Anwendung finden und keine allzu großen Hürden aufstellen. Genau das liegt im Falle des § 826 BGB nicht vor.[595]

Damit konzentriert sich die Untersuchung der zivilrechtlichen Normdurchsetzung auf die Frage, ob dem Geschädigten bei einem Verstoß gegen die einzelnen Marktmissbrauchstatbestände, die nun durch die MMVO auf europäischer Ebene geregelt wurden, ein Schadensersatzanspruch gemäß § 823 Abs. 2 BGB zusteht und welche Folgen die Übertragung der EuGH-Rechtsprechung für die einzelnen Tatbestandsvoraussetzungen hat.

§ 1 Privatrechtliche Normdurchsetzung bei Marktmanipulation – Haftung gem. § 823 Abs. 2 BGB

Gemäß § 823 Abs. 2 BGB haftet derjenige, der gegen ein den Schutz eines anderen bezweckendes Gesetz verstößt. Art. 2 EGBGB definiert den Begriff „Gesetz" für die Zwecke des BGB als „jede Rechtsnorm". Damit sind nicht nur Gesetze im formellen Sinne erfasst, sondern auch jedes Gesetz im materiellen Sinne, somit auch unmittelbar geltende Vorschriften des Europarechts.[596] Verordnungen im Sinne des Art. 288 Abs. 2 AEUV beanspruchen unmittelbare Geltung im Verhältnis zum Bürger und erfüllen damit die formalen Voraussetzungen des § 823 Abs. 2 BGB.[597]

A. Die Schutzgesetzeigenschaft des Art. 15 MMVO

Zu erörtern ist im Folgenden, ob Art. 15 MMVO auch inhaltlich ein Schutzgesetz im Sinne des § 823 Abs. 2 BGB ist. Die Schutzgesetzeigenschaft von Art. 15 MMVO könnte sich nunmehr mit den primärrechtlichen europäischen Vorgaben für die zivilrechtliche Normdurchsetzung begründen lassen. Bevor dies herausgearbeitet wird, soll analysiert werden, ob sich die Schutzgesetzeigenschaft auch mit der bislang geltenden Schutznormtheorie begründen ließe. Ein Rückgriff auf die Wertungen des EuGH wäre damit überflüssig.

595 So bereits *Poelzig*, ZGR 2015, 801 (829).
596 Vgl. nur *Wagner*, in: MüKo BGB, § 823 Rn. 479 f.
597 *Wagner*, in: MüKo BGB, § 823 Rn. 481.

I. Wortlaut und Wille des Gesetzgebers – Begründung der Schutzgesetzeigenschaft vor dem Hintergrund der Schutznormtheorie

Vor dem Hintergrund der MMVO wird heute vertreten, dass sich die Schutzgesetzeigenschaft im Sinne des § 823 Abs. 2 BGB bereits mit der deutschen Schutznormtheorie begründen lasse. Denn der Anlegerschutz sei ausdrücklich als Regelungsziel der MMVO genannt und auch aus den Erwägungsgründen der MMVO gehe hervor, dass das Marktmanipulationsverbot dazu bestimmt sei, dem Schutz des einzelnen Anlegers zu dienen.[598] Ob dies tatsächlich der Fall ist, muss durch Auslegung des Wortlautes der Norm sowie der Gesetzgebungsmaterialien ermittelt werden.[599]

1. Wortlaut und Gesetzessystematik von Art. 15 MMVO

Zunächst ist der Wortlaut der Norm zu untersuchen. Dabei gelangt man jedoch schnell zu dem Ergebnis, dass sowohl der Wortlaut des Art. 15 MMVO als auch die systematische Stellung des Art. 15 innerhalb der MMVO keinen Hinweis darauf geben, ob ein Individualschutz vom europäischen Verordnungsgeber gewollt war.[600]

2. Art. 1 MMVO

Ein Hinweis darauf, dass der europäische Verordnungsgeber auch einen Individualschutz bei Marktmissbrauch im Allgemeinen und bei Marktmanipulation im Besonderen vorgesehen hat, ergibt sich dagegen aus Art. 1 MMVO. Dort heißt es:

> *Mit dieser Verordnung wird ein gemeinsamer Rechtsrahmen für […] Marktmissbrauch sowie für Maßnahmen zur Verhinderung von Marktmissbrauch geschaffen, um die Integrität der Finanzmärkte in der Union sicherzustellen und den Anlegerschutz und das Vertrauen der Anleger in diese Märkte zu stärken.*

Der Umstand, dass der europäische Verordnungsgeber zwischen der Sicherstellung der Integrität der Finanzmärkte und des Vertrauens der Anleger in diese Märkte einerseits und dem Anlegerschutz andererseits differenziert, kann als

---

598 So *Poelzig*, ZGR 2015, 801 (829); für informationsgestützte Marktmanipulationen auch *Hellgardt*, AG 2012, 154 (165); *Mock*, in: Kölner Kommentar WpHG, § 20a Rn. 479; *Zetzsche*, ZHR 179 (2015), 490 (494).

599 Zu der Auslegung von Europarecht *Gaitanides*, in: von der Groeben/Schwarze/Hatje, Europäisches Unionsrecht, Art. 19 EUV Rn. 36 ff.

600 So auch *Beneke/Thelen*, BKR 2017, 12 (13).

Signal für den Schutz von Individualinteressen gesehen werden. In der englischen Fassung wird die Differenzierung deutlicher:

> *This Regulation establishes a common regulatory framework on […] market abuse as well as measures to prevent market abuse to ensure the integrity of financial markets in the Union and to enhance investor protection and confidence in those markets.*

Sichtbar werden hier die unterschiedlichen Ziele des europäischen Verordnungsgebers: einerseits die Integrität der Finanzmärkte, andererseits der Anlegerschutz.

3. *Die Erwägungsgründe der MMVO*

Darüber hinaus lassen sich auch in den Erwägungsgründen der MMVO einige Hinweise darauf finden, dass eine zivilrechtliche Normdurchsetzung erwünscht ist. Die Erwägungsgründe deuten darauf hin, dass der Schutz der Anleger nicht bloßer Reflex des Schutzes der Allgemeinheit sein soll. Das soll im Folgenden anhand einiger Erwägungsgründe dargelegt werden. Die Motive des Verordnungsgebers lassen sich dabei am besten nachvollziehen, wenn man die MMVO mit der Marktmissbrauchsrichtlinie[601], der Vorgängerin der MMVO, und deren Erwägungsgründen vergleicht. Denn die MMVO entstand aus der Überzeugung des europäischen Gesetzgebers heraus, dass die Richtlinie nicht wirksam genug war, Marktmissbrauch zu bekämpfen. Insofern ist darauf zu achten, inwiefern der Wille des Verordnungsgebers, zivilrechtliche Durchsetzung der europäischen Regelungen zu gewährleisten, in den Erwägungsgründen zum Ausdruck kommt.

a) *Die Erwägungsgründe der Richtlinie*

In den Erwägungsgründen der Richtlinie heißt es unter Grund 2:

> *Ein integrierter und effizienter Finanzmarkt setzt Marktintegrität voraus. Das reibungslose Funktionieren der Wertpapiermärkte und das Vertrauen der Öffentlichkeit in die Märkte sind Voraussetzung für Wirtschaftswachstum und Wohlstand. Marktmissbrauch verletzt die Integrität der Finanzmärkte und untergräbt das Vertrauen der Öffentlichkeit in Wertpapiere und Derivate.*

Diese Klarstellung legt den Grundtenor der Erwägungsgründe der Richtlinie fest. In den Erwägungsgründen 10 und 11 werden die Gründe für den Erlass der Richtlinie genannt, namentlich neue Technologien und Regelungslücken in den

---

601 Richtlinie 2003/6/EG des Europäischen Parlaments und des Rates vom 28. Januar 2003 über Insider-Geschäfte und Marktmanipulation (Marktmissbrauch).

Mitgliedstaaten, die zu mehr Anreizen hinsichtlich Marktmissbrauch führten. Sodann erklärt der Richtliniengeber, er wolle

> *[…] die Integrität der Finanzmärkte der Gemeinschaft sicherstellen und das Vertrauen der Anleger in diese Märkte stärken.*

Auch in Erwägungsgrund 24 der Richtlinie wird betont, dass es um die Förderung der Integrität des Marktes geht. Sei diese nicht gewährleistet, so schwinde das Vertrauen der Anleger. Bereits damals, das heißt mit Blick auf die Richtlinie, konnte man hierin einen Grund für den Schutz individueller Anleger sehen und sich deshalb für Schadensersatzansprüche der geschädigten Anleger aussprechen.[602]

b) Die Erwägungsgründe der MMVO

Spätestens mit Inkrafttreten der MMVO dürfte es an dieser Sichtweise keine Zweifel mehr geben. In Erwägungsgrund 4 der MMVO stellt der Verordnungsgeber klar, dass er nicht nur die Marktintegrität wahren und potenzieller Aufsichtsarbitrage vorbeugen möchte, sondern auch den Marktteilnehmern mehr Rechtssicherheit bieten will. Wenn der Verordnungsgeber einerseits die Schädigung einzelner Personen erwähnt, andererseits verhindern will, dass infolgedessen nicht gewünschte Effekte auf dem Markt auftreten, kann daraus der Schluss gezogen werden, dass der Verordnungsgeber das Verbot der Marktmanipulation auch zum Schutze des einzelnen Anlegers konstituieren wollte.[603] Denn daraus lässt sich die Unterscheidung des Verordnungsgebers zwischen dem Schutz der Allgemeinheit und dem der einzelnen Anleger erkennen.

Auch Erwägungsgrund 47 der MMVO geht in diese Richtung. Dort heißt es:

> *Diese Form der Marktmanipulation schadet den Anlegern in besonderer Weise, weil sie sie dazu veranlasst, ihre Anlageentscheidungen auf richtige oder verzerrte Informationen zu stützen. Sie schadet auch den Emittenten, da sie das Vertrauen in die sie betreffenden Informationen untergräbt. Ein Mangel an Marktvertrauen kann wiederum die Fähigkeit eines Emittenten beeinträchtigen, zur Finanzierung seiner Operationen neue Finanzinstrumente zu begeben oder sich bei anderen Marktteilnehmern Kredite zu beschaffen […], deshalb kann der Schaden für Anleger und Emittenten für einen relativ langen Zeitraum anhalten, […].*

Erstmals spricht der europäische Gesetzgeber von einem (konkreten) Schaden der Anleger und nicht mehr nur allgemein von einem (abstrakten) Vertrauen

602 In diese Richtung *Schwark/Kruse*, in: Schwark/Zimmer, KmRK, § 14 WpHG Rn. 5; *Ekkenka*, ZIP 2004, 781 passim.
603 So auch *Beneke/Thelen*, BKR 2017, 12 (13 f.).

der Marktteilnehmer. Das zeigt, dass der Verordnungsgeber die Wichtigkeit des Schutzes der einzelnen Anleger anerkennt. Er lässt deutlich den Willen zur Schaffung zivilrechtlicher Sanktionen für die Fälle der Marktmanipulation erkennen.

4. *Fazit*

Im Ergebnis ist aus den Erwägungsgründen herauszulesen, dass der europäische Gesetzgeber, wenn nicht bereits mit der Richtlinie, so jedenfalls mit der MMVO einen Schutz der einzelnen Anleger intendiert.[604] Damit bleibt festzuhalten, dass bereits der Wille des Gesetzgebers Antworten auf die Frage nach der Schutzgesetzeigenschaft von Art. 15 MMVO gibt. Da auch der Kreis der Anspruchsberechtigten individuell abgrenzbar ist,[605] spricht vieles dafür, die Schutzgesetzeigenschaft bereits vor dem Hintergrund der Schutznormtheorie zu bejahen.

II. *Teleologische Betrachtung im Lichte des unionsrechtlichen Effektivitätsgrundsatzes*

Im Wege der teleologischen Auslegung von Art. 15 MMVO ist vor dem Hintergrund der Rechtsprechung des EuGH nunmehr auch der Effektivitätsgrundsatz zu berücksichtigen.[606] Insofern ist die Vorschrift so auszulegen, dass sie die effektive Durchsetzung des Marktmanipulationsverbotes gewährleisten kann. Die Rechtsprechung des EuGH in den Rechtssachen *Courage*, *Manfredi* und *Muñoz* führt zu einer veränderten Auslegung hinsichtlich der Schutzgesetzeigenschaft im Sinne des § 823 Abs. 2 BGB. Die Differenzierung zwischen Normen, die lediglich die Allgemeinheit schützen sollen und daher nur objektiv marktschützend sind, und solchen Normen, die auch den Schutz individueller Interessen gewährleisten sollen, ist mit dem Normdurchsetzungsansatz des EuGH nicht vereinbar.[607] Vielmehr sind Regelungen der Europäischen Union dahingehend auszulegen, ob auch Private diese Regelung durchsetzen sollen, um der Norm zu mehr Wirksamkeit zu verhelfen.

---

604 So *Poelzig*, ZGR 2015, 801 (829 f.).

605 Erster Teil, 3. Kapitel, § 3 A.

606 *Potacs*, EuR 2009, 465 (469); so auch *Veil*, in: Europäisches Kapitalmarktrecht, S. 60.

607 Dritter Teil, 2. Kapitel, § 3 A. I.

1. *Funktionale Auslegung als alleiniger Maßstab für die Auslegung des § 823 Abs. 2 BGB*

Der EuGH nennt in seiner *Courage*-Entscheidung die materiellen Haftungsvoraussetzungen, namentlich einen Verstoß gegen Gemeinschaftsrecht und einen dadurch entstandenen Schaden beim betroffenen Anleger. Lägen diese Voraussetzungen vor, könne jeder Betroffene den bei ihm entstandenen Schaden ersetzt verlangen. Es sei dann (nur noch) Sache des innerstaatlichen Rechts der Mitgliedstaaten, die zuständigen Gerichte zu bestimmen und die Verfahrensmodalitäten für die Schadensersatzklagen festzulegen.[608] Auf eine weitergehende Konturierung der Aktivlegitimation hat der EuGH verzichtet.

Vor dem Hintergrund des oben Gesagten ist im Falle der Marktmanipulation davon auszugehen, dass eine dezentrale Normdurchsetzung zu einer gesteigerten Normbefolgung beiträgt. In sachlicher Hinsicht sind die Voraussetzungen erfüllt: Das Verbot der Marktmanipulation schützt den Kapitalmarkt vor missbräuchlichem Verhalten, durch das zumindest reflexartig auch die Marktteilnehmer profitieren. Das geht auch aus den Erwägungsgründen der MMVO hervor, die auf die Individualinteressen Bezug nehmen.[609] Auch in persönlicher Hinsicht liegen die Voraussetzungen einer funktionalen Subjektivierung hinsichtlich des Verbotes der Marktmanipulation vor. Denn der durch die Marktmanipulation Geschädigte hat schon aufgrund dieser Eigenschaft ein Interesse daran, dass der Schaden ersetzt wird. Daher ist das Verbot der Marktmanipulation gemäß Art. 15 MMVO als Schutzgesetz im Sinne des § 823 Abs. 2 BGB einzuordnen.[610]

2. *Beschränkung auf informationsgestützte Marktmanipulation?*

Eine Ansicht in der Literatur will in diesem Zusammenhang eine solche Subjektivierung des einzelnen Anlegers allerdings nur im Falle informationsgestützter Marktmanipulation annehmen.[611] Zur Begründung führt sie an, dass bei der Frage nach der effektiven Normdurchsetzung vor allem die Durchsetzungskosten eine entscheidende Rolle spielen würden. Informationsbasierte Marktmanipulationen, bei denen die Tathandlung darin besteht, dass unwahre Informationen verbreitet oder wahre Informationen unterdrückt werden, könnten durch

608 Vgl. EuGH, Rs. C-453/99, Slg. 2001, I-6297 = EuZW 2001, 715 – Courage Rn. 29.

609 Siehe oben Dritter Teil, 3. Kapitel, § 1 A. I. 3.

610 So auch *Hellgardt*, AG 2012, 154 (165); *Mock*, in: Kölner Kommentar WpHG, § 20a Rn. 479; *Veil*, in: Veil, Europäisches Kapitalmarktrecht, § 6 Rn. 40 bzw. § 5 Rn. 57 ff.

611 *Klöhn*, in: Kalss/Fleischer/Vogt, Gesellschafts- und Kapitalmarktrecht in Deutschland, Österreich und der Schweiz 2013, S. 229 ff.

Private zu niedrigeren Kosten erkannt werden, da die zivilrechtliche Normdurchsetzung auf einem dezentralen System der Informationssammlung und -verarbeitung basiere. Bei einer handelsbasierten Marktmanipulation, bei der die Tathandlung in einer bestimmten Handelsstrategie besteht, den Preis eines Finanzinstruments auf ein künstliches Niveau zu heben oder zu senken, könnten private Anleger kaum zur effektiven Durchsetzung beitragen, da ihre Einsicht in das Handelsgeschehen nur sehr begrenzt sei. Zudem sei es für Private kaum möglich, im Falle der handelsbasierten Marktmanipulation eine Identifizierung des Täters vorzunehmen. Aus diesem Grund sei zwischen der informationsbasierten und der handelsbasierten Marktmanipulation zu unterscheiden. Nur Erstere könne effektiv durch private Normdurchsetzung durchgesetzt werden.[612]

Diese Argumentation ist im Ansatz richtig. Sofern aus ihr aber der Schluss gezogen werden soll, dass im Falle der handelsbasierten Marktmanipulation kein Schadensersatzanspruch gemäß § 823 Abs. 2 BGB besteht, muss dem entschieden widersprochen werden. Dagegen spricht schon die Tatsache, dass es mehr als zwei Formen von Marktmanipulation gibt, was eine Differenzierung für die Gewährung von Schadensersatzansprüchen ungleich erschwert.[613] Auch kann man informations- und handelsbasierte Marktmanipulation nicht trennscharf auseinanderhalten. Wie wäre der Fall zu entscheiden, wenn der Täter seine handelsbasierte Marktmanipulation zusätzlich durch falsche Informationen untermauert?

Die Differenzierung ist vor allem aber unter Wertungsgesichtspunkten fragwürdig. Konsequenz dieser Unterscheidung wäre der Umstand, dass ein Anleger im Falle der informationsbasierten Marktmanipulation seinen Schaden ersetzt verlangen könnte, wenn der Täter doch identifiziert werden konnte, im Falle der handelsbasierten Marktmanipulation hingegen nicht. Wertungsmäßig ist dies nicht überzeugend, da beide Arten der Marktmanipulation verhindert werden sollen und die Abschreckungswirkung sich daher auf beide Arten beziehen muss. Andernfalls könnten Schädiger eine Haftung dadurch umgehen, dass sie den Kapitalmarkt ausschließlich mittels handelsbasierter Marktmanipulation täuschen. Auch dem durch eine handelsbasierte Marktmanipulation geschädigten Anleger wäre kaum vermittelbar, warum er keinen Schaden ersetzt verlangen kann, obwohl er das schadensbegründende Ereignis und den Schädiger identifizieren konnte.

---

612 *Klöhn*, in: Kalss/Fleischer/Vogt, Gesellschafts- und Kapitalmarktrecht in Deutschland, Österreich und der Schweiz 2013, S. 238 ff.

613 *Fleischer*, Gutachten F zum 64. DJT Bd I 2002, S. F 119; *Mock*, in: Kölner Kommentar, § 20a Rn. 1, 7 ff.

Auch ein Blick auf die Historie der Rechtsprechungsanalogie bestätigt diesen Befund. So lässt sich der EuGH-Rechtsprechung eine solche Differenzierung nicht entnehmen. Gerade in den vor dem EuGH verhandelten Fällen handelte es sich oftmals um Kartelle, damit also nicht um „sichtbare" Verstöße. So erwähnt der EuGH in der Rechtssache *Pfleiderer*, dass es sich bei kartellrechtlichen Verstößen meist auch um „verschleierte" Verstöße handele.[614] Wenn also im Kartellrecht der einzelne Geschädigte mittels Subjektivierung instrumentalisiert werden soll, die Regelungen durchzusetzen, muss dies auch für Fälle handelsbasierter Marktmanipulation gelten. Eine Unterscheidung zwischen informationsbasierter und handelsbasierter Marktmanipulation ist demnach abzulehnen.

3. *Ansprüche des Emittenten und mittelbar Geschädigter*

Schadensersatzansprüche des Emittenten gegen den Täter einer Marktmanipulation kamen nach bisheriger Rechtslage schon deshalb nicht in Betracht, weil § 20a WpHG a. F. allein dem Anlegerschutz dienen sollte und der Emittent daher schon nicht in den Schutzbereich der Norm fiel.

Nach dem neuen Normdurchsetzungsmodell müssten Ansprüche des Emittenten konsequenterweise möglich sein, weil es auf die Tatsache, dass er nicht in den Schutzbereich der Norm fällt, nicht mehr ankommt. Vielmehr ist danach zu fragen, ob der Emittent zur Durchsetzung der Regelungen fähig ist und zu einer effektiveren Normdurchsetzung verhelfen könnte. Dies wird man im Falle der Marktmanipulation bejahen müssen. Denn wenn schon Anleger zu mehr Aufdeckungswahrscheinlichkeit beitragen können, so muss dies erst recht für den Emittenten des Wertpapiers gelten, das von der Marktmanipulation betroffen ist. Dieser wird am ehesten Unregelmäßigkeiten in der Kursentwicklung entdecken und entsprechend Nachforschungen anstellen. Voraussetzung für den Schadensersatzanspruch ist freilich immer das Vorliegen eines kausalen Schadens des Emittenten.

Ebenso verhält es sich mit den Ansprüchen nur mittelbar Geschädigter. Mittelbare Schädigungen (sog. Fernschäden) entstehen immer dann, wenn der durch die Marktmanipulation entstandene Schaden im Rahmen von „Verwertungsketten" an Dritte weitergegeben wird. Im Kartellrecht wird seit langem untersucht, inwiefern auch die Kunden eines Vertragspartners der Kartellanten, der selbst durch das Kartell geschädigt wurde, Schadensersatz von den Kartellanten verlangen können.[615] Aufgrund der oft ähnlichen Strukturen von Kartell- und

614 EuGH, Rs. C-360/09, Slg. 2011, I-5161 = BeckEuRS 2011, 574633 Rn. 29 – Pfleiderer.
615 Siehe nur *Zetzsche*, ZHR 179 (2015), 490 ff. m.w.N.

Marktmanipulationsrecht sind solche Fallgestaltungen auch im Bereich der Marktmanipulation zu finden, beispielsweise im Falle des Libor-Skandals: Da sich Privatkredite häufig am Libor als Referenzzinssatz orientieren, konnten Kreditnehmern durch periodische Erhöhung des Referenzzinssatzes überteuerte Zinssätze vermittelt werden, weshalb nicht nur andere (nicht am Kartell beteiligte) Banken, sondern auch deren Kunden durch die Marktmanipulation der Kartellanten geschädigt wurden.

Während Schadensersatzansprüche solcher mittelbar Geschädigten nach bisherigem Normdurchsetzungsrecht auf Ebene des Tatbestands der deliktischen Norm, etwa durch restriktive Handhabung des Schutzzwecks der Norm oder der Bestimmbarkeit beziehungsweise Vorhersehbarkeit des Anspruchstellers eingegrenzt wurden, ist dies im neuen Normdurchsetzungsmodell nicht mehr möglich. Eine Anspruchsbegrenzung auf tatbestandlicher Ebene findet dort nicht mehr statt, weil nunmehr jeder Betroffene die Möglichkeit haben soll, den Schaden geltend zu machen.[616]

Allerdings wird man über das Institut der Vorteilsausgleichung versuchen müssen, ungerechtfertigte Vorteile aufseiten der (unmittelbar) Geschädigten zu verhindern und damit eine Überkompensation zu vermeiden, wenn diese den ihnen entstandenen Schaden an Dritte weitergegeben haben.[617]

III. Ergebnis

Die Schutzgesetzeigenschaft von Art. 15 MMVO lässt sich zum einen vor dem Hintergrund der strengen Schutznormtheorie begründen, da der europäische Verordnungsgeber in der MMVO selbst und in den Erwägungsgründen klargestellt hat, dass er auch den einzelnen Anleger schützen will und die Gruppe der von der Marktmanipulation betroffenen Anleger auch individualisierbar ist.

Zum anderen lässt sich die Schutzgesetzeigenschaft vor dem Hintergrund der Implementierung des privaten Anlegers in das System der Normdurchsetzung begründen. Die dadurch entstehende effektive Normdurchsetzung führt im Rahmen der teleologischen Auslegung von Art. 15 MMVO zu einer Bejahung der Schutzgesetzeigenschaft. Dabei kommt ein Schadensersatzanspruch in allen Fällen von Marktmanipulation in Betracht. Insbesondere ist nicht zwischen informationsbasierter und handelsbasierter Marktmanipulation zu differenzieren. Ein Anspruch steht schließlich auch dem Emittenten der von der Manipulation betroffenen Wertpapiere zu.

---

616 Siehe oben Dritter Teil, 2. Kapitel, § 2.

617 Vgl. zum Ganzen *Zetzsche*, ZHR 179 (2015), 490 (509) m.w.N.

B. Schaden

Auch vor dem Hintergrund des neuen Normdurchsetzungsansatzes stellt sich die Frage, wie der Schadensersatzanspruch inhaltlich ausgestaltet sein muss. Dabei kommen der Ersatz der Kursdifferenz sowie der Ersatz des negativen Interesses in Betracht. Bereits zur alten Rechtslage wurde dazu festgestellt, dass die vollumfängliche Haftung gemäß § 249 BGB die Regel, die Ausklammerung die zu begründende Ausnahme ist.[618] Durch das „Überstülpen" der europäischen Vorgaben bezüglich eines Schadensersatzanspruchs wegen Marktmissbrauch muss auch die Frage, ob ein Schaden entstanden ist respektive in welcher Höhe dieser besteht, vor dem Hintergrund der europarechtlichen Rechtsprechung und damit anhand des Effektivitäts- und des Äquivalenzgrundsatzes entschieden werden.

I. Effektivitätsgrundsatz

Bereits oben wurde erläutert, dass es auf die Frage nach dem Schutzzweck der Norm nicht mehr ankommt.[619] Dies gilt nicht nur für die Frage nach der Schutzgesetzeigenschaft des Art. 15 MMVO, sondern auch hinsichtlich der Schadensproblematik. Entscheidend ist nunmehr, wie das Verbot der Marktmanipulation wirksam durchgesetzt werden kann.

Allerdings ist es höchst fraglich, ob es für die Effektivität der Normdurchsetzung eine Rolle spielt, welche Art von Schadensersatz gewährt wird.[620] Denn auch für den Fall, dass dem Geschädigten im Falle von Marktmanipulation nur der Kursdifferenzschaden ersetzt wird, ist dies bereits Anreiz, den Anspruch auch geltend zu machen und gerichtlich durchzusetzen. Insofern würde sich nichts ändern, wenn man dem Geschädigten auch den Vertragsabschlussschaden gewähren würde. In beiden Fällen bekommt der Geschädigte eine Kompensation für die Schädigung, die sich nur in ihrem Umfang voneinander unterscheidet. Es gibt insoweit keine Anhaltspunkte dafür, dass ein Geschädigter von einer Geltendmachung des Schadensersatzanspruchs absieht, weil er lediglich die Kursdifferenz ersetzt bekommt und nicht auch der Vertrag rückabgewickelt wird. Zwar kann die Rückabwicklung des Geschäfts für den geschädigten Anleger zusätzliche Vorteile bringen, etwa weil er kein Interesse mehr an den Wertpapieren hat. Aus dem Blickwinkel der Normdurchsetzung erscheint es aber unwahrscheinlich, dass der Anleger aus diesem Grund von der Verfolgung seines Anspruchs absieht.

---

618 Siehe oben Zweiter Teil, 1. Kapitel, § 3 A. 5.

619 Zweiter Teil, 2. Kapitel, § 3 A. I.

620 Vgl. dazu *Spindler*, NZG 2012, 575 (578): Präventivwirkung.

II. Äquivalenzgebot

Entscheidend ist vielmehr das sog. Äquivalenzgebot.[621] Art. 4 Abs. 3 EUV verbietet es, bei der Anwendung nationalen Rechts zur Durchführung des Unionsrechts Unterschiede gegenüber Verfahren zu machen, in denen über gleichartige, aber rein national bestimmte Sachverhalte entschieden wird.[622] Auch wenn beide Arten des Schadensersatzes gleich effektiv erscheinen, dürfen die europäischen Regelungen somit nicht hinter den nationalen Sanktionen zurückstehen.

Fraglich ist, welcher Vergleichsmaßstab dabei heranzuziehen ist. Im deutschen Recht gelten – wie oben erläutert[623] – hinsichtlich der Rechtsfolgen beim Schadensersatzanspruch allgemein die §§ 249 ff. BGB. Daher müsste auch im Falle der Marktmanipulation der Vertragsabschlussschaden, also das negative Interesse, ersatzfähig sein, weil dieses im deutschen Recht grundsätzlich im Rahmen des Schadensersatzanspruchs ersetzt wird, soweit die Voraussetzungen hierfür vorliegen. Allerdings würde eine solche Vergleichsbetrachtung zu weit gehen, zumal das Äquivalenzgebot lediglich vorschreibt, Verstöße nicht milder zu ahnden als gleichartige Verstöße gegen nationales Recht. Daher muss eine Vergleichsgruppe gebildet werden, die derjenigen der Marktmanipulation entspricht. Der Umstand, dass in anderen Bereichen des deutschen Zivilrechts der Ersatz des negativen Interesses gewährt wird, gibt also noch keinen Aufschluss darüber, ob dies bei der Marktmanipulation auch der Fall sein muss. Da es bei Marktmissbrauch um dysfunktionales Verhalten am Kapitalmarkt geht, müssen als „gleichartige Verstöße" andere Fälle der Kapitalmarkthaftung als Vergleichsmaßstab herangezogen werden.[624]

Um der Frage nachzugehen, ob bei Verstößen gegen das Verbot der Marktmanipulation auch das negative Interesse ersetzt wird, muss zunächst eine adäquate Vergleichsgruppe gebildet werden, die wertungsmäßig mit derjenigen der Marktmanipulation übereinstimmt. In Betracht kommt dabei ein Vergleich mit der börsenrechtlichen Prospekthaftung gemäß § 21 Abs. 1 WpPG, wonach der Emittent bei einem Verstoß gegen die Prospektpflicht die Wertpapiere gegen Erstattung des Erwerbspreises übernehmen muss.[625] Der Umstand, dass der deutsche Gesetzgeber in einer Regelung, die den Kapitalmarkt vor fehlerhaften

---

621 Vgl. dazu oben Dritter Teil, 2. Kapitel, § 1 B. mit Fn. 488.

622 *Von Bogdandy/Schill*, in: Grabitz/Hilf/Nettesheim, Das Recht der Europäischen Union, Art. 4 EUV Rn. 84.

623 Siehe oben Zweiter Teil, 1. Kapitel, § 3 A. 5.

624 Vgl. *Hellgardt*, AG 2012, 154 (161).

625 Von der Struktur her ähnlich ist auch § 306 Abs. 1 KAGB, der aber mangels Vergleichbarkeit ausscheidet, vgl. *Hellgardt*, AG 2012, 154 (161).

oder falschen Informationen schützen soll, die Erstattung des Erwerbspreises gewährt, ist somit ganz entscheidend für die Frage hinsichtlich des Schadens im Rahmen der zivilrechtlichen Haftung für Marktmanipulation. Denn die Haftungsmodalitäten dürfen vor dem Hintergrund der europarechtlichen Normdurchsetzung nicht hinter denjenigen des vergleichbaren deutschen Rechts zurückstehen.[626]

Auch im Zusammenhang mit anderen Informationspflichtverletzungen am Kapitalmarkt wird ersichtlich, dass nicht nur der Gesetzgeber, sondern auch die Rechtsprechung grundsätzlich von der Ersatzfähigkeit des Vertragsabschlussschadens ausgeht. So hat der BGH zu § 826 BGB und § 823 Abs. 2 BGB in Verbindung mit § 400 AktG entschieden, dass in diesen Fällen der Vertragsabschlussschaden geltend gemacht werden kann.[627] Die ständige Rechtsprechung des BGH bejaht bei Informationspflichtverletzungen, beispielsweise bei der Prospekthaftung im engeren Sinne, im Regelfall eine schadensrechtliche Rückabwicklung.[628] Auch bei vorvertraglichen Aufklärungspflichtverletzungen[629] und bei Informationsdefiziten im Rahmen von Beratungsverträgen[630] geht die Rechtsprechung von einer Rückabwicklung der Verträge aus. Schließlich hat der BGH einen Ersatz des Vertragsabschlussschadens auch bei fehlerhaften Ad-hoc-Mitteilungen im Rahmen von § 826 BGB angenommen.[631]

Das Äquivalenzgebot erfordert es somit, im Rahmen des Schadensersatzanspruchs bei Marktmanipulation auch den Ersatz des negativen Interesses zu gewähren.

III. Ergebnis

Im Ergebnis lässt sich damit festhalten, dass es keinen überzeugenden Grund gibt, die allgemeingültigen Grundsätze der Schadensersatzhaftung gemäß §§ 249 ff. BGB im Falle der Marktmanipulation außer Kraft zu setzen. Es ist nach allem nicht ersichtlich, warum derjenige, der vorsätzlich den Kurs eines Wertpapiers manipuliert, um daraus – zum Nachteil anderer – finanzielle Vorteile zu

---

626 In diesem Sinne ausdrücklich auch § 44 Absatz 1 BörsG i.d. Fassung v. 2007, § 13a Absatz 1 VerkProspG, § 127 Absatz II InvG.

627 S. dazu oben die Infomatec-Rechtsprechung; zu § 400 AktG vgl. nur BGH, NJW 2005, 2450 = NZG 2005, 672.

628 Vgl. BGHZ 115, 213 (220) = NJW 1992, 228 m. w. N.

629 Vgl. nur BGHZ 146, 235 (239 f.) = NJW 2001, 962.

630 Vgl. BGH NJW 2011, 1949 = NZG 2011, 591.

631 Zur Haftung für fehlerhafte Ad-hoc-Mitteilungen im Rahmen von § 826 BGB vgl. BGHZ 160, 149 (153 f.) = NJW 2004, 2971.

ziehen, besser gestellt werden sollte als jeder andere Schädiger im Bereich des Kapitalmarktrechts.

C. Kausalität

Die Marktmanipulation muss zudem hinsichtlich des beim Anleger eingetretenen Schadens kausal gewesen sein. Auch im Rahmen der Kausalität stellt sich die Frage, welche Auswirkungen die Rechtsprechung des EuGH nach sich zieht. In seiner *Kone*-Entscheidung hat der EuGH festgestellt, dass „der Schadensersatzanspruch nicht kategorisch und unabhängig von den speziellen Umständen des konkreten Falles vom Vorliegen eines unmittelbaren Kausalzusammenhangs abhängig" gemacht werden dürfe.[632] Vor diesem Hintergrund ist zu erörtern, inwiefern das Merkmal der Kausalität vorliegen muss und wie der Nachweis der Kausalität geführt werden kann.

I. Kausalität beim Kursdifferenzschaden

Im Falle des Kursdifferenzschadens ist in Hinblick auf die Kausalität zu prüfen, ob der Anleger ohne die Informationspflichtverletzung zum Zeitpunkt des Umsatzgeschäfts dieses zu einem für ihn günstigeren Kurs abgeschlossen hätte.[633] Daher muss der Anleger (lediglich) darlegen, dass der Kurs ohne die Marktmanipulation höher beziehungsweise niedriger gewesen wäre (sog. Preiskausalität). Dies ist im Rahmen der Marktmanipulation unproblematisch, zumal dort ein Blick in das Orderbuch der Wertpapierbörse genügt, um die manipulativen Order ausfindig zu machen und aus dem Kurspreis herauszurechnen.

Auf die Kenntnis des Anlegers von der Manipulation respektive die Frage, ob er von dem Geschäft Abstand genommen hätte, wenn er von der Marktmanipulation gewusst hätte, kommt es hingegen nicht an.[634] Eine sog. konkrete Kausalität zwischen der Marktmanipulation und der Anlageentscheidung wird damit nicht verlangt und wäre auch nicht mit dem Effektivitätsgrundsatz zu vereinbaren.[635]

II. Kausalität und Vertragsabschlussschaden

Hinsichtlich des Vertragsabschlussschadens muss der geschädigte Anleger hingegen darlegen, dass er die Anlageentscheidung ohne die Manipulation nicht

---

632 Siehe oben Dritter Teil, 2. Kapitel, § 1 F.

633 *Möllers/Leisch*, in: Kölner Kommentar WpHG, §§ 37b, c Rn. 383 ff.

634 *Möllers/Leisch*, in: Kölner Kommentar WpHG, §§ 37b, c Rn. 383 ff.

635 Vgl. *Poelzig*, ZGR 2015, 801 (835).

getätigt hätte (sog. konkrete Kausalität). Das muss auch vor dem Hintergrund des Europarechts gelten.[636] Gleichwohl gilt es zu bedenken, dass dieser Nachweis kaum gelingen wird. Daher ist fraglich, ob die Beweislast im Rahmen der Kausalität die Ausübung der durch die Unionsrechtsordnung verliehenen Rechte übermäßig erschwert oder gar unmöglich macht. Während es eine Ansicht in der Literatur für ausreichend hält, dass der geschädigte Anleger bei Nachweis der Preiskausalität alternativ den Kursdifferenzschaden ersetzt verlangen kann,[637] spricht sich eine andere Literaturansicht für Beweiserleichterungen aus.[638] Richtigerweise wird man hier davon ausgehen können, dass zur Effektuierung des Marktmanipulationsverbotes auch die Möglichkeit der Geltendmachung des Kursdifferenzschadens genügt, sollte der Beweis der konkreten Kausalität nicht gelingen.[639] Einer Beweiserleichterung bedarf es daher nicht.

D. Verschulden

Auch hinsichtlich des Verschuldens besteht Dissens darüber, welcher Maßstab nach der Rechtsprechung des EuGH gelten solle. Weil nach Ansicht des EuGH ein Verstoß gegen unionsrechtliche Pflichten für eine zivilrechtliche Haftung genügt, oszillieren die von der Literatur gemachten Vorschläge zwischen einer reinen Gefährdungshaftung und einer Haftung beschränkt auf Vorsatz und grobe Fahrlässigkeit.[640] Bedenkt man, dass die §§ 37b Abs. 2, c Abs. 2 WpHG, § 23 Abs. 1 WpPG und § 12 Abs. 2 WpÜG zwar grobe Fahrlässigkeit voraussetzen, jedoch eine gesetzliche Beweislastumkehr beinhalten,[641] muss man auf der Grundlage des Äquivalenzgrundsatzes annehmen, dass im Falle der Marktmanipulation entweder bereits einfache Fahrlässigkeit für die Entstehung von Schadensersatzansprüchen genügt oder grobe Fahrlässigkeit in Kombination mit einer Beweislastumkehr vorliegen muss.[642] Da § 823 Abs. 2 BGB eine Haftung für einfache Fahrlässigkeit vorsieht, sollte man es bei dieser Vorgabe des

---

636 Vgl. *Poelzig*, ZGR 2015, 801 (835).

637 So etwa *Poelzig*, ZGR 2015, 801 (835).

638 Vgl. *Hellgardt*, AG 2012, 154 (161), der Beweiserleichterungen sowohl aus dem Effektivitätsgrundsatz als auch aus dem Äquivalenzgrundsatz mit Verweis auf § 20 Abs. 4 Nr. 1 VermAnlG befürwortet.

639 S. dazu bereits oben Dritter Teil, 3. Kapitel, § 1 B. I.

640 Vgl. *Hellgardt*, AG 2012, 154 (166).

641 *Hellgardt*, AG 2012, 154 (166) m.w.N.

642 A.A. *Poelzig*, die entsprechend §§ 37b, c WpHG eine Beschränkung auf Vorsatz und grobe Fahrlässigkeit für ausreichend erachtet, vgl. *Poelzig*, ZGR 2015, 801 (836).

deutschen Rechts belassen, um noch weitergehende Abweichungen von der bisherigen Rechtslage zu vermeiden.

E. *Haftungsadressat*

Soll die zivilrechtliche Haftung bei Marktmanipulation abschreckende Wirkung entfalten, so muss sie sich gegen denjenigen richten, der für die Marktmanipulation verantwortlich ist.[643] Ruft man sich die oben[644] nachgezeichnete Haftungskonstellation bei Marktmanipulation vor Augen, wird man feststellen, dass diese bereits maximal effektiv ist. So haftet gemäß § 823 Abs. 2 BGB grundsätzlich derjenige, der die Marktmanipulation begangen hat.[645] Damit steht fest, dass derjenige haftet, der die Tat unterlassen kann, beziehungsweise derjenige, der die Tat durch ein ungenügendes Compliance-System mit zu verantworten hat. Unter dem Gesichtspunkt der Effektivität ist der Zustand, der bei Anerkennung der Schutzgesetzeigenschaft bestünde, der Idealzustand. Einer Veränderung bedarf es daher nicht.

F. *Zusammenfassung*

Das Verbot der Marktmanipulation ist sowohl vor dem Hintergrund der bislang geltenden Schutznormtheorie, als auch nach dem neuen Normdurchsetzungsansatz als Schutzgesetz im Sinne des § 823 Abs. 2 BGB zu qualifizieren. Dabei ist dem geschädigten Anleger gemäß § 249 Abs. 1 BGB zunächst der Kursdifferenzschaden zu ersetzen. Kann der geschädigte Anleger beweisen, dass er durch die kursmanipulierende Handlung oder Information zu dem Wertpapiergeschäft veranlasst wurde, ist ihm wahlweise auch der Vertragsabschlussschaden zu ersetzen. Beweiserleichterungen bedarf es hierbei auch vor dem Hintergrund der europäischen Vorgaben nicht. Die Haftung richtet sich gegen denjenigen, der die Marktmanipulation begangen hat.

§ 2 Privatrechtliche Normdurchsetzung bei verbotenem Insiderhandel – Haftung gem. § 823 Abs. 2 BGB

Auch für den Fall des Insiderhandels stellt sich die Frage nach einer zivilrechtlichen Haftung nach § 823 Abs. 2 BGB. Das setzt voraus, dass Art. 14 MMVO

---

643 Dazu bereits oben Zweiter Teil, 1. Kapitel, § 3 A. I. 6.; siehe auch *Poelzig*, ZGR 2015, 801 (831).

644 Zweiter Teil, 1. Kapitel, § 3 A. I. 6.

645 Zweiter Teil, 1. Kapitel, § 3 A. I. 6.

Schutzgesetzeigenschaft zukommt und dem Anleger durch den Normverstoß ein Schaden entstanden ist.

A. *Die Schutzgesetzeigenschaft des Art. 14 MMVO*

I. *Paradigmenwechsel in der Literatur*

Während die Schutzgesetzeigenschaft nach alter Rechtslage nahezu einhellig verneint wurde, gibt es einige Stimmen in der neueren Literatur, die einen Paradigmenwechsel befürworten.[646] *Beneke* und *Thelen* gehen davon aus, dass bereits eine historische Auslegung des Art. 14 MMVO für die Schutzgesetzeigenschaft dieser Norm spreche. Insbesondere aus Erwägungsgrund 23 gehe hervor, dass der europäische Gesetzgeber mit der Bezeichnung des im Rahmen eines Insidergeschäfts Erlangten als „ungerechtfertigte[r] Vorteil" nicht bloß den Markt als solchen, sondern jeden einzelnen Anleger schützen wollte.[647] Zumindest aber vor dem Hintergrund der europäischen Vorgaben sei die Schutzgesetzeigenschaft von Art. 14 MMVO zu bejahen.

II. *Stellungnahme*

Im Ergebnis ist dem zuzustimmen. Allerdings überzeugt die Begründung dieses Paradigmenwechsels nur teilweise. Sowohl die grammatikalische und systematische als auch die historische Auslegung des Art. 14 MMVO führen zu keinem Ergebnis. So gibt der Wortlaut des Art. 14 MMVO keine Anhaltspunkte darüber, ob die Vorschrift einen individuellen Schutz Dritter vorsieht oder eben nicht. Auch aus der Systematik heraus ergeben sich keine Anhaltspunkte für die eine oder die andere Richtung.[648] Entgegen *Beneke*, *Thelen* und *Wahner* spricht auch die Historie nicht für einen Individualschutz der Norm. Die Tatsache, dass der europäische Gesetzgeber das wesentliche Merkmal des Insidergeschäfts in dem ungerechtfertigten Vorteil des Geschäfts erkennt, lässt allein noch nicht zwingend auf einen Individualschutz der Norm schließen. In Erwägungsgrund 23 MMVO heißt es nämlich weiter, dass „infolgedessen [die] Untergrabung der Integrität der Finanzmärkte" resultiere. Daher kann auch Erwägungsgrund 23 MMVO dergestalt ausgelegt werden, dass in erster Linie der Finanzmarkt als solcher geschützt werden solle und dadurch reflexartig auch die einzelnen

---

646 *Beneke/Thelen*, BKR 2017, 12 (12); *Wahner*, Zivilrechtlicher Anlegerschutz in der Marktmissbrauchsverordnung, S. 214 ff.

647 *Beneke/Thelen*, BKR 2017, 12 (13 f.); so auch *Wahner*, Zivilrechtlicher Anlegerschutz in der Marktmissbrauchsverordnung, S. 215 f.

648 So auch *Beneke/Thelen*, BKR 2017, 12 (13 ff.).

Anleger. Der Umstand, dass der Insider einen ungerechtfertigten Vorteil erzielt, ist selbstverständlich und war auch schon bisher bekannt. Auch der Verweis auf den *De-Larosière*-Bericht ist nicht zielführend. Der Umstand, dass dieser Bericht keine Aussagen über eine mögliche zivilrechtliche Haftung trifft, wurde bereits oben dargelegt.[649]

Allein aufgrund der EuGH-Rechtsprechung gelangt man zu dem Ergebnis, dass Art. 14 MMVO auch individualschützenden Charakter besitzt. Denn bei der Bestimmung der Schutzgesetzeigenschaft ist nicht mehr die Schutznormtheorie entscheidend, sondern das Kriterium der Betroffenheit.[650] Damit ist die Differenzierung zwischen Normen, die lediglich die Allgemeinheit schützen und solchen, die dem Schutz individueller Interessen dienen, aufzugeben. Die Anerkennung der Präventionswirkung des Zivilrechts führt dazu, dass eine zivilrechtliche Haftung bei Insiderhandel anzunehmen ist. So kann die Gewährung eines Schadensersatzanspruchs bei Verstoß gegen das Insiderhandelsverbot zu einer verbesserten Aufdeckung des Verstoßes beitragen. Denn auch hier verspricht die dezentral wirkende Normdurchsetzung mittels Schadensersatzansprüchen eine höhere Entdeckungswahrscheinlichkeit.

Im Falle der Übertragung der EuGH-Rechtsprechung kann die Schutzgesetzeigenschaft des Insiderhandelsverbotes deshalb nicht mehr mit dem Argument abgelehnt werden, dass das Verbot allein objektiv marktschützend sei und keinen Individualschutz gewähre. Ein Schadensersatzanspruch nach § 823 Abs. 2 BGB käme daher grundsätzlich in Betracht. Dies muss aufgrund der gleichen Interessenlage sowohl für außerbörsliche Geschäfte (Face-to-Face-Geschäfte) als auch für Börsenumsatzgeschäfte gelten.

B. Schaden

Weitere Voraussetzung für das Vorliegen der Haftung gemäß § 823 Abs. 2 BGB ist neben der Verletzung eines Schutzgesetzes auch ein dem Outsider entstandener Schaden. Wie bereits oben dargelegt, kann ein Schaden in zwei verschiedenen Formen vorliegen, einmal als Kursdifferenzschaden oder in Form des Vertragsabschlussschadens.

I. Kursdifferenz- und Vertragsabschlussschaden

Auch unter Zugrundelegung der EuGH-Rechtsprechung scheidet ein Kursdifferenzschaden mangels Kursdifferenz aus. Eine Bewegung des Aktienkurses

649 Siehe dazu bereits oben Dritter Teil, 2. Kapitel, § 2 C. I. 1.
650 Siehe dazu bereits oben Dritter Teil, 2. Kapitel, § 3 A.

wird – im Gegensatz zu den Fällen der Marktmanipulation oder des Verstoßes gegen die Ad-hoc-Mitteilungspflicht – in der Praxis in den allermeisten Fällen nicht ausgelöst.[651] An dieser Tatsache ändert freilich auch die EuGH-Rechtsprechung nichts.[652] Auch die – nunmehr unterstellte – Präventivwirkung von Schadensersatzansprüchen kann dort keinen Schadensersatzanspruch begründen, wo kein Schaden entstanden ist.[653]

In Betracht kommt allerdings ein Ersatz des Vertrauensschadens. Das hängt insbesondere davon ab, welchen Zweck man der Regelung des Art. 14 MMVO beimessen will. Soll die Norm lediglich einen konkreten Schaden verhindern, so kommt der Ersatz des Vertrauensschadens mangels schutzwürdigen Vertrauens nicht in Betracht.[654] Geht man allerdings – vor dem Hintergrund der europäischen Vorgaben – davon aus, dass die Norm ein bestimmtes, marktwidriges Verhalten unterbinden will, kommt ein Schadensersatzanspruch wegen Verstoß gegen das Insiderhandelsverbot in Betracht. In diesem Fall können die privaten Klagen auf Ersatz des Vertrauensschadens dazu beitragen, dass von vornherein nicht gegen das Insiderhandelsverbot verstoßen wird.[655]

II. Differenzierungsvorschläge aus der Literatur

Aus der Literatur kommen bezüglich des Insiderhandels vermehrt Vorschläge hinsichtlich einer Differenzierung zwischen einzelnen Anlegerarten beziehungsweise verschiedenen Informationsarten. Diese möglichen Unterscheidungen sollen im Folgenden beleuchtet werden.

---

651 Siehe oben Zweiter Teil, 2. Kapitel, § 3 A. I. 4. b); dies verkennen *Beneke/Thelen*, BKR 2017, 12 (20).

652 In den seltenen Fällen, in denen eine Kursdifferenz doch vorliegen sollte, muss ein Kursdifferenzschaden konsequenterweise aber angenommen werden.

653 So schon zur bisherigen Rechtslage *Wagner*, in: FS Koziol, S. 934: „glatt zu verneinen."

654 Siehe oben Zweiter Teil, 2. Kapitel, § 3 A. I. 4. b).

655 Nach US-amerikanischem Kapitalmarktrecht wird für die Folgen von Verstößen gegen das Insiderhandelsverbot grundsätzlich gehaftet. Hierzu und zur Frage, ob und inwieweit das amerikanische Modell auf deutsche Verhältnisse übertragbar ist, *Steinhauer*, Insiderhandelsverbot und Ad-hoc-Publizität, S. 216 f.

1. *Die Unterscheidung zwischen Informationshändlern und anderen Marktteilnehmern*

Von Teilen der Literatur wird versucht, das Vorliegen eines Schadens vor dem Hintergrund des sog. Informationsarbitragemodells zu begründen.[656] So wird vertreten, dass diesbezüglich zwischen den Informationshändlern und den *utility traders* respektive den *noise traders* unterschieden werden müsse. Entscheidend sei der Umstand, dass die *utility traders* und die *noise traders* aufgrund der Tatsache, dass sie am Kapitalmarkt überhaupt nicht nach neuen Informationen suchen, auch keinen eigenen Schaden hätten.[657] Vielmehr seien sie dadurch geschützt, dass sie sich diversifizieren könnten und der Schaden in ihrem Portfolio durch Gewinne aus anderen Aktienkäufen ausgeglichen werden könne. Dies sei bei den Informationshändlern nicht der Fall sei, zumal diese immer nur gezielt Aktien kaufen würden. Im Ergebnis solle den uninformierten Händlern ein Schadensersatzanspruch gemäß § 823 Abs. 2 BGB dennoch zustehen, nicht zu ihrem eigenen Schutz, sondern vielmehr zum Schutz der Informationshändler.[658] Dogmatisch wird dies damit begründet, dass der Insider durch den Handel mit uninformierten Händlern gleichzeitig die Arbitragemöglichkeiten der Informationshändler eliminiere, was zu deren Ausscheiden aus dem Markt führe. Hätte der Insider nicht gehandelt, hätten die Informationshändler dies nach der Bekanntgabe der Information getan und dadurch einen Gewinn eingestrichen. Wolle man die Informationshändler effektiv schützen, müsse man sie daher vor dem Eintritt dieses Schadens bewahren und ihnen die Möglichkeit einer Kompensation einräumen.[659]

Die Differenzierung zwischen Informationshändlern und sonstigen Marktteilnehmern überzeugt jedoch nicht. Legt man den Ansatz der EuGH-Rechtsprechung zugrunde, der von der präventiven Wirkung zivilrechtlicher Schadensersatzansprüche ausgeht, so kommt man bereits aufgrund dieser verhaltenssteuernden Wirkung zu dem Ergebnis, dass der Vertrauensschaden ersetzt werden muss. Denn in diesem Fall ist eine Berufung auf das Argument, der Outsider könne kein schützenswertes Vertrauen auf eine Veröffentlichung aller Insiderinformationen haben, nicht möglich, weil es nicht mehr um die Frage

---

656 Siehe dazu oben Erster Teil, 2. Kapitel, § 2 B.

657 Vgl. *Beneke/Thelen*, BKR 2017, 12 (15 f.); zu dieser Unterscheidung auch *Klöhn*, ZHR 177 (2013), 349 (377) m.w.N.

658 Vgl. *Beneke/Thelen*, BKR 2017, 12 (18).

659 Dazu wird eine Parallele zur Drittschadensliquidation bemüht, da die uninformierten Händler keinen eigenen Schaden hätten und daher den Schaden der Informationshändler geltend machen würden, vgl. *Beneke/Thelen*, BKR 2017, 12 (18 f.).

der Schutzrichtung der Verbotsnorm geht, sondern darum, wer den Verstoß am effektivsten aufdecken kann. Da der Vertragspartner des Insiders unabhängig davon, ob er informiert oder uninformiert ist, einen Vermögensnachteil hat, soll er in beiden Fällen klagebefugt sein und somit zur effektiven Normdurchsetzung beitragen.

2. *Die Begrenzung auf positive Informationen*

Nach Ansicht von *Grechenig* soll hinsichtlich des Schadens zwischen positiven und negativen Informationen differenziert werden. Allein die Ausnutzung einer positiven, also kurssteigernden Information solle einen Schaden begründen können. In diesem Fall eigne sich der Insider die seinem Vertragspartner zustehenden Vermögenswerte an und greife daher in das Eigentumsrecht des Anlegers ein. Begründet wird dies mit dem Argument, der Handel mit negativen Informationen sorge für eine schnellere Verbreitung und Einpreisung der Information und sei daher zu privilegieren.[660]

Dagegen wird zu Recht eingewendet, dass auch negative Informationen einen Schaden verursachen können. Der Anleger wird dadurch zu einer wirtschaftlich sinnlosen Investition verleitet. Da er sein Geld nicht anderweitig investieren kann, verliert er ebenso Vermögen wie beim vorzeitigen Verkauf einer im Wert steigenden Anlage.[661] Die Behauptung, ein betroffener Anleger habe allein deshalb keinen Schaden, weil (in der Theorie) der Insiderhandel zu einem schnelleren Einpreisen von Informationen führt, ist mit dem heutigen Verständnis eines effektiven Kapitalmarktes nicht vereinbar. Zwar mag es sein, dass der Kurs in diesem Fall wieder alle Informationen enthält und dem Fundamentalwert nahe kommt. Allerdings darf dies nicht dazu führen, dass der geschädigte Anleger im Namen der Allgemeinheit „geopfert" wird. Erleidet ein Anleger einen Schaden, so muss dieser ausgeglichen werden. Geschieht dies nicht, wird dieser Anleger in Zukunft nicht mehr am Kapitalmarkt investieren. Das Ziel einer gesteigerten Markttransparenz und letztlich einer höheren Liquidität am Kapitalmarkt wird nicht erreicht werden können, begrenzte man die Schadensersatzansprüche nach dem Kreis der Anspruchsberechtigten. Freilich führt Insiderhandel mit negativen Nachrichten kurzfristig zu einer schnelleren Einpreisung aller Informationen in den Kapitalmarkt. Wer aber im Interesse einer solchen effektiven Einpreisung einem Geschädigten den Schaden abspricht, übersieht, dass diese

660 *Grechenig*, ZBB 2010, 233 (239).
661 *Beneke/Thelen*, BKR 2017, 12 (20).

kein reiner Selbstzweck ist, sondern vielmehr eine Etappe auf dem Weg zu mehr Markttransparenz und Liquidität.

Dem Grunde nach ist die Idee, dass es als positiv anzusehen sei, wenn der Markt durch den Insiderhandel mit negativen Informationen informiert wird, Ausfluss des noch immer aufkeimenden Gedankens, dass Insiderhandel für den Kapitalmarkt nützlich sei. Tatsächlich war die Einführung des Verbots von Insiderhandel hoch umstritten.[662] Ausgelöst wurde die Diskussion durch *Manne*, der zwei zentrale Argumente anführte, warum Insiderhandel nicht verboten werden sollte. Zum einen sei Insiderhandel mit Blick auf eine effektive Leitung der Unternehmen durch ihre Manager wünschenswert. Zum anderen führten Insidergeschäfte zu einer besseren Kapitalallokation und somit zu effizienteren Kapitalmärkten.[663]

Beide Argumente fanden großen Zuspruch in der amerikanischen Literatur.[664] So wurde angenommen, dass Insiderhandel als eine Art Leistungsprämie für das Management verstanden werden müsse (sog. *agency theory*). Dabei stelle die Erlaubnis von Insidergeschäften einen Teil des Anreiz- und Belohnungssystems dar. Für das Unternehmen sei dies vorteilhaft, weil der Vorstand in Eigeninitiative neue Geschäftsmöglichkeiten suche.[665]

Zu Recht stieß diese Sichtweise auf erhebliche Kritik.[666] Es fehle schlicht an einem inneren Zusammenhang zwischen der unternehmerischen Pionierleistung und den Vermögensvorteilen aus Insidergeschäften.[667] Auch könne für Vorstände ein besserer Anreiz zur Gewinnmaximierung durch andere Vergütungsmodelle erreicht werden, beispielsweise durch Aktienoptionen (*stock options*).[668]

Ließe man Insiderhandel von Vorständen zu, so gäbe es eine Vielzahl von Fällen, in denen nicht nur kein Anreiz bestünde, zum Wohle der Gesellschaft zu handeln, sondern vielmehr gegen die Interessen des eigenen Unternehmens zu handeln. Die *agency theory* geht von der Prämisse aus, dass die Interessen von Vorstand und Gesellschaft nahezu immer parallel verlaufen. Es sind aber durchaus Fallgestaltungen denkbar, in denen dies gerade nicht der Fall ist. Als Beispiel sei nur an eine Unternehmensübernahme zu denken: Aufgrund der Stellung als Vorstand

---

662 Vgl. nur *Mennicke*, in: Fuchs, WpHG, Vor §§ 12–14 Rn. 98.

663 *Manne*, Insider Trading and the Stock Market, S. 77 ff.

664 Vgl. beispielsweise nur *Wu*, Colum.L.Rev. Vol. 68 No. 2 (1968), 260 (265 ff.).

665 *Carlton/Fischel*, Stan.L.Rev. Vol. 35 (1982), 857 (861 ff.); dazu auch *Ott/Schäfer*, ZBB 1991, 226 (231 ff.): „falsche Anreize".

666 Ausführlich die Darstellung bei *Mennicke*, Sanktionen gegen Insiderhandel, S. 63 ff.

667 *Mennicke*, in: Fuchs, WpHG, Vor §§ 12–14 Rn. 104.

668 *Hopt*, AG 1995, 353 (356); *Pananis*, Insidertatsache und Primärinsider, S. 14 f.

der Bietergesellschaft käme dieser Vorstand in den Genuss von Insiderinformationen über die Zielgesellschaft und die geplante Übernahme. Er könnte daher ohne weiteres Aktien der Zielgesellschaft kaufen, in der Voraussicht, dass diese Aktien mit Bekanntwerden der Übernahmeabsicht steigen werden. Dann müsste die Bietergesellschaft aber durch das zusätzliche – vom Vorstand veranlasste – Ansteigen des Aktienkurses einen höheren Preis für die Aktien zahlen. Die Interessen von Vorstand und Unternehmen stehen sich hier diametral gegenüber.

Gewichtiger als das Anreizargument ist die zweite These, dass Insidergeschäfte zu einer Verbesserung der Kapitalallokation führten. Durch das einzelne Insidergeschäft, vor allem aber über andere Marktteilnehmer, die dem Handel des Insiders folgten, komme es auf effizientem Wege zu Kurskorrekturen.[669] Auch hier gehen die Befürworter einer Legalisierung von Insiderhandel jedoch von Annahmen aus, die in der Praxis nur zum Teil zutreffen. Denn es ist theoretisch zwar möglich, dass ein solcher Nachzieheffekt anderer Börsenteilnehmer besteht. Voraussetzung hierfür ist aber, dass die anderen Anleger erkennen, dass die Kursbewegungen von Insidern und nicht durch anderweitige Umstände beeinflusst worden sind.[670] Das ist in der Praxis kaum möglich, weil es für Kursschwankungen eine Vielzahl von möglichen Erklärungen gibt. Woher sollen die anderen Marktteilnehmer wissen, dass es sich bei einer Kursbewegung um das Einpreisen einer Insiderinformation handelt?

Ferner liegt dem Gedanken der gesteigerten Allokationseffizienz durch Insiderhandel ein innerer Widerspruch zu Grunde: Die Insiderinformation ist für den Insider nur dann von Wert, solange sie als solche besteht. Ist sie einmal öffentlich bekannt, kann der Insider aufgrund seines Mehrwissens keine Gewinne mehr ableiten, die nicht auch jeder andere Marktteilnehmer erzielen könnte. Daher wird der Insider ein Interesse daran haben, seine Insiderinformation so lange wie möglich geheim zu halten und gerade keine Markttransparenz herstellen. Die übrigen Marktteilnehmer haben damit keine Vorteile durch den Insiderhandel.[671]

Es bleibt daher festzuhalten, dass die Einführung eines Verbotes von Insiderhandel grundsätzlich richtig war. Damit ist aber auch nachgewiesen, dass eine Differenzierung zwischen positiven und negativen Informationen für die effektive Durchsetzung des Insiderhandelsverbotes nicht überzeugt, weil beide Arten des Insiderhandels für den Kapitalmarkt schädlich sind.

---

669 *Manne*, Insider Trading and the Stock MMVOket, S. 80 ff.; *Wu*, Colum.L.Rev. Vol. 68 No. 2 (1968), 260 (268); *Schneider*, DB 1993, 1429 (1431).

670 *Mennicke*, in: Fuchs, WpHG, Vor §§ 12–14 Rn. 109.

671 In diese Richtung auch *Mennicke*, in: Fuchs, WpHG, Vor §§ 12–14 Rn. 109.

III. Ergebnis

Für den Normalfall des Insiderhandels wird man vor dem Hintergrund der EuGH-Rechtsprechung einen Schaden in Form des Vertragsabschlussschadens anerkennen müssen. Die zur bisherigen Rechtslage vorgebrachten Argumente verlieren infolgedessen ihre Aktualität. Ein Kursdifferenzschaden wird aber auch weiterhin nur in seltenen Ausnahmefällen vorliegen.

C. Kausalität

Schließlich stellt sich die Frage nach der Kausalität zwischen dem Verstoß gegen das Insiderhandelsverbot und dem eingetretenen Schaden. Diese Frage stellt sich unter zwei Gesichtspunkten: Zum einen ist der Einwand des rechtmäßigen Alternativverhaltens zu prüfen. Zum anderen steht die Möglichkeit einer Vorteilsanrechnung im Raum.

I. Rechtmäßiges Alternativverhalten

Mit Blick auf das Bestehen eines Schadensersatzanspruchs stellt sich die Frage, ob der Insider sich darauf berufen kann, dass der Outsider den selben Schaden erlitten hätte, wenn sich der Insider rechtmäßig verhalten hätte. Dazu ist folgendes zu beachten: Der Einwand rechtmäßigen Alternativverhaltens führt nicht per se zu einem Entfallen der Kausalität und damit zu einem Ausschluss der Haftung. Es ist vielmehr gerade die Frage, wann und unter welchen Umständen ein rechtmäßiges Alternativverhalten zu einem Entfallen der Kausalität führen soll.[672] In der Rechtsprechung und der Literatur gibt es keinesfalls ein einheitliches Bild, wann ein solcher Einwand Erfolg hat und wann nicht.[673] Vielmehr muss dies für den Einzelfall gesondert geprüft werden. In der Rechtsprechung wird ein solcher Einwand jedenfalls dann als unzulässig erachtet, wenn die streitentscheidenden Normen gerade darauf abzielen, das Verhalten des Schädigers zu unterbinden, oder grundlegende Verfahrensvorschriften verletzt werden.[674] Dann jedenfalls soll nicht nur der Schaden als solcher verhindert werden, sondern auch das Verhalten, das kausal zu dem Schaden geführt hat. Überträgt man die Rechtsprechung des EuGH auf das Insiderhandelsverbot, so lässt sich daraus folgende Schlussfolgerung ziehen: Da der Gesetzgeber unzweifelhaft den Handel mit Wertpapieren untersagen wollte, wenn eine Vertragspartei Insiderwissen

672 Vgl. nur *Grüneberg*, in: Palandt, BGB, Vorb v § 249 Rn. 65.

673 Vgl. dazu *Brand*, Schadensersatzrecht, S. 42 m.w.N.

674 Vgl. *Beneke/Thelen*, BKR 2017, 12 (17 f.) m.w.N.

besitzt, kann sich der Insider nicht auf ein rechtmäßiges Alternativverhalten berufen.

II. Vorteilsanrechnung

Auch das Argument der Literatur, dass der Schadensersatzanspruch des Geschädigten eines Insidergeschäfts im Rahmen der Vorteilsausgleichung entfallen müsse und aus diesem Grund die Kausalität entfalle, trägt angesichts der EuGH-Rechtsprechung nicht mehr.[675] So wird vertreten, dass der Geschädigte dadurch, dass durch die zeitlich frühere Schädigung des Insiders eine zeitlich nachgelagerte Schädigung durch einen Outsider verhindert würde, einen nicht gerechtfertigten Vorteil, nämlich den Schadensersatzanspruch gegen den Insider, erhalten würde und somit besser stünde als ohne das schädigende Ereignis.[676]

Diese Argumentation ist nicht mit den Leitgedanken der EuGH-Rechtsprechung vereinbar. Hintergrund der Vorteilsausgleichung ist das schadensrechtliche Bereicherungsverbot, welches seinerseits in der Ausgleichsfunktion des Schadensersatzes wurzelt. Danach ist der Umfang des Schadensersatzes grundsätzlich auf die Einbuße beschränkt, die der Geschädigte erlitten hat.[677] Der Geschädigte soll durch das schädigende Ereignis also nicht bessergestellt sein als ohne die schädigende Handlung.[678] Dabei sollen freilich nicht alle Vorteile anzurechnen sein. Vielmehr ist im Einzelfall und unter Wertungsgesichtspunkten zu entscheiden, inwiefern ein Vorteil dem Geschädigten anzurechnen ist und wann er keine Berücksichtigung finden soll. Der Gesetzgeber des BGB hat diesbezüglich keine grundsätzlichen Kriterien aufgestellt. Lediglich in einzelnen Normen ist ein solcher Vorteilsausgleich angeordnet (vgl. §§ 326 Abs. 2, 642 Abs. 2, 649 S. 2 BGB) beziehungsweise versagt (vgl. § 843 Abs. 4 BGB). Im Übrigen wollte es der Gesetzgeber vielmehr Wissenschaft und Praxis überlassen, die Grenzen der Vorteilsausgleichung zu konturieren.[679] Der BGH, der die Vorteilsausgleichung als Problem der Zurechnung behandelt, hat sodann drei Kriterien entwickelt, nach denen eine Vorteilsausgleichung vorliegt. Danach muss zunächst ein äquivalent kausaler Zusammenhang zwischen dem erlangten Vorteil und dem Schadensereignis bestehen. Des Weiteren muss die Anrechnung des Vorteils dem

---

675 Anders *Beneke/Thelen*, BKR 2017, 12 (17).

676 Vgl. *Steinhauer*, Insiderhandelsverbot und Ad-hoc-Publizität, S. 107 m.w.N.

677 Vgl. dazu *Brand*, Schadensersatzrecht, S. 21 m.w.N.

678 Vgl. nur *Jansen*, in: HKK zum BGB, §§ 249–253 Rn. 81.

679 Mot. II, 18 f.; dazu *Brand*, Schadensersatzrecht, S. 108 f. m.w.N.

Schutzzweck des Schadensersatzanspruchs entsprechen und schließlich darf die Anrechnung den Schädiger nicht unbillig entlasten.[680]

Wendet man diese Kriterien auf den Fall des Insiderhandels an, so muss eine Vorteilsausgleichung aus zweierlei Gründen entfallen. Erstens fehlt es beim Insiderhandel schon an einem äquivalenten kausalen Zusammenhang zwischen dem erlangten Vorteil und dem Schadensereignis. Denn das Schadensereignis ist der Vertragsschluss des Geschädigten mit dem Insider. Der Vorteil soll hier nach Ansicht der Literatur in dem Abschluss eines weiteren Vertrages zwischen dem Geschädigten und einem Dritten vorliegen. Gerade durch den Abschluss eines neuen Vertrages, der den selbstständigen Entschluss des Dritten beinhaltet, wird aber der Kausalzusammenhang unterbrochen.

Zweitens würde durch die Anrechnungsmöglichkeit der Schädiger unbillig entlastet. Denn das Verbot des Insiderhandels soll gerade sicherstellen, dass der ungerechtfertigte Vermögenszufluss nicht beim Insider verbleibt, da dieser andernfalls trotz Insiderhandelsverbot den vermögenswerten Vorteil aus dem Insidergeschäft behalten dürfte.[681] In Erwägungsgrund 23 der MMVO heißt es dazu:

> *Das wesentliche Merkmal von Insidergeschäften ist ein ungerechtfertigter Vorteil, der mittels Insiderinformationen zum Nachteil Dritter erzielt wird, die diese Informationen nicht kennen […]. Folglich sollte das Verbot von Insidergeschäften gelten, wenn eine Person im Besitz von Insiderinformationen dadurch einen ungerechtfertigten Vorteil aus dem mithilfe dieser Informationen erzielten Nutzen zieht, dass er aufgrund dieser Informationen Markttransaktionen durchführt […].*

III. Zwischenergebnis

Die Kausalität zwischen Insiderhandel und Schaden kann somit vor dem Hintergrund der EuGH-Rechtsprechung nicht mehr verneint werden.

D. Verschulden

Hinsichtlich des Verschuldensmaßstabs wird man die Haftung für einfache Fahrlässigkeit gemäß § 823 Abs. 2 BGB auch vor dem Hintergrund des Effektivitätsgebotes als ausreichend erachten dürfen. Ebenso europarechtskonform

---

680 Vgl. BGHZ 54, 269 = NJW 1970, 2061; in der Literatur haben diese Kriterien größtenteils Zustimmung gefunden: allgemein zur Versagung der Anrechnung *Jansen*, in: HKK zum BGB, §§ 249–253 Rn. 81; *Schur*, JuS 2006, 673 (676); kritisch dagegen *Larenz*, Schuldrecht I, S. 530 ff.: „zu vage“; zum Ganzen *Brand*, Schadensersatzrecht, S. 108 f. m.w.N.

681 Vgl. dazu auch *Beneke/Thelen*, BKR 2017, 12 (17).

ist die Haftung für grobe Fahrlässigkeit bei gleichzeitiger Vermutung für deren Vorliegen.[682] Eine reine Gefährdungshaftung erscheint dagegen nicht geboten.[683]

E. Haftungsadressat

Die Haftung richtet sich in erster Linie gegen denjenigen, der gegen das Insiderhandelsverbot verstoßen hat. Darüber hinaus haftet auch das Unternehmen gemäß § 31 BGB analog.[684]

F. Zusammenfassung

Auch das Verbot des Insiderhandels gemäß Art. 14 MMVO ist vor dem Hintergrund der Effektuierung der zivilrechtlichen Normdurchsetzung als Schutzgesetz im Sinne des § 823 Abs. 2 BGB anzusehen. Hierbei zeigt sich in aller Deutlichkeit die oben beschriebene Konsequenz einer Übertragung der EuGH-Rechtsprechung, dass die Schutzzwecklehre für die Fälle des Marktmissbrauchs keinen Anwendungsbereich mehr hat.[685] Es kommt daher nicht mehr darauf an, ob der Kreis der Anspruchsberechtigten individualisiert werden kann. Damit fällt ein zentrales Argument, das bislang gegen das Bestehen von Schadensersatzansprüchen bei einem Verstoß gegen das Insiderhandelsverbot vorgebracht wurde,[686] weg. Vielmehr muss mit Blick auf eine effektive Normdurchsetzung darauf abgestellt werden, dass auch die Outsider zu einem Aufdecken von Insiderhandel beitragen können und die damit einhergehenden Schadensersatzklagen aufgrund ihrer Präventivwirkung zu mehr Normbefolgung führen werden.

Aber nicht nur die Anerkennung eines Schadensersatzanspruchs dem Grunde nach, sondern auch die einzelenen Tatbestandsvoraussetzungen von § 823 Abs. 2 BGB müssen im Lichte der EuGH-Rechtsprechung ausgelegt werden. Dies betrifft zuvörderst die Tatbestandsmerkmale Schaden und Kausalität, die unter dem Topos der Verhaltenssteuerung konträr zum bisherigen Rechtsverständnis verstanden werden müssen. Vor diesem Hintergrund zeigt sich, welche Konsequenzen die „Europäisierung“ des Marktmissbrauchsrechts zeitigt.

---

682 So etwa *Beneke/Thelen*, BKR 2017, 12 (19).

683 Vgl. dazu *Beneke/Thelen*, BKR 2017, 12 (19 f.) m.w.N.

684 Die Passivlegitimation entspricht derjenigen im Falle von Marktmanipulation.

685 Vgl. oben Dritter Teil, 2. Kapitel, § 3 A. I.

686 Vgl. dazu oben Zweiter Teil, 2. Kapitel, § 3 A. 4. a).

§ 3 Privatrechtliche Normdurchsetzung bei Verstoß gegen die Ad-hoc-Mitteilungspflicht

Schließlich bleibt zu erörtern, inwiefern im Falle eines Verstoßes gegen die Ad-hoc-Mitteilungspflicht ein Schadensersatzanspruch besteht. Diesbezüglich unterscheidet sich die Haftung von derjenigen im Falle von Insiderhandel und Marktmanipulation, da mit den §§ 37b, c WpHG bereits eine spezialgesetzliche zivilrechtliche Haftungsgrundlage vorliegt. Zu prüfen ist daher, ob diese Anspruchsgrundlage den europäischen Vorgaben für präventive Normdurchsetzung gerecht wird.

A. Haftung gemäß §§ 37b, c WpHG

Die Haftungsvoraussetzungen wurden im zweiten Teil bereits beschrieben.[687] Die oben angeführten Kritikpunkte an der Haftung nach §§ 37b, c WpHG[688] müssen vor dem Hintergrund des Effektivitätsgrundsatzes ohne Konsequenzen bleiben. Zwar bleiben die oben aufgezeigten Schwächen weiterhin bestehen, weil sie der Haftungsnorm untrennbar verbunden sind. Allerdings liegt es in der Logik der EuGH-Rechtsprechung, dass durch die zivilrechtliche Haftung ein marktmissbräuchliches Verhalten von vornherein unterbunden würde. Damit würden sich die oben beschriebenen Probleme erst gar nicht ergeben.

Insofern gilt es zu erörtern, wie die inhaltliche Ausgestaltung der Tatbestandsvoraussetzungen, namentlich „Schaden" und „Kausalität", im Lichte der europäischen Rechtsprechung zu geschehen hat.

I. Schaden

Schadensersatz kann nach jeweiliger Ansicht durch Ausgleich des Kursdifferenzschadens oder des Vertragsabschlussschadens gewährt werden, wobei eine weitere Meinung in der Literatur dem geschädigten Anleger diesbezüglich eine Wahlmöglichkeit zubilligt.[689] Nach bisheriger Rechtslage konnte der Meinungsstreit offengelassen werden, weil die Haftung für Verstöße gegen die Ad-hoc-Mitteilungspflicht bereits als solche als ein Fremdkörper im System der öffentlich-rechtlichen Normdurchsetzung enttarnt und ihr aufgrund erheblicher haftungsimmanenter Missstände die Existenzberechtigung abgesprochen wurde.[690]

687 Zweiter Teil, 3. Kapitel, § 3 A.

688 Zweiter Teil, 3. Kapitel, § 3 B. II.

689 Siehe oben Zweiter Teil, 1. Kapitel, § 3 A. I. 5.

690 S. oben Zweiter Teil, 3. Kapitel, § 3 B. II.

Geht man demgegenüber von einer Instrumentalisierung der Anleger zugunsten einer effektiveren Normdurchsetzung aus, so stellt sich nunmehr die Frage, wie die Gewährung von Schadensersatz im Konkreten auszusehen hat. Diesbezüglich kann auf die oben im Rahmen der Marktmanipulation geführte Argumentation verwiesen werden: Während die unterschiedlichen Inhalte des Schadensersatzes hinsichtlich der Effektivität der Normdurchsetzung keine Unterschiede erwarten lassen, wird man mit Blick auf den Äquivalenzgrundsatz zu dem Ergebnis kommen müssen, dass dem geschädigten Anleger ebenso wie im Falle der Marktmanipulation ein Wahlrecht zugestanden werden muss.[691]

II. Kausalität

Auch hinsichtlich des Kausalitätsnachweises kann auf die im Rahmen der Marktmanipulation angeführten Konsequenzen verwiesen werden.[692] Im Falle des Kursdifferenzschadens besteht die Kausalität in der Annahme, dass der Anleger ohne die Informationspflichtverletzung zum Zeitpunkt des Umsatzgeschäfts dieses zu einem für ihn günstigeren Kurs abgeschlossen hätte. Daher muss der Anleger darlegen, dass der Kurs ohne den Verstoß gegen die Ad-hoc-Mitteilungspflicht höher beziehungsweise niedriger gewesen wäre (Preiskausalität). Auf die Kenntnis des Anlegers von der Ad-hoc-Mitteilung oder die Frage, ob er von dem Geschäft Abstand genommen hätte, wenn er von der zu veröffentlichen Information gewusst hätte, kommt es hingegen nicht an.

Hinsichtlich des Vertragsabschlussschadens muss der geschädigte Anleger hingegen darlegen, dass er die Anlageentscheidung ohne die fehlerhafte Transaktion nicht getätigt hätte (konkrete Kausalität).[693] Das muss auch vor dem Hintergrund des Europarechts gelten.

III. Ergebnis

Vor dem Hintergrund des Effektivitäts- und des Äquivalenzgrundsatzes behalten die §§ 37b, c WpHG allein vor dem Hintergrund des Effektivitätsgrundsatzes ihre Existenzberechtigung. Der Inhalt des Schadensersatzes entspricht demjenigem des § 823 Abs. 2 BGB in Verbindung mit Art. 15 MMVO.

691 Vgl. oben Dritter Teil, 3. Kapitel, § 1 B.
692 S. oben Dritter Teil, 3. Kapitel, § 1 C.
693 Vgl. oben Dritter Teil, 3. Kapitel, § 1 C.

B. Haftung gem. § 823 Abs. 2 BGB – Die Schutzgesetzeigenschaft des Art. 17 MMVO

Darüber hinaus muss überprüft werden, ob auch eine Haftung wegen Verstoß gegen die Ad-hoc-Mitteilungspflicht auf Grundlage des § 823 Abs. 2 BGB besteht. Dies ist vor allem deshalb zu erörtern, weil der Verschuldensmaßstab im Rahmen der §§ 37b, c WpHG auf Vorsatz und grobe Fahrlässigkeit beschränkt ist und sich die Haftung allein gegen den Unternehmensträger richtet.[694] Dies gibt Anlass zur genaueren Überprüfung der Vereinbarkeit der Haftung für Verstöße gegen die Ad-hoc-Mitteilungspflicht mit den europarechtlichen Vorgaben, denn im Rahmen des § 823 Abs. 2 BGB löst bereits einfache Fahrlässigkeit die Haftungsfolgen aus und die Haftung richtet sich zudem gegen das einzelne Organ.[695]

I. Verschuldensmaßstab

Zunächst stellt sich die Frage, ob die Begrenzung der Haftung auf Vorsatz und grobe Fahrlässigkeit europarechtskonform ist.

1. Der Verschuldensmaßstab vor dem Hintergrund des Effektivitätsgrundsatzes

Der Beweis des Vorliegens grober Fahrlässigkeit wird dem geschädigten Anleger kaum gelingen, zumal er keine Einsicht in die unternehmensinternen Abläufe hat.[696] Um die präventive Wirkung der Haftung wegen Verstoß gegen die Ad-hoc-Mitteilungspflicht zu effektuieren, ist daher zumindest eine Beweislastumkehr geboten.[697]

Auch die Haftung für einfache Fahrlässigkeit würde zu einer Effektuierung der Normdurchsetzung führen, weil die einfache Fahrlässigkeit oft leichter zu beweisen ist. Allerdings muss hierbei bedacht werden, dass auch der Effektivitätsgrundsatz nicht die maximale Wirksamkeit verlangt.[698] Die einzelnen Sanktionen müssen auch unter dem neuen Blickwinkel der Normdurchsetzung stets verhältnismäßig ausgestaltet sein.[699] Gegen die Vereinbarkeit einer Haftung für

---

694 Vgl. oben Zweiter Teil, 3. Kapitel, § 3 A.

695 Vgl. oben Zweiter Teil, 1. Kapitel, § 3 A. I. 6.

696 Vgl. *Hellgardt*, AG 2012, 154 (166).

697 So auch *Hellgardt*, AG 2012, 154 (166).

698 Vgl. oben Dritter Teil, 2. Kapitel, § 2 B.

699 Vgl. ErwGr. 86 MMVO: „Entsprechend dem … Grundsatz der Verhältnismäßigkeit geht diese Verordnung nicht über das für die Verwirklichung dieses Ziels erforderliche Maß hinaus."

einfache Fahrlässigkeit mit dem Verhältnismäßigkeitsgrundsatz spricht der Umstand, dass die tatbestandlichen Anforderungen an die Veröffentlichungspflicht von Ad-hoc-Mitteilungen immer noch weitgehend ungeklärt sind und eine Haftung für einfache Fahrlässigkeit daher viel zu weitreichende Haftungsfolgen nach sich zöge. Dies soll im Folgenden näher beleuchtet werden.

a) Zukünftige Ereignisse

Zunächst treten bei der Frage, welche Informationen die Ad-hoc-Mitteilungspflicht auslösen, Probleme zu Tage, wenn es sich bei den Informationen um zukünftige Ereignisse handelt. Denn auch zukünftigen Ereignisse können Insiderinformationen im Sinne der Ad-hoc-Mitteilungspflicht darstellen, wenn mit hinreichender Wahrscheinlichkeit davon ausgegangen werden kann, dass sie eintreten werden. Bis heute wurde eine Vielzahl an Versuchen unternommen, dem Begriff der hinreichenden Wahrscheinlichkeit Konturen zu verleihen – ein Unterfangen, das, wie es scheint, der Quadratur des Kreises gleichkommt.

In der Literatur wurde zunächst diskutiert, welcher Grad an Eintrittswahrscheinlichkeit vorliegen muss. Von einem Teil wird vertreten, dass eine bloß überwiegende Wahrscheinlichkeit genüge.[700] Andere fordern dagegen eine ganz überwiegende beziehungsweise hohe Wahrscheinlichkeit des Eintritts des Umstandes.[701] Auch wird vertreten, dass die Eintrittswahrscheinlichkeit eine bewegliche Größe sei, deren Vorliegen im jeweils zu betrachtenden Einzelfall bestimmt werden müsse. Neben der Wahrscheinlichkeit des zukünftigen Umstandes müssten auch die für den Fall des Eintritts dieses Umstandes zu erwartenden Auswirkungen auf den Börsenkurs des betreffenden Wertpapiers berücksichtigt werden (sog. *Probability/Magnitude-Formel*).[702] Daher könne auch bei

---

700 *Hilgendorf*, in: Park, Kapitalmarkstrafrecht, § 13 WpHG Rn. 72; *Lebherz*, WM 2010, 154 (157); *Meyer/Kiesewetter*, WM 2009, 340 (340 f.); *Pawlik*, in: Kölner Kommentar WpHG, 1. Aufl., § 13 Rn. 93: „genügend wahrscheinlich, um bei der Anlageentscheidung des verständigen Anlegers Berücksichtigung zu finden"; ausführlich *Gehling*, in: Liber Amicorum für Martin Winter, S. 145 f.

701 *Assmann*, in: Assmann/Schneider, WpHG, § 13 Rn. 25; *Schwark/Kruse*, in: Schwark/Zimmer, KmRK, § 13 WpHG Rn. 12; *Gunßer*, NZG 2008, 855 (858); *Kocher/Widder*, NZI 2010, 925 (926); *Parmentier*, NZG 2007, 407 (411); *Lenenbach*, Kapitalmarktrecht und kapitalmarktrelevantes Gesellschaftsrecht, § 13 WpHG Rn. 13.104.

702 Zur sog. Probability/Magnitude-Formel im amerikanischen Recht vgl. Basic vs. Levinson, 485 US 224, 233–240 (1988); dazu *Klöhn*, ZIP 2012, 1885 (1887 f.); *Klöhn*, in: Kölner Kommentar WpHG, § 13 Rn. 91 ff.

Eintrittswahrscheinlichkeit von weniger als 50 % hinreichende Wahrscheinlichkeit bestehen, wenn der Umstand von besonderer Bedeutung ist.[703]

Der II. Zivilsenat des BGH entschied mit Beschluss vom 25. Februar 2008 über die Frage, wann hinreichende Wahrscheinlichkeit besteht.[704] Der BGH vertrat die Auffassung, dass eine hinreichende Eintrittswahrscheinlichkeit nur dann vorliege, wenn eine „überwiegende" Wahrscheinlichkeit bestehe, was dann der Fall sei, wenn die Eintrittswahrscheinlichkeit bei über 50 % liege. Ist dagegen der Eintritt des Umstandes genauso wahrscheinlich wie sein Nichteintritt, dann liege keine hinreichende Wahrscheinlichkeit im Sinne des § 13 Abs. 1 S. 3 WpHG a. F. vor.[705] Daraus folgerte der BGH – ebenso wie das OLG Stuttgart in der Vorinstanz[706] – dass eine Insiderinformation erst mit dem Beschluss des Aufsichtsrates vorgelegen habe. Begründet wurde dies mit dem Argument, die Beschlussfassung des Aufsichtsrates hätte jederzeit noch verhindert werden können.[707]

Als der BGH sich in dem *Geltl/Daimler*-Fall zum zweiten Mal mit der Frage der hinreichenden Wahrscheinlichkeit befassen musste, veranlassten ihn Zweifel hinsichtlich der Richtigkeit seiner früheren Rechtsprechung zu einer Vorlage an

---

703 *Klöhn*, in: Kölner Kommentar WpHG, § 13 Rn. 92; *Klöhn*, NZG 2011, 166 (168 f.); *Fleischer*, NZG 2007, 401 (405 f.); *Harbarth*, ZIP 2005, 1898 (1901); *Hupka*, EuZW 2011, 860 (864 f.); *Möllers*, NZG 2008, 330 (332).

704 Der Entscheidung lag folgender Sachverhalt zugrunde: Im Frühjahr 2005 fasste der damalige Vorstandsvorsitzende der Daimler AG, Professor Schrempp, den Beschluss, vor Ablauf seiner Bestellung aus dem Amt auszuscheiden. Die Erwägung, aus dem Amt auszuscheiden, teilte er am 6.4.2005 seiner Ehefrau mit. Am 17.5.2005 führte er ein Gespräch mit dem Aufsichtsratsvorsitzenden K. über seinen Entschluss zum vorzeitigen Ausscheiden. Es folgten weitere Gespräche mit anderen Aufsichtsratsmitgliedern. Am 15.6.2005 folgte ein Gespräch mit Dr. Z., der im Laufe des Gespräches als möglicher Nachfolger hervorging. Am 13.7.2005 erging eine Einladung zur Aufsichtsratssitzung und zur Sitzung des präsidialen Ausschusses, jedoch ohne einen Hinweis auf eine Beschlussfassung über das Ausscheiden des Vorstandsvorsitzenden. Am 18.7.2005 beschlossen Schrempp und K. das einvernehmliche Ausscheiden von Schrempp auf der nächsten Aufsichtsratssitzung zum Jahresende und die Bestellung von Dr. Z. zum Nachfolger. Am 27.7.2005 beschloss der präsidiale Ausschuss, dem Aufsichtsrat den Wechsel in der Position des Vorstandsvorsitzenden zum Jahresende vorzuschlagen. Schließlich beschloss der Aufsichtsrat am 28.7.2005 das Ausscheiden von Schrempp und die Nachfolge von Dr. Z. Dies wird am gleichen Tage veröffentlicht. Ausführlich zum Sachverhalt der sog. Geltl/Daimler-Entscheidung *Herfs*, DB 2013, 1650 (1650).

705 BGH NJW-RR 2008, 865 (867) = ZIP 2008, 639 (642).

706 OLG Stuttgart BB 2007, 565 (570 f.) = ZIP 2007, 481.

707 OLG Stuttgart NZG 2009, 624 (626 f.) = ZIP 2009, 962.

den EuGH. Dieser stellte in seinem Urteil fest, dass es Unterschiede zwischen der deutschen und den übrigen Sprachfassungen des Art. 1 Abs. 1 RL 2003/124/EG gebe. Allein in der deutschen Fassung sei die Rede von einer „hinreichenden Wahrscheinlichkeit", während alle anderen Sprachfassungen von einem „vernünftigerweise" sprechen.[708] Neben der Beurteilung der Wahrscheinlichkeit müssten daher auch allgemeine Erfahrungswerte für die Auslegung beachtet werden. Somit kam der EuGH zu dem Ergebnis, dass künftige Umstände dann hinreichend wahrscheinlich seien, wenn „eine umfassende Würdigung der bereits verfügbaren Anhaltspunkte ergibt, dass tatsächlich erwartet werden kann, dass sie in Zukunft existieren oder eintreten werden".[709]

Diese Formel des EuGH wurde vom II. Zivilsenat des BGH in seinem Beschluss vom 23. April 2013 wortgetreu umgesetzt.[710] Eine eindeutige Antwort in Form von klaren Abgrenzungskriterien, wann nun ein zukünftiges Ereignis ad-hoc-mitteilungspflichtig ist, bleibt die Rechtsprechung schuldig.

b) Mehrstufige Entscheidungsprozesse

Streng zu trennen von der Frage, wann bei zukunftsbezogenen Umständen und Ereignissen eine hinreichende Wahrscheinlichkeit im Sinne der Ad-hoc-Mitteilungspflicht vorliegt, ist die Problematik der sog. „gestreckten Entscheidungsprozesse".[711] Hierbei geht es um die Frage, ob in mehrstufigen oder zeitlich gestreckten Vorgängen auch schon etwaige Zwischenschritte - isoliert betrachtet - ad-hoc-mitteilungspflichtig sind.[712] Meist ergibt sich die Mehrstufigkeit daraus, dass mehrere Organe (so wie im Fall *Geltl/Daimler*) zusammenwirken müssen oder dass ein Vorhaben noch der Zustimmung Dritter (zum Beispiel der Kartellbehörde) bedarf.[713] Die herrschende Ansicht in der Literatur vertrat von Anfang an den Standpunkt, dass auch ein Zwischenschritt, wenn er konkret und für sich gesehen kursrelevant ist, ad-hoc-mitteilungspflichtig sein könne.[714]

---

708 EuGH, Rs. C-19/11, NJW 2012, 2787 (2789) = ZIP 2012, 1282 - Daimler.

709 EuGH, Rs. C-19/11, NJW 2012, 2787 (2789) = ZIP 2012, 1282 - Daimler.

710 BGH NJW 2013, 2114 (2118) = ZIP 2013, 1165.

711 In der oben besprochenen Geltl/Daimler-Entscheidung des BGH waren freilich beide Probleme ineinander verzahnt.

712 *Buck-Heeb*, Kapitalmarktrecht, Rn. 270 ff.

713 Vgl. *Mennicke/Jakovou,* in: Fuchs, WpHG, § 13 Rn. 74 dort Fn. 246.

714 *Pawlik*, in: Kölner Kommentar WpHG, 1. Aufl., § 13 Rn. 15 f.; *Mennicke*, NZG 2009, 1059 (1060); *Fleischer*, NZG 2007, 401 (403); *Leuering*, DStR 2008, 1287 (1290); *Klöhn*, NZG 2011, 166 (169 ff.); *Langenbucher*, BKR 2012, 145 (146); so wohl auch BaFin Emittentenleitfaden, 3. Auflage, 2009, S. 31; vgl. dazu aber *Bingel*, AG 2012,

Dabei wird davon ausgegangen, dass die Konkretheit eines Zwischenschritts von der hinreichenden Eintrittswahrscheinlichkeit des zukünftigen Endereignisses abhängig gemacht werden müsse.[715]

Der EuGH hat sich nach Vorlage des BGH auf die Seite der herrschenden Meinung geschlagen. So stellt er klar, dass die Beurteilung der Konkretheit eines gegenwärtigen Umstandes unabhängig von seiner Einbindung in einen umfassenderen Vorgang zu erfolgen habe.[716] Zur Begründung führt er Art. 3 Abs. 1 der Durchführungsrichtlinie 2003/124/EG an. Die dort angeführten Beispiele seien typischerweise Zwischenschritte eines gestreckten Vorgangs.[717] Des Weiteren beruft sich der EuGH auf die Chancengleichheit der Marktteilnehmer. Deren Vertrauen in die Integrität der Finanzmärkte würde unterlaufen, wenn man Zwischenschritten keine Ad-hoc-Publizitätspflicht beimäße.[718]

Für die Praxis bedeutet dies freilich ein besonders hohes Maß an Aufmerksamkeit. Die Gefahr zu übersehen, dass ad-hoc-mitteilungspflichtige Zwischenschritte vorliegen, ist hoch. Mit Blick auf das richtige Haftungsmaß spricht daher vieles dafür, leichte Fahrlässigkeit aus der Haftung auszunehmen, um eine ausufernde Haftung zu vermeiden.

c) Kursrelevanz

Schließlich sorgt auch das Tatbestandsmerkmal der sog. Kursrelevanz, das heißt die Eignung zur erheblichen Börsen- oder Marktpreisbeeinflussung,[719] für erhebliche Rechtsunsicherheit in der Praxis. Gemäß § 13 Abs. 1 S. 2 WpHG ist eine solche Eignung dann gegeben, wenn ein verständiger Anleger die Information bei seiner Anlageentscheidung berücksichtigen würde. Ob eine solche Eignung vorliegt, muss aus der Ex-ante-Perspektive betrachtet werden. Maßgeblicher

---

685 (686): „Inwiefern die BaFin […] Zwischenschritte völlig unabhängig von dem Endereignis als Insiderinformation behandelte, kann nicht eindeutig festgestellt werden."; *Merkner/Sustmann*, AG 2012, 315 (320) mit Verweis auf Widerspruch in BaFin Emittentenleitfaden, 3. Auflage, 2009, S. 63.

715 *Assmann*, in: Assmann/Schneider, WpHG, § 13 Rn. 28; *Schwark/Kruse*, in: Schwark/Zimmer, KmRK, § 13 WpHG Rn. 19 ff.

716 EuGH, Rs. C-19/11, NJW 2012, 2787 = ZIP 2012, 1282 – Daimler; dazu *Möllers/Seidenschwann*, NJW 2012, 2762 (2763 ff.); *Wilsing/Goslar*, DStR 2012, 1709 (1710 ff.); *Kocher/Widder*, BB 2012, 2837 (2839 ff.); *von Bonin/Böhmer*, EuZW 2012, 694 (695 ff.); *Ihrig/Kranz*, BB 2013, 451 (451 ff.); *Mock*, ZBB 2012, 286 (287 ff.); *Bachmann*, DB 2012, 2206 (2208 ff.): „fehlerhafte[] Prämissen, in der Sache überzeugend".

717 EuGH, Rs. C-19/11, NJW 2012, 2787 (2788) = ZIP 2012, 1282 – Daimler.

718 EuGH, Rs. C-19/11, NJW 2012, 2787 (2788) = ZIP 2012, 1282 – Daimler.

719 Zu dem Begriff *Mennicke/Jakovou*, in: Fuchs, WpHG, § 13 Rn. 121.

Zeitpunkt dabei ist der der Tathandlung.[720] Unerheblich ist, ob es zu einer tatsächlichen Veränderung des Kurses kommt. Nach dem eindeutigen Wortlaut der Norm ist es ausreichend, dass eine Kursveränderung als möglich oder wahrscheinlich angesehen wird.[721] Insofern ist es richtig, die Kurserheblichkeit als ein abstraktes Gefährdungsmerkmal anzusehen.[722] Tritt dagegen eine erhebliche Kursveränderung tatsächlich ein, kann dies als ein Indiz (von vielen) für die Kursrelevanz im Rahmen der Gesamtabwägung[723] berücksichtigt werden.[724]

Sehr umstritten ist die Frage, ob im Rahmen der Konkretisierung des Tatbestandsmerkmals „Kurserheblichkeit" fixe Grenzwerte festgelegt werden sollten oder nicht. Die vormals herrschende Meinung im Schrifttum nahm an, dass von einer Erheblichkeit der Kursänderung nur dann gesprochen werden könne, wenn diese mindestens 5 % betrage.[725] Dies stieß zu Recht auf erhebliche Kritik. So sehr man sich auch eine stärkere Konturierung des Begriffs der Kurserheblichkeit wünscht, so muss man dennoch feststellen, dass durch feste Untergrenzen nur scheinbar mehr Rechtssicherheit entsteht. Denn die Beurteilung der Kursrelevanz eines konkreten Umstandes wird immer aus der Ex-ante-Sicht vorgenommen. Während ex post der Kursverlauf leicht ausgerechnet und somit

---

720 Allgemeine Ansicht, vgl. statt aller BGH NJW 2013, 2114 (2117) Rn. 22 = NZG 2013, 708 bzw. aus der Literatur *Assmann*, in: Assmann/Schneider, WpHG, § 13 Rn. 55.

721 Vgl. dazu auch BaFin Emittentenleitfaden, 4. Auflage, 2013, S. 35.

722 Vgl. *Lücker*, Der Straftatbestand des Mißbrauchs von Insiderinformationen nach dem Wertpapierhandelsgesetz, S. 64.

723 Ob einer Information Kursrelevanz zukommt, ergibt sich anhand einer Einzelfallbetrachtung, vgl. dazu ausführlich *Mennicke/Jakovou*, in: Fuchs, WpHG, § 13 Rn. 132 m.w.N.; zur grundlegenden Kategorisierung vgl. *Klöhn*, in: Kölner Kommentar WpHG, § 13 Rn. 149 ff.; ein Katalog kursrelevanter Sachverhalte ist aufzufinden bei BaFin Emittentenleitfaden, 4. Auflage, 2013, S. 53.

724 BGH NJW 2013, 2114 (2117) Rn. 23 = NZG 2013, 708; BGH NJW 2012, 1800 (1804) Rn. 41 = NZG 2012, 263; BaFin Emittentenleitfaden, 4. Auflage, 2013, S. 35; aus der Literatur: *Assmann*, in: Assmann/Schneider, WpHG, § 13 Rn. 55; *Schwark/Kruse*, in: Schwark/Zimmer, KmRK, § 13 WpHG Rn. 44; *Mennicke*, ZBB 2013, 244 (247 f.); *Loesche*, Die Eignung zur erheblichen Kursbeeinflussung in den Insiderhandelsverboten des Wertpapierhandelsgesetzes, S. 114 f., 166; *Pananis*, Insidertatsache und Primärinsider, S. 104; *Waldhausen*, Die ad-hoc-publizitätspflichtige Tatsache, S. 267; *Dreyling/Schäfer*, Insiderrecht und Ad-hoc-Publizität, Rn. 68: „Kursveränderung hat (nur) indiziellen Charakter".

725 *Assmann*, AG 1994, 237 (244); *Assmann*, ZGR 1994, 494 (515); *Immenga*, ZBB 1995, 197 (203); *Weber*, BB 1995, 157 (163 f.); *Hopt*, ZHR 159 (1995), 135 (154 f.); *Caspari*, ZGR 1994, 530 (540 f.).

mühelos eine Prozentschwelle festgehalten werden kann, so ist dies ex ante nicht möglich.[726]

Mit seiner Entscheidung vom 11. März 2015 hat der EuGH in der Rechtssache *Lafonta/AMF* sodann entschieden, dass eine Information auch dann präzise[727] im Sinne des Art. 1 Nr. 1 Marktmissbrauchsrichtlinie in Verbindung mit Art. 1 IRL 2003/124/EG sei, wenn vorher nicht vorausgesagt werden könne, ob die Kurse nach Veröffentlichung der Information steigen oder fallen werden.[728] In seiner Begründung führte er aus, dass „aus dem Wortlaut [der] Bestimmung nicht hervorgehe, dass ‚präzise' Informationen nur solche sein können, mit denen sich bestimmen lässt, in welche Richtung sich der Kurs der betreffenden Finanzinstrumente oder der sich darauf beziehenden derivativen Finanzinstrumente ändern würde."[729] Vielmehr diene das Kriterium der „präzisen" Information

---

726 Vgl. *Mennicke/Jakovou*, in: Fuchs, WpHG, § 13 Rn. 154: „vermittelter Scheingenauigkeit"; *Schäfer*, in: Schwark/Zimmer, KmRK, § 13 WpHG Rn. 62; *Cahn*, ZHR 162 (1998), 1 (17 f.); *Dreyling/Schäfer*, Insiderrecht und Ad-hoc-Publizität, Rn. 67; *Pananis*, Insidertatsache und Primärinsider, S. 110 ff.: „keineswegs mit einem Gewinn an Rechtssicherheit verbunden"; *Cramer*, in: FS Triffterer S. 330: „abenteuerliche Vorstellung"; *Sandow*, Primär- und Sekundärinsider nach dem WpHG, S. 185; *Krauel*, Insiderhandel, S. 267.

727 Art. 1 Nr. 1 Marktmissbrauchs-Richtlinie in Verbindung mit Art. 1 IRL 2003/124/EG spricht von einer „präzisen" Information, während das WpHG eine „konkrete" Information voraussetzt. Hierbei handelt es sich lediglich um semantische Unterschiede. Im Ergebnis kommt beiden Begriffen die gleiche Bedeutung zu, vgl. *Mennicke/Jakovou*, in: Fuchs, WpHG § 13 Rn. 21.

728 Hintergrund der Entscheidung war ein Beteiligungserwerb mittels Differenzkontrakten (sog. *Total Return Swaps*") der Wendel SA, deren Vorstandsvorsitzender Jean-Bernard Lafonta war, an der ebenfalls börsennotierten Saint-Gobain zu erwerben. Dazu erwarb die Wendel SA 66 Mio. Aktien, die 17,6% des Kapitals der Saint-Gobain entsprachen. Die Überschreitung der Schwellen von 5%, 10% und 15% wurde angezeigt. Die damaligen französischen Beteiligungspublizitätspflichten erfassten den Beteiligungserwerb mit Finanzderivaten nicht. Dennoch wurden sowohl die Wendel SA, als auch Herr Lafonta zu Geldbußen in Höhe von jeweils 1,5 Millionen € verurteilt. Vorgeworfen wurden beiden Parteien unter anderem ein Verstoß gegen die französische Ad-hoc-Publizitätspflicht gemäß Art. 223-2 Règlement Général de l'Autorité des Marchés Financiers. Herr Lafonta vertrat die Ansicht, dass die Information über Swapverträge keine präzise Information sei. Denn es sei unklar gewesen, ob die Kurse aufgrund der Bekanntgabe dieser Information gestiegen oder gefallen wären.[728] Dem trat nunmehr der EuGH entgegen, vgl. EuGH, Rs. C-628/13, NJW 2015, 1663 (1664 f.) = NZG 2015, 432 – Lafonta/AMF.

729 EuGH, Rs. C-628/13, NJW 2015, 1663 (1664 f.) = NZG 2015, 432 – Lafonta/AMF; dem zustimmend *Klöhn*, NZG 2015, 809 (817): „selbstverständlich"; kritisch dagegen

lediglich dazu, vage bzw. allgemeine Informationen, die keine Schlussfolgerung hinsichtlich ihrer möglichen Auswirkung auf den Kurs der betreffenden Finanzinstrumente zulassen, auszuschließen.[730]

Auch vor dem Hintergrund dieser Entscheidung wird deutlich, wie groß die Rechtsunsicherheit im Rahmen der Haftung wegen Verstoßes gegen die Ad-hoc-Mitteilungspflicht ist.

d) Zwischenergebnis

Angesichts der großen Unsicherheit, die der Haftung wegen unrichtiger oder unterlassener Ad-hoc-Mitteilungen aufgrund der unbestimmten Rechtsbegriffe immanent ist, muss eine Haftung wegen einfacher Fahrlässigkeit ausscheiden. Vorzugswürdig ist vielmehr eine Haftung erst ab grober Fahrlässigkeit, jedoch in Verbindung mit einer Beweislastumkehr. Insofern kann auch auf die Haftung nach §§ 37b, c WpHG zurückgegriffen werden. § 823 Abs. 2 BGB als Anspruchsgrundlage zu konstituieren erscheint vor diesem Hintergrund nicht geboten.

2. Der Verschuldensmaßstab im Lichte des Äquivalenzgrundsatzes

Neben der Frage, ob die Haftungsbeschränkung auf Vorsatz und grobe Fahrlässigkeit mit dem Effektivitätsgrundsatz vereinbar ist, stellt sich auch die Frage nach der Vereinbarkeit mit dem Äquivalenzgrundsatz. Da jedoch alle anderen speziell geregelten kapitalmarktrechtlichen Haftungsnormen eine Haftung nur bei grober Fahrlässigkeit konstituieren, spricht vieles dafür, die Haftung wegen fehlerhafter oder unterlassener Ad-hoc-Mitteilung ebenfalls erst ab grober Fahrlässigkeit zu implementieren.[731]

II. Außenhaftung der Organe

Schließlich stellt sich die Frage, ob im Falle der Ad-hoc-Mitteilungspflichtverletzung mit Blick auf die europäischen Vorgaben eine Außenhaftung der Organe existieren muss oder ob es bei der Emittentenhaftung nach §§ 37b, c WpHG und einer daran anknüpfenden Innenhaftung des Vorstands nach § 93 Abs. 2 S. 1 AktG bleiben kann.[732]

Zetzsche, AG 2015, 381 (385): „zugunsten volatilitätsinduzierter Handelsentscheidungen".

730 EuGH, Rs. C-628/13, NJW 2015, 1663 (1664 f.) = NZG 2015, 432 – Lafonta/AMF.

731 Vgl. dazu bei *Hellgardt*, AG 2012, 154 (166) m.w.N.

732 Dazu *Pfüller*, in: Fuchs, WpHG, § 15 Rn. 536.

1. Organhaftung vor dem Hintergrund des Effektivitätsgrundsatzes

Zunächst ist zu prüfen, ob die fehlende Außenhaftung der Organmitglieder gegen den Effektivitätsgrundsatz verstößt. Dafür spricht die Überlegung, dass nach rechtsökonomischen Kriterien grundsätzlich derjenige haften soll, der den Schaden am einfachsten verhindern kann (sog. *cheapest cost avoider).* Aus Steuerungsgründen könnte somit eine Außenhaftung de lege ferenda vorzugswürdig sein.[733]

Dagegen spricht aber, dass der Vorstand bereits im Innenverhältnis gemäß § 93 Abs. 2 AktG haftet und durch die *ARAG/Garmenbeck*-Rechtsprechung des BGH auch dafür gesorgt wird, dass der Aufsichtsrat diese Haftung durchsetzt.[734] Zwar bestehen zahlreiche Möglichkeiten für den Aufsichtsrat, von der Inanspruchnahme des Vorstands abzusehen.[735] In Anbetracht der großen Rechtsunsicherheit, die durch die noch immer nicht gänzlich geklärten Anspruchsvoraussetzungen besteht, erscheint es aber vorzugswürdig, solche Lücken in der Haftung mit Blick auf den Verhältnismäßigkeitsgrundsatz in Kauf zu nehmen.

2. Außenhaftung im Lichte des Äquivalenzgrundsatzes

Auch aufgrund des Äquivalenzgrundsatzes ist eine Organaußenhaftung nicht zwingend erforderlich. Für eine Außenhaftung könnte zwar sprechen, dass im Rahmen der Prospekthaftung gem. § 13 VerkProspG (beziehungsweise § 20 VermAnlG) eine Außenhaftung der Organe vorgesehen ist. Gleichwohl handelt es sich dabei jedoch um eine Ausnahme, zumal dort die Selbstbereicherungsabsicht beziehungsweise die Verdeckung des eigenen Fehlverhaltens sanktioniert werden soll. Um einen derart gravierenden Fall dürfte es sich bei dem Verstoß gegen die Ad-hoc-Mitteilungspflicht nicht handeln.[736]

III. Ergebnis

Die Ad-hoc-Mitteilungspflicht nach Art. 17 MMVO ist kein Schutzgesetz im Sinne des § 823 Abs. 2 BGB. Die bisherige Haftung nach §§ 37b, c WpHG ist bereits effektiv ausgestaltet. Eine weitergehende Haftungsgrundlage ist daher nicht erforderlich.

---

733 *Fleischer*, Gutachten F zum 64. DJT Bd I 2002, S. F 99.

734 Vgl. dazu oben Erster Teil, 2. Kapitel, § 1 B.

735 Vgl. dazu oben Erster Teil, 2. Kapitel, § 1 B I. und III.

736 Vgl. *Hellgardt*, AG 2012, 154 (166) m.w.N.

C. Fazit

Vor dem Hintergrund des Effektivitäts- und des Äquivalenzgrundsatz ist es zwingend erforderlich, dass auch im Falle des Verstoßes gegen die Ad-hoc-Mitteilungspflicht eine zivilrechtliche Haftungsgrundlage besteht. Eine solche ist mit den §§ 37b, c WpHG bereits im deutschen Rechtssystem verankert. Einer Haftung nach § 823 Abs. 2 BGB bedarf es daher nicht. Vor allem vor dem Hintergrund des Verhältnismäßigkeitsgrundsatzes ist es nicht geboten, eine Haftung für einfache Fahrlässigkeit respektive eine Außenhaftung des Vorstands zu konstituieren.

4. Kapitel: Zusammenfassung

Betrachtet man die Auswirkungen der EuGH-Rechtsprechung auf das Marktmissbrauchsrecht, so kann man eine Neuausrichtung des gesamten Normdurchsetzungssystems beobachten. Die Anwendung der Leitgedanken des höchsten europäischen Gerichts führt zunächst dazu, dass die Art. 14 und 15 MMVO als Schutzgesetze im Sinne des § 823 Abs. 2 BGB zu qualifizieren sind und die Haftung nach §§ 37b, c WpHG weiterhin bestehen bleibt. Die bislang geltende Schutznormtheorie wird zugunsten des Ziels einer zivilrechtlichen Normdurchsetzung verdrängt. Vor deren Hintergrund wird nicht mehr gefragt, wessen Schutz die Norm zu dienen bestimmt ist, sondern vielmehr nach demjenigen gesucht, der den Marktmissbrauch am besten aufdecken und durchsetzen kann. Das ist nach Ansicht des EuGH der einzelne Anleger. Dieser wird im Namen einer effektiven Normdurchsetzung instrumentalisiert, indem ihm ein Schadensersatzanspruch zugestanden wird, den er mittels Schadensersatzklage durchsetzen kann.

Infolgedessen zeitigt die Übertragung dieses europäischen Normdurchsetzungsansatzes auch eine Vielzahl von Konsequenzen im Rahmen der einzelnen Tatbestandsvoraussetzungen der jeweiligen Anspruchsgrundlage. So müssen die Anforderungen an den zu ersetzenden Schaden, den Kausalitätsnachweis und die Aktiv- und Passivlegitimation europarechtskonform ausgestaltet werden.

Im Ergebnis wird damit das deutsche Rechtssystem auf den Kopf gestellt. Es ist daher nicht vermessen, von einer „Europäisierung“ der Normdurchsetzung im Marktmissbrauchsrecht zu sprechen.

Vierter Teil: Europäisierung ohne Ausweg?

Im zweiten und dritten Teil der vorliegenden Arbeit wurden die zwei unterschiedlichen Normdurchsetzungsansätze für das Marktmissbrauchsrecht herausgearbeitet und dargelegt, warum und inwieweit das bisherige System im Lichte des Europarechts durch ein neues Normdurchsetzungssystem abgelöst wird. Im letzten Teil soll nun der Frage nachgegangen werden, ob der drohenden „Europäisierung" des Marktmissbrauchsrechts nicht doch noch der Boden entzogen werden kann. Dazu soll auf die Stärken des bisherigen Systems eingegangen und erörtert werden, wie das bisherige Normdurchsetzungssystem verändert werden kann, um dem Effektivitätsgrundsatz des Europarechts zu genügen.

Die Entscheidung zwischen den beiden Normdurchsetzungssystemen ist keinesfalls im Sinne einer Wahlmöglichkeit zu interpretieren. Die Implementierung des Unionsrechts in das nationale Recht erfolgt grundsätzlich nach den formellen und materiellen Bestimmungen des nationalen Rechts (Grundsatz der Verfahrensautonomie der Mitgliedstaaten, vgl. Art. 291 Abs. 1 AEUV). Demnach ist es Sache des deutschen Gesetzgebers, die Umsetzung der MMVO in deutsches Recht vorzunehmen. Nur dann, wenn die im nationalen Recht vorgesehenen Modalitäten darauf hinausliefen, dass die Verwirklichung der Unionsregelung praktisch unmöglich oder übermäßig erschwert wird, verdichtet sich der Effektivitätsgrundsatz zu der Pflicht, neben den öffentlich-rechtlichen auch zivilrechtliche Sanktionen zu konstituieren.[737] Den Ausgangspunkt bildet vor diesem Hintergrund das alte System, wie es in seiner de lege ferenda herausgearbeiteten Fassung besteht.

1. Kapitel: Vorteile der öffentlich-rechtlichen Normdurchsetzung

Bislang wurde nur über die Nachteile der öffentlich-rechtlichen Normdurchsetzung gesprochen. Den Nachteilen des öffentlich-rechtlichen Ansatzes stehen aber schon ganz grundsätzlich gewichtige Vorteile gegenüber. Auch diese sollen in der gebotenen Kürze thematisiert werden.

---

737 Vgl. *Poelzig*, ZGR 2015, 801 (807); *Streinz*, Europarecht, S. 213 Rn. 604 ff. m.w.N.

§ 1 Steuerung durch Schaffen gezielter Anreize

Ein erster Vorteil der öffentlich-rechtlichen Normdurchsetzung ist die zielgerichtete Steuerungsmöglichkeit hinsichtlich des gewünschten Marktverhaltens.[738] Durch den ihnen eingeräumten Ermessensspielraum können die Aufsichtsbehörden mit Blick auf ein bestimmtes Ziel ihre Instrumente entsprechend einsetzen und „dosieren".[739] Insofern ist es ihnen möglich, den Marktteilnehmern gezielte Anreize zu setzen, sich marktkonform zu verhalten. Demgegenüber geschieht die privatrechtliche Normdurchsetzung durch das Gewähren einer Möglichkeit, das Fehlverhalten zu sanktionieren, beispielsweise indem den Anlegern Beweiserleichterungen zugestanden werden.[740] Dadurch liegt aber lediglich ein mittelbarer Anreiz vor. Ob die bestehenden Ansprüche tatsächlich vom Anspruchsberechtigten geltend gemacht werden, obliegt seiner freien Entscheidung. Für die Normdurchsetzung bedeutet dies, dass die Sanktionierung weitaus weniger berechenbar wird.[741]

Auch der Aspekt des möglichen Missbrauchs der Sanktionsinstrumente spricht für die öffentlich-rechtliche Normdurchsetzung. So haben Behörden stets zum Wohle der Allgemeinheit zu handeln und verfolgen somit keine subjektiven, das heißt eigenen Interessen.[742] Da die Wahrnehmung privatrechtlicher Ansprüche grundsätzlich im eigenen Interesse erfolgt, ist hier das Risiko der missbräuchlichen Normdurchsetzung ungleich höher.

§ 2 Stabilisierung und Kontinuität durch behördliche Kontrolle

Eng verbunden mit der Schaffung gezielter Anreize ist auch der Aspekt der Stabilisierung und Schaffung von Kontinuität durch behördliche Kontrolle. Gemeint ist damit, dass private Normdurchsetzung immer nur punktuell und unsystematisch erfolgen kann.[743] Denn sie wirkt sich nur dort aus, wo beim jeweiligen Anspruchsinhaber die Initiative zur Durchsetzung seines subjektiven Rechts besteht und er seine Ansprüche auch tatsächlich geltend macht. In allen anderen Fällen bleibt das Verhalten sanktionslos. Auch entfalten Klagen

---

738 Vgl. zu den Steuerungsvorteilen öffentlich-rechtlicher Instrumente *Hecker*, Marktoptimierende Wirtschaftsaufsicht, S. 100 ff. m.w.N.; zum Kartellrecht *Möschel*, WuW 2007, 483 (487 f.); *Rose*, 108 Columbia Law Review (2008), 1301 (1329 f.).

739 So *Poelzig*, Normdurchsetzung durch Privatrecht, S. 572.

740 Vgl. *Poelzig*, Normdurchsetzung durch Privatrecht, S. 573.

741 *Zimmer/Höft*, ZGR 2009, 662 (690).

742 Vgl. *Poelzig*, Normdurchsetzung durch Privatrecht, S. 572 f.

743 *J. Hecker*, Marktoptimierende Wirtschaftsaufsicht, S. 101 ff.

lediglich zwischen den beteiligten Prozessparteien (*inter partes*) Rechtswirkung (vgl. § 322 ZPO).[744] Auch dies führt dazu, dass nur im Rahmen der öffentlich-rechtlichen Normdurchsetzung eine flächendeckende einheitliche Kontrolle und Rechtsdurchsetzung stattfinden kann.

§ 3 Dauer der Normdurchsetzung

Bei privatrechtlicher Normdurchsetzung handelt es sich immer um eine nachträgliche Sanktionierung, zumal sie von der Durchführung eines zivilgerichtlichen Verfahrens abhängig ist.[745] Gerade kapitalmarktrechtliche Prozesse ziehen sich oft in die Länge, was unter anderem an den hohen Schadenssummen liegt. In diesen Fällen wird die privatrechtliche Sanktionierung ihrer präventiven Rolle nicht gerecht.[746] Denn je länger die Verzögerung der Sanktion andauert, desto weniger Wirkung kann sie entfalten. Hier können staatliche Maßnahmen, insbesondere der Sofortvollzug, eine raschere Durchsetzung gewährleisten.[747]

§ 4 Bessere Aufklärungsmöglichkeiten

Den größten Vorteil bietet die staatliche Normdurchsetzung allerdings im Rahmen der Aufklärung von Marktmissbrauch. Da nur dem Staat hoheitliche Ermittlungsbefugnisse zukommen, ist es nur ihm möglich, für eine lückenlose Aufklärung zu sorgen.[748] Gerade wenn missbräuchliches Verhalten auf Geheimhaltung ausgelegt ist, wird eine solche Aufklärung nur durch weitreichende Ermittlungsbefugnisse überhaupt möglich sein.[749] Denn je weiter das manipulierende Verhalten von dem Geschädigten entfernt stattfindet, desto geringer ist die Wahrscheinlichkeit, dass der Geschädigte selbst die Manipulation aufdecken kann. Das lässt sich vor allem mit Blick auf die ökonomische Lehre erklären: Während Private bei der Aufdeckung von Normverstößen geringere Kosten haben und daher besser geeignet sind, Verstöße erstmalig aufzudecken, stoßen sie bei der Durchsetzung ihrer Ansprüche immer dann an ihre Grenzen, wenn der Täter anonym bleibt. In diesem Fall kann nur die staatliche Normdurchsetzung

---

744 Vgl. dazu *Musielak*, in: Musielak/Voit, ZPO, § 322 Rn. 14.

745 Vgl. *Poelzig*, Normdurchsetzung durch Privatrecht, S. 574 m.w.N.

746 *Poelzig*, Normdurchsetzung durch Privatrecht, S. 574.

747 *J. Hecker*, Marktoptimierende Wirtschaftsaufsicht, S. 102 ff.

748 Vgl. *Poelzig*, Normdurchsetzung durch Privatrecht, S. 572; *Klöhn*, in: Kalss/Fleischer/Vogt, Gesellschafts- und Kapitalmarktrecht in Deutschland, Österreich und der Schweiz 2013, S. 239 ff. in Bezug auf Marktmanipulation.

749 Vgl. *Poelzig*, Normdurchsetzung durch Privatrecht, S. 572.

den erwünschten Erfolg gewährleisten, etwa mittels staatlicher Befugnisse, mit denen der Täter letztlich identifiziert werden kann.

Verdeutlicht werden kann dies am Beispiel des Libor-Skandals. Vordergründig geht es in diesem Fall um Marktmanipulation. Jedoch liegt ihm auch eine kartellrechtliche Komponente zugrunde.[750] Denn die Libor-Absprachen geschahen im sog. Interbankenmarkt, in dem einzelne Händler mit Kollegen von anderen Banken einen nicht der Realität entsprechenden Zinssatz vereinbarten und diesen anschließend bei der BBA angaben. Die Manipulation war von Außenstehenden kaum aufzudecken, zumal andere Banken die scheinbare Richtigkeit der Werte bestätigten. In derart gelagerten Fällen zeigt sich die besondere Bedeutung der staatlichen Ermittlungsbefugnisse und der mit ihnen einhergehenden Aufklärungsmöglichkeiten.

Die Vorteile privater Normdurchsetzung erschöpfen sich folglich in der Aufdeckung von Rechtsverstößen, bei denen der Täter leicht zu identifizieren ist, beispielsweise weil er sich selbst zu erkennen gibt, wie es bei der Marktmanipulation der Fall ist, sofern diese informationsbasiert ist.[751] Muss der Täter dagegen noch identifiziert werden, stößt das private System der Informationssammlung an seine Grenzen. Hier kann nur der Staat durch Ermittlungen (und damit einhergehende Eingriffe in die Rechte des Täters oder möglicher Beteiligter) die Normdurchsetzung gewährleisten.

Der Vorteil zentraler Normdurchsetzung besteht in der Informationsarchivierung und -auswertung. Während Behörden Informationen hinsichtlich Marktteilnehmern oder Geschehnissen am Kapitalmarkt speichern können, ist eine solche Archivierung von Wissen seitens Privater nicht möglich. Schließlich sind diese dezentral organisiert und verfügen nicht über Datensammelstellen. Zudem haben nur staatliche Behörden die Befugnis, in die Rechte und Rechtsgüter anderer einzugreifen, um Regelungen durchzusetzen.[752]

---

750 Vgl. zur Frage des Kartellrechtsverstoßes *Fleischer/Bueren*, DB 2012, 2561 (2565 ff.) m.w.N.

751 Bei der informationsbasierten Marktmanipulation besteht die Tathandlung in der Verbreitung unwahrer Informationen respektive in der Unterdrückung wahrer Informationen. Eine handelsbasierte Marktmanipulation besteht in einer bestimmten Handelsstrategie, bei der der Preis eines Finanzinstruments auf ein künstliches Niveau gehoben oder gesenkt wird, vgl. *Klöhn*, in: Kalss/Fleischer/Vogt, Gesellschafts- und Kapitalmarktrecht in Deutschland, Österreich und der Schweiz 2013, S. 238 m.w.N.

752 Zum Ganzen *Klöhn*, in: Schulze, Compensation of Private Losses, S. 179 ff.

§ 5 Ergebnis

Trotz diverser Schwächen kann der Normdurchsetzung durch öffentlich-rechtliche Sanktionen viel Positives abgewonnen werden. Sie per se als ineffektiv darzustellen, kann nicht überzeugen. Daher überzeugt auch die pauschale Aussage *Fleischers* nicht, „entwickelte Kapitalmärkte gewährten den Anlegern mit Selbstverständlichkeit einen zivilrechtlichen Schadensersatzanspruch".[753] Auch eine funktionierende öffentlich-rechtliche Normdurchsetzung kann Zeichen eines entwickelten Kapitalmarktes sein. Es bleibt allerdings die Frage bestehen, warum das bisherige System die Normverstöße nicht verhindern konnte.

2. Kapitel: Beseitigung der Schwächen des bisherigen Normdurchsetzungssystems

Effektive Normdurchsetzung liegt aus rechtsökonomischer Sicht dann vor, wenn die Sanktionen in ihrem Maße beziehungsweise in ihrer Höhe abschreckend sind, gleichzeitig aber auch die Wahrscheinlichkeit der Entdeckung des Regelverstoßes hoch genug ist, um abschreckend zu wirken.[754] Auf eine Formel reduziert bedeutet dies, dass die Effektivität der Normdurchsetzung gleich der Höhe der Sanktionen multipliziert mit der Entdeckungswahrscheinlichkeit ist. Im Folgenden sollen beide Bestandteile dieser Formel, also die Sanktionshöhe und die Entdeckungswahrscheinlichkeit, individuell durchleuchtet werden.

§ 1 Die Höhe der Bußgelder

A. Erhöhung der Bußgelder

Die Übertragung der EuGH-Rechtsprechung setzt voraus, dass die derzeitigen Sanktionen in Deutschland nicht effektiv genug sind. Stellt man bezüglich der Effektivität auf die Höhe der Bußgelder ab, so mag dies lange Zeit tatsächlich der Fall gewesen sein: Gemessen an den hohen Umsätzen und Gewinnen der Unternehmen waren die Bußgelder in der Vergangenheit zu niedrig, als dass von ihnen eine abschreckende Wirkung hätte ausgehen können. Daher wurde oben[755] konsequenterweise angenommen, dass es zusätzlicher zivilrechtlicher

---

753 *Fleischer*, NJW 2002, 2977 (2979).

754 Vgl. *Veil/Brüggemeier*, in: Fleischer/Kalss/Vogt, Enforcement im Gesellschafts- und Kapitalmarktrecht 2015, S. 280.

755 Dritter Teil, 2. Kapitel, § 2 C. II.

Normdurchsetzung bedarf, um eine Effektuierung der Marktmissbrauchsregelungen herzustellen.

Allerdings darf nicht vergessen werden, dass sich in der Zwischenzeit mit dem Inkrafttreten der MMVO eben dieser Umstand verändert hat. Im dritten Teil wurde herausgearbeitet, dass vor allem die massive Erhöhung der Bußgelder für marktmissbräuchliches Verhalten die zentrale Neuerung der MMVO ist.[756] So erhöhen sich die Bußgelder im Falle der Marktmanipulation bei natürlichen Personen von 1 Million auf 5 Millionen Euro, bei juristischen Personen von 10 Millionen auf 15 Millionen Euro. Beim Insiderhandel erhöht sich das Bußgeld im Falle vorsätzlichen Handelns bei natürlichen Personen von 200 000 Euro auf 5 Millionen Euro beziehungsweise bei juristischen Personen von 10 Millionen auf 15 Millionen Euro. Bei beiden Missbrauchstatbeständen ist nicht wie bisher eine einfache, sondern eine dreifache Vorteilsabschöpfung möglich. Ein Verstoß gegen die Ad-hoc-Mitteilungspflicht führt bei juristischen Personen nicht mehr zu einem Bußgeld von 1 Million Euro, sondern zu einem Bußgeld von 2,5 Millionen Euro. Allein bei natürlichen Personen ist die Höhe des Bußgeldes gleich geblieben. Im strafrechtlichen Bereich sind zumindest die Sanktionen bei Marktmanipulation erheblich ausgeweitet worden. So beträgt das Strafmaß heute bis zu 10 Jahre Freiheitsstrafe.

Wenn es also um die Höhe beziehungsweise das Maß der Sanktion geht, wurde bereits ein wichtiger Schritt auf dem Weg hin zu einer effektiven Normdurchsetzung gemacht.

B. Exkurs: Verhältnismäßigkeit der hohen Bußgelder

Durch die Verhängung von Geldbußen soll einerseits dem Adressaten sein Pflichtenverstoß vor Augen geführt (sog. Pflichtenermahnung), andererseits eine präventive Abschreckungswirkung erzielt werden. Insofern verspricht sich der europäische Verordnungsgeber durch die Anhebung der Höhe der Geldbußen mehr Gesetzestreue der Adressaten. Gleichwohl legitimiert dieses Ziel nicht zu unverhältnismäßigen Sanktionen. In der Literatur wird vermehrt vertreten, dass eine solche Verhältnismäßigkeit nicht mehr vorliegt.

I. Kritik der Literatur

Die Frage nach der Verhältnismäßigkeit der Bußgelder stellt sich vor allem vor dem Hintergrund der Veröffentlichung des BaFin-Bußgeldleitfadens aus dem Jahr 2013, in dem die BaFin erstmals „Leitlinien zur Festsetzung von Geldbußen

---

756 Vgl. oben Dritter Teil, 1. Kapitel, § 1.

bei Verstößen gegen Vorschriften des WpHG" veröffentlicht hat.[757] In der Literatur wird vor allem die Möglichkeit einer Bebußung von juristischen Personen in Höhe von 15 Millionen Euro respektive 15 % des Konzernumsatzes kritisch gesehen. Auch die dreifache Vorteilsabschöpfung wird vielfach als unverhältnismäßig erachtet.[758] Im Zentrum der Kritik stehen dabei nicht die Höchstgrenzen der Geldbußen, zumal diese lediglich absolute Ausnahmefälle bei vorsätzlichen und besonders schwerwiegenden Pflichtverstößen erfassen sollen. Vielmehr geht es den Kritikern um Bußgelder im mittleren und unteren Bereich, die bei linearer Anpassung an die neuen Höchstwerte deutlich schärfer ausfallen dürften.[759] Dabei bestehe die Gefahr, dass „die individuelle Schuld des Betroffenen bei der Festsetzung der Bußgelder nur unzureichend Berücksichtigung findet."[760]

II. Stellungnahme

Die Kritik an der Erhöhung der Bußgelder und der damit wohl nachfolgenden linearen Anpassung der Bebußung durch die BaFin kann jedoch nicht überzeugen.

Sofern sich die Kritik gegen die Ausarbeitung von Leitlinien zur Festsetzung der Geldbußen richtet, ist dem entgegenzuhalten, dass solche Leitlinien überall dort, wo der Gesetzgeber auf der Rechtsfolgenseite einen Sanktionsrahmen vorgegeben hat, innerhalb dessen die Rechtsfolge zu verorten ist, existieren. So greift beispielsweise die Staatsanwaltschaft auf interne Tabellen zurück, die die Strafen in groben Rastern schematisieren. Dies ist nicht verwerflich, wenn und weil diese grobe Verortung in den oft mit großen Spielräumen ausgestatteten Strafrahmen für mehr Rechtssicherheit sorgt und bei gleichartigen Verstößen eine unterschiedlich hohe Strafe verhindert.

Bereits oben wurde aufgezeigt, dass sich Sanktionen hinsichtlich Marktmissbrauch allein auf straf- und ordnungswidrigkeitenrechtliche Maßnahmen beschränkten, da die privatrechtliche Normdurchsetzung entweder nicht vorgesehen war oder aber viel zu selten durchgesetzt wurde.[761] Sofern aber Bußgelder

---

757 Abrufbar unter: https://www.bafin.de/SharedDocs/Downloads/DE/Leitfaden/WA/dl_bussgeldleitlinien_2016.html.

758 Vgl. *von Buttlar*, BB 2014, 451 (454 f.): „drakonische Strafen"; zustimmend *Heinrich/Krämer/Mückenberger*, ZIP 2014, 1557 (1559); mit Bezug auf Stimmrechtsmitteilungen *Nartowska/Walla*, AG 2014, 891 (900): „Risiko der Unverhältnismäßigkeit".

759 Vgl. *von Buttlar*, AG Report 2013, R115 (R115 f.); *Canzler/Hammermaier*, AG 2014, 57 (72); *Seibt/Wollenschläger*, ZIP 2014, 545 (551 f.).

760 So *Heinrich/Krämer/Mückenberger*, ZIP 2014, 1557 (1560).

761 Vgl. oben Dritter Teil, 1. Kapitel, § 1.

und Strafen die einzig existierenden Mittel gegen Marktmissbrauch sind, müssen sie entsprechend empfindlich sein, um die gewünschte abschreckende Wirkung zu erzielen.

Schließlich ist auch die Höhe der Bußgelder nicht unverhältnismäßig. Vor der Umsetzung der Transparenzrichtlinie aus dem Jahr 2013 betrug die höchste gegen ein Unternehmen verhängte Geldbuße wegen Marktmissbrauch 100 000 Euro.[762] Diese Höchstsumme zeigt in aller Deutlichkeit die Diskrepanz zwischen den Gewinnen von Unternehmen, die oftmals schon bei kleineren Unternehmen im Millionenbereich liegen, einerseits und der Höhe der Geldbußen andererseits. Solange die Summen der Geldbußen in dieser Größenordnung liegen, kann von Abschreckungswirkung nicht die Rede sein. Nach der Theorie des *Homo oeconomicus* müssen derart geringe Bußgelder zwingend an Abschreckungswirkung verlieren, da die Höhe des in Aussicht gestellten Schadens von derjenigen des voraussichtlichen Gewinns um ein Vielfaches übertroffen wird. Das gilt unabhängig davon, ob es sich um große oder kleine Unternehmen handelt. Dies haben auch die BaFin in ihrem Emittentenleitfaden sowie die Europäische Kommission in ihrer Richtlinie aus dem Jahr 2013 und später in der Marktmissbrauchsverordnung aus dem Jahr 2014 erkannt und dementsprechend gehandelt.

Die Leitlinien der BaFin sorgen für Rechtssicherheit und Transparenz hinsichtlich der Bebußung. Sofern dem entgegengehalten wird, dass sich der Unrechtsgehalt kapitalmarktrechtlicher Verstöße in der Sanktionshöhe nicht schuldangemessen widerspiegelt, wenn die BaFin ihre Bebußungspraxis erhöht, so muss dieser Vorwurf als haltlos erachtet werden. Die Leitlinien bilden keinesfalls starre Grenzen, die kompromisslos eingehalten werden. Vielmehr handelt es sich bei dieser groben Einordnung um eine schematische Herangehensweise, die lediglich Anhaltspunkte bei der Bebußung ähnlicher Verstöße bieten soll. Ist die BaFin der Ansicht, es liege ein für ihre Einordnung atypischer Sachverhalt vor, so kann sie im Einzelfall problemlos von ihren eigenen Leitlinien abweichen.

§ 2 Die Erhöhung der Entdeckungswahrscheinlichkeit

Die bloße Erhöhung der Bußgelder und die Ausdehnung des Strafrahmens reichen aber nicht aus, um eine effektive Normdurchsetzung zu gewährleisten. Hinzukommen muss eine hohe Wahrscheinlichkeit, dass der Regelverstoß auch entdeckt wird.

---

762 Vgl. auf https://www.bafin.de/SharedDocs/eroeffentlichungen/DE/Fachartikel/2013/fa_bj_2013_12_wphg_bussgeldleitlinien.html.

A. Der dezentrale Ansatz des EuGH

Der Ansatz des EuGH, hierzu auf die Anleger zurückzugreifen und die Aufdeckung der Normverstöße dezentral zu steuern, hat einen entscheidenden Vorteil: Die bestehenden Schwächen der staatlichen Normdurchsetzung, nämlich ihre begrenzten personellen Mittel und die zentral gesteuerte Aufsicht, die nicht alle Märkte gleichzeitig beobachten kann, werden ausgeglichen. Richtig ist, dass eine dezentrale Aufdeckung zu mehr Abschreckung verhelfen kann. Ob dies allerdings durch Schadensersatzansprüche geschädigter Anleger funktionieren kann, ist mehr als zweifelhaft. Anleger haben weder Ermittlungsbefugnisse noch andere Mittel zur Aufklärung. Der bloße Verdacht, Opfer von Marktmissbrauch geworden zu sein, wird sie kaum dazu bewegen, Klagen zu erheben, zumal diese ein großes Kostenrisiko bergen und der Kläger in Deutschland die Gerichtskosten vorstrecken muss. Hält man sich vor Augen, dass der Marktmissbrauch zumeist in verschleierter Form geschieht, ist schlichtweg nicht ersichtlich, wie Anleger ihn aufdecken sollen, wenn schon Behörden dazu nicht in der Lage sind. So wurden auch alle drei hier besprochenen Beispielsfälle[763] von inländischen oder ausländischen Behörden aufgedeckt. Auch ist es kaum vorstellbar, dass private Anleger Schadensersatzklagen erheben und die Behörden aufgrund der dadurch gewonnenen Kenntnisse ihrerseits den Regelverstoß verfolgen. In der Praxis ist in anderen Rechtsbereichen stets das Gegenteil der Fall. Dort warten die Geschädigten den Strafprozess ab, um sodann mit den dort gewonnenen Erkenntnissen private Klagen zu erheben.

B. Whistleblowing – ohne finanziellen Anreiz

Freilich ist diese Form des dezentralen Vorgehens nicht alternativlos. Ein vollkommen neues Regelungsinstrument stellt die Schaffung eines Anreizsystems für Whistleblower dar.

I. Die allgemeine Bedeutung von Whistleblowing für die Aufklärung von Marktmissbrauch

Die Europäische Kommission ist zu der Erkenntnis gelangt, dass zur Bekämpfung von Marktmissbrauch eine externe – das heißt staatliche – Überwachung nicht ausreiche.[764] Dieser würden oft die entscheidenden Hinweise auf (mögliche) Verstöße gegen Vorschriften fehlen. Insofern ist es konsequent, dass die

763 Vgl. oben Erster Teil, 1. Kapitel.

764 Vgl. ErwGr. 74 MMVO.

Kommission durch das Schaffen von Anreizen zum Whistleblowing versucht, Hinweise aus dem Inneren der Unternehmen zu erhalten. Sie verspricht sich vom Whistleblowing eine hohe Abschreckungswirkung. Denn durch interne Hinweise gelangen die Aufsichtsbehörden an Informationen, die ihnen naturgemäß vorenthalten werden sollen, was die Entdeckungswahrscheinlichkeit hinsichtlich marktmissbräuchlichen Verhaltens erhöht.[765] Da dies bislang mit teilweise erheblichen Nachteilen für die Whistleblower einherging, war es dringend notwendig, Regelungen zu deren Schutz zu schaffen. So drohten potenziellen Hinweisgebern bislang soziale Ausgrenzung im Kollegenkreis, der Verlust des Arbeitsplatzes oder sogar branchenweites *Blacklisting*, was sie dazu bewegte zu schweigen.[766]

II. Keine finanziellen Anreize

Während das US-amerikanische System vor allem auf (finanzielle) Belohnungen setzt,[767] hat der deutsche Gesetzgeber die Möglichkeit, finanzielle Anreize zu schaffen, ausgeschlagen. In der Tat gibt es auch andere Gründe, aus denen Informanten Missstände aufdecken. Dies kann beispielsweise aus redlichen Beweggründen wie Pflichtbewusstsein oder Gesetzestreue geschehen, aber auch aus weniger achtenswerten Gründen wie etwa Rachsucht.[768]

Daneben wird eine Vielzahl von Argumenten vorgetragen, die gegen ein solches finanzielles Anreizsystem sprechen.[769] Die Speerspitze der Argumentation bilden im Wesentlichen zwei Thesen: Zum einen bestehe eine erhebliche Missbrauchsgefahr, würde man Anzeigen finanziell belohnen. Dem räuberischen Aktionär würden räuberische Whistleblower folgen, so der Tenor der Belohnungsgegner.[770] Zum anderen würden unternehmensinterne Compliance-Programme erheblich

765 Vgl. ErwGr. 74 MMVO.

766 Vgl. dazu *Fleischer/Schmolke*, NZG 2012, 361 (361 f.) m.w.N.

767 Gem. dem Sarbanes-Oxley Act von 2002 standen dem Whistleblower Schadensersatzansprüche gegen seinen Arbeitgeber (sofern dieser ein börsennotiertes Unternehme ist) zu. Seit dem False Claims Act erhalten Whistleblower bei Betrug an der Bundesregierung zwischen 15% und 25 % des Schadensersatzes zugesprochen. Diese Regelung wird nunmehr auch auf Whistleblower ausgedehnt, die unter den Sarbanes-Oxley Act fallen, vgl. zum Ganzen *Heppe/Tielmann*, WM 2011, 1883.

768 Vgl. bspw. *Macey*, 105 Michigan Law Review (2007), 1899 (1907).

769 Eine ausführliche Übersicht zu allen Argumenten, die gegen ein finanzielles Anreizsystem sprechen, findet sich bei *Fleischer/Schmolke,* NZG 2012, 361 (364).

770 Vgl. zum Meinungsstand *Fleischer*, ZGR 2011, 155 (176 f.).

beeinträchtigt, da sich Informanten in erster Linie an die Behörden wenden würden und so eine interne Aufklärung behindert würde.[771]

Dem ist entschieden entgegenzutreten. Mit *Fleischer* und *Schmolke* ist davon auszugehen, dass der Missbrauchsgefahr beispielsweise durch die Pflicht zur Abgabe einer eidesstattlichen Versicherung über den Wahrheitsgehalt der Information vorgebeugt werden kann.[772] Auch haben die Autoren zu Recht darauf hingewiesen, dass durch Subsidiaritätsklauseln den unternehmensinternen Compliance-Programmen Vorrang eingeräumt werden könnte und somit die interne Aufklärung von Verstößen nicht beeinträchtigt würde.[773]

III. Stellungnahme

In der derzeitigen Variante ohne finanzielle Anreize dürfte der individuelle Nutzen einer Anzeige auch trotz der Verbesserungen durch die MMVO nicht die zu erwartenden Kosten beziehungsweise Risiken übersteigen. Denn gegen die soziale Ausgrenzung im Kollegenkreis können auch die Neuregelungen nichts bewirken. Auch ist zu beachten, dass vor dem Hintergrund des *De-Larosière*-Berichts auch bezüglich des Whistleblowing die Banken im Fokus der Marktmissbrauchsregelung standen. In dieser Hinsicht ist aber davon auszugehen, dass das Zugehörigkeitsgefühl der Arbeitnehmer zu ihrem Arbeitgeber in Industriebetrieben deutlich größer ist als dasjenige von Bankern gegenüber ihrer Bank: Während in der Bankenbranche – ähnlich wie in der Anwaltsbranche – ein Arbeitgeberwechsel häufiger vorkommt, ist es in vielen Industriebetrieben immer noch Realität, dass viele Arbeitnehmer ihr (Arbeits-)Leben in einem einzigen Unternehmen für einen einzigen Arbeitgeber tätig sind und dementsprechend eine engere Verbindung zu diesem haben. Für diese (potenziellen) Informanten wird es eines deutlich größeren Anreizes bedürfen, ihren Arbeitgeber zu „verraten". Allein durch die Ungewissheit, was nach der Enthüllung mit dem Arbeitgeber passiert, verbunden mit der Ungewissheit, was dem Informanten selbst droht, werden die emotionalen Hürden auch in Zukunft meist zu hoch sein, um Verstöße des

---

771 Vgl. dazu auch auch SEC: „[W]e understand that the financial incentives established by Section 21F could have the potential to divert other whistleblowers away from reporting internally. If this diversion were significant, it might impair the usefulness of internal compliance programs, which can play an important role in achieving compliance with the securities laws; ausführlich hierzu ferner *Mavrakis/Legg*, 40 Australian Business Law Review (2012), 26 ff.

772 *Fleischer/Schmolke*, NZG 2012, 361 (365).

773 *Fleischer/Schmolke*, NZG 2012, 361 (365, 367 ff.).

Arbeitgebers oder einzelner Kollegen nach außen zu melden. Denn diese Ungewissheit kann auch die MMVO in ihrer jetzigen Form nicht ausräumen.

Es ist daher kaum vorstellbar, dass ohne jegliche Belohnung ein entscheidender Anreiz zum Whistleblowing geschaffen wird. In den USA scheint diese Erkenntnis bereits erlangt zu sein, zumal mit der letzten Reform des Whistleblowing die finanziellen Anreize, die vorher bereits bestanden, nochmals erheblich erhöht wurden.[774] Ein Vergleich mit dem Kartellrecht zeigt, warum auch in Deutschland dringend ein finanzieller Anreiz für mögliche Whistleblower geschaffen werden sollte. Bereits mehrfach wurde herausgearbeitet, wie sehr die Fälle des Marktmissbrauchs denjenigen von Kartellverstößen ähneln. Betrachtet man die Sanktionierung von Kartellverstößen genauer, so muss man zu der Erkenntnis gelangen, dass dort die Kronzeugenregelung das schärfste Schwert zur Aufdeckung und zukünftigen Vermeidung von Kartellen ist.[775] Ein kurzer Blick auf diese Regelung zeigt, warum dies der Fall ist: Dort werden aus dem innersten Kreis der Kartellanten heraus die Informationen an die Behörden weitergegeben. Das ist deswegen so effektiv, weil es maximale Aufklärung verspricht und daher auch präventiv eine besonders hohe Abschreckung bewirkt. Anders als bei den Anlegerklagen geschieht die Aufdeckung der Verstöße nicht durch Externe, vor denen die missbräuchlichen Handlungen gerade verschleiert werden sollten, sondern vielmehr durch Interne, die als „Insider" selbst an der Tat beteiligt waren und daher präzise und umfassend über die Tat aufklären können.

Wer erkennt, warum die Kronzeugenregelung so effektiv funktioniert, kann daraus die richtigen Schlüsse für das Marktmissbrauchsrecht ziehen, in dem es an einer Kronzeugenregelung fehlt. Eine solche würde im Marktmissbrauchsrecht auch keinen Sinn ergeben, weil es sich hier meist um Einzeltäter handelt. Der Kronzeugenregelung am nächsten kommt das Whistleblowing. Auch dort werden Informationen aus dem inneren Kreis des Unternehmens nach außen transportiert. Diese Form der Aufklärung ist daher mit maximaler Wirksamkeit auszustatten, insbesondere müssen auch finanzielle Anreize nach dem US-amerikanischen Vorbild geschaffen werden.

---

774 Zum Whistleblowing im US-amerikanischen Recht vgl. *Paschke/Jessen*, RdTW 2015, 1 (1 f.).

775 *Dittrich/Matthey*, in: Hauschka/Moosmayer/Lösler, Corporate Compliance, § 26 Rn. 37 ff.

IV. Ergebnis

Der deutsche Gesetzgeber belässt es hinsichtlich des Whistleblowing bei den Mindestvorgaben des Art. 32 Abs. 1 MMVO, der keine finanziellen Anreize vorsieht. Zusammenfassend lässt sich feststellen, dass ohne finanzielle Anreize die Wirksamkeit des Whistleblowing ernsthaft infrage gestellt werden muss – ein Zustand, der vor dem Hintergrund einer effektiven Normdurchsetzung dringend zu beseitigen ist.

§ 3 Ergebnis

Abschließend lässt sich feststellen, dass die öffentlich-rechtliche Normdurchsetzung an erheblichen Mängeln litt, die durch die MMVO nur teilweise beseitigt wurden. Sie ist das Ergebnis der (falschen) Vorstellung, dass allein durch eine weitere Erhöhung der Bußgelder das Ziel der Abschreckung erreicht werden könne. Dieser Ansatz ist bislang mehrfach gescheitert und offenbart, dass es lediglich ein Regelungsziel gibt, keinesfalls aber ein Regelungskonzept.

Der öffentlich-rechtliche Ansatz bezüglich der Normdurchsetzung überzeugt aber, sofern er effektiver ausgestaltet wird. So kann die Erhöhung der Bußgelder zu mehr Abschreckung führen, wenn gleichzeitig die Wahrscheinlichkeit der Sanktionierung erhöht wird. Denn nur dann überwiegen die Erwartungskosten den Nutzen des Normverstoßes (vgl. *Homo oeconomicus*). Dies geschieht am effektivsten durch Whistleblower, die aus dem Inneren des Unternehmens heraus die Informationen zur Verfügung stellen, sofern sie entsprechend motiviert sind. Ein solcher Anreiz kann nur durch die Gewährung finanzieller Vorteile ausreichend gesetzt werden.

Zusammenfassung – zugleich Maßnahmenkatalog zur Effektuierung des bisherigen Normdurchsetzungsansatzes

Abschließend seien die wesentlichen Aussagen der vorliegenden Arbeit nochmals in Form eines Maßnahmenkatalogs für den deutschen Gesetzgeber zusammengefasst.

1. Am 3. Juli 2016 ist die Marktmissbrauchsverordnung (MMVO) wirksam in Kraft getreten. Das Marktmissbrauchsrecht steht damit auf neuen Füßen. Die Regelungen bezüglich der Marktmanipulation, des Insiderhandels und der Ad-hoc-Publizität werden im Anwendungsbereich der Verordnung nun nicht mehr durch einzelstaatliche Gesetze, wie in Deutschland dem WpHG, geregelt. Stattdessen wurden diese Regelungen in der in allen Mitgliedstaaten direkt geltenden Marktmissbrauchsverordnung getroffen. Die MMVO hat einen weiteren Anwendungsbereich als die Marktmissbrauchsrichtlinie und gilt als Antwort der Europäischen Union auf die Finanzmarktkrise. Disparate Regelungen sollen somit unterbunden werden, ebenso wie Sanktionen, die kaum Abschreckungswirkung entfalten.
2. Emittenten, deren Finanzinstrumente für den Handel an einer inländischen Wertpapierbörse zugelassen oder in den Freiverkehr (*Open Market*) einbezogen sind, sowie alle sonstigen Akteure am Kapitalmarkt, müssen in Hinblick auf marktmissbräuchliches Verhalten mit weitreichenden Veränderungen rechnen. Die Regelungskonzeption bleibt zwar bestehen wie bisher, jedoch treten hinsichtlich der Rechtsfolgen von Marktmissbrauch einige Veränderungen auf. So kann künftig ein umsatzbezogenes Bußgeld gegen juristische Personen verhängt werden, wobei der Umsatz des Konzerns, dem die sanktionierte juristische Person angehört, maßgeblich ist. Zusätzlich wurden die Bußgelder drastisch erhöht. Der Bußgeldrahmen für natürliche Personen beträgt nunmehr bis zu 5 Millionen Euro für Verstöße gegen Insiderhandelsverbote und das Verbot der Marktmanipulation. Die Verletzung der Ad-hoc-Publizitätspflicht hat ein Bußgeld von bis zu 1 Million Euro zur Folge. Noch drastischer sind die Bußgeldvorschriften bei Verletzung der Regelungen durch juristische Personen. Für Verstöße gegen die Insiderhandelsverbote und das Verbot der Marktmanipulation können hier Geldbußen von bis zu 15 Millionen Euro oder 15 % des Jahresumsatzes verhängt werden. Geldbußen von bis zu 2,5 Millionen Euro oder 2 % des Jahresumsatzes können bei Verletzung

der Ad-hoc-Publizitätspflicht verhängt werden. Darüber hinaus wurden die Ermittlungsbefugnisse der BaFin erweitert und völlig neue Sanktionen, wie etwa das *naming and shaming*, in das deutsche Recht implementiert.

3. Die weitreichendste Veränderung des deutschen Marktmissbrauchsrechts steht allerdings nur in einem mittelbaren Zusammenhang mit der MMVO. Sie liegt in mehreren Entscheidungen des EuGH zum Wettbewerbsrecht (namentlich in den Fällen *Courage*, *Manfredi* und *Munoz*) begründet. Der EuGH hat hierbei geurteilt, dass es hinsichtlich einer effektiven Normdurchsetzung der Wettbewerbsregelungen der Konstituierung zivilrechtlicher Schadensersatzansprüche zugunsten der Geschädigten bedürfe. Die Geschädigten könnten wesentlich zu der Aufdeckung von Rechtsverstößen beitragen, weil die staatliche, zentrale Überwachung im Wettbewerbsrecht an ihre Grenzen stoße. Der Gedanke des EuGH, durch die subjektive Funktionalisierung Privater ein erhöhtes Maß an Abschreckung hervorzurufen, wird von einer immer größer werdenden Zahl an Autoren auf das Kapitalmarktrecht übertragen. Tatsächlich ist davon auszugehen, dass das derzeit in Deutschland bestehende Normdurchsetzungssystem bezüglich des Marktmissbrauchs ineffektiv ist. Dies bestätigen schon die zahlreichen Marktmissbrauchsfälle in der Praxis, darunter der Libor-Skandal der Deutschen Bank, die Kengeter-Affäre sowie der Dieselskandal bei VW.
4. Im Lichte des Effektivitäts- und des Äquivalenzgrundsatzes ergeben sich damit folgende Konsequenzen hinsichtlich der zivilrechtlichen Haftung bei Marktmissbrauch: Art. 15 MMVO (Verbot der Marktmanipulation) wird künftig als Schutzgesetz im Sinne des § 823 Abs. 2 BGB zu qualifizieren sein. Dabei sind sowohl der Kursdifferenz- als auch der Vertragsabschlussschaden ersatzfähig. Insofern wird es darauf ankommen, ob der geschädigte Anleger den Beweisanforderungen hinsichtlich des Vertragsabschlussschadens nachkommen kann.
   Art. 14 MMVO (Verbot des Insiderhandels) wird ebenfalls als Schutzgesetz anzuerkennen sein. Durch die Ablösung der bislang geltenden Schutznormtheorie zugunsten der europarechtlichen Vorgaben, ist hinfällig, ob der Kreis der Anspruchsberechtigten in qualifizierter und individualisierter Weise abgrenzbar ist. Hinsichtlich des Schadens kommt zwar ein Kursdifferenzschaden aus tatsächlichen Gründen in den meisten Fällen nicht in Betracht. Der Vertragsabschlussschaden wird hingegen ersetzbar sein. Im Rahmen der Kausalität wird sich der Insider nicht mehr auf das rechtmäßige Alternativverhalten respektive eine Vorteilsanrechung berufen können.

Allein die Konsequenzen bei einem Verstoß gegen die Ad-hoc-Mitteilungspflicht werden sich nach neuer Rechtslage nicht wesentlich verändern. Hier bieten die §§ 37b, c WpHG bereits eine effektiv ausgestaltete Rechtsgrundlage. Eines Rückgriffs auf die allgemeine deliktische Haftungsgrundlage des § 823 Abs. 2 BGB bedarf es daher nicht.

5. Freilich ist eine solche „Europäisierung" des Marktmissbrauchsrechts, die zu erheblichen Friktionen mit dem deutschen Rechtssystem führt, nicht alternativlos. Es gilt zu bedenken, dass die Implementierung des Unionsrechts in das nationale Recht grundsätzlich nach den formellen und materiellen Bestimmungen des nationalen Rechts erfolgt (Grundsatz der Verfahrensautonomie der Mitgliedstaaten). Demnach liegt es in der Verantwortung des deutschen Gesetzgebers, der MMVO zu größtmöglicher Wirksamkeit im deutschen Rechtsgefüge zu verhelfen. Ausschließlich für den Fall, dass die im nationalen Recht vorgesehenen Modalitäten darauf hinausliefen die Verwirklichung der Unionsregelung praktisch unmöglich zu machen oder übermäßig zu erschweren, würde sich der Effektivitätsgrundsatz zu der Pflicht verdichten, neben den öffentlich-rechtlichen auch zivilrechtliche Sanktionen zu konstituieren. Vor diesem Hintergrund ist festzustellen, dass dem neuen Normdurchsetzungsmodell durch marginale Veränderungen des alten Modells der Boden entzogen werden könnte und ein in sich sowohl dogmatisch als auch wertungsmäßig überzeugendes System der Normdurchsetzung bei Marktmissbrauch geschaffen werden könnte. Zu beachten ist, dass die MMVO bereits selbst mit der Verschärfung der Sanktionen für mehr Abschreckungswirkung gesorgt hat. Da die Höhe der Sanktionen allein jedoch noch nicht ausreicht, um effektiv die Normbefolgung zu gewährleisten, bedarf es eines weiteren Schrittes. Dieser liegt in der Erhöhung der Entdeckungswahrscheinlichkeit hinsichtlich der Regelverstöße, konkret in der Konstituierung eines effektiven, mit finanziellen Anreizen ausgestatteten, Whistleblowingsystems.
6. Die zivilrechtliche Haftung bei Marktmissbrauch sähe dementsprechend wie folgt aus: Art. 15 MMVO (Verbot der Marktmanipulation) wäre auch unter Beibehaltung des bisherigen Normdurchsetzungsansatzes ein Schutzgesetz im Sinne des § 823 Abs. 2 BGB, da die MMVO ausdrücklich den Anlegerschutz erwähnt und der Kreis der Anspruchsberechtigten auch individuell abgrenzbar ist, die Haftung also bereits vor dem Hintergrund der Schutznormtheorie bestehen müsste.

   Im Falle des Insiderhandels (Art. 14 MMVO) käme eine Haftung nach § 823 Abs. 2 BGB nicht in Frage, da der Kreis der Anspruchsberechtigten nicht

individuell abgrenzbar ist und der ungerechtfertigt erlangte Vorteil des Insiders nicht am Kapitalmarkt weitergegeben darf.
Die bislang bestehende Haftung wegen Verstoßes gegen die Ad-hoc-Publizitätspflicht (Art. 17 MMVO) muss hingegen wegfallen. Die Haftung hat einen begrenzten Anwendungsbereich und führt zudem zu einer ungerechtfertigten Ungleichbehandlung der Anleger. Verstöße gegen die Marktmissbrauchsregelungen zu verhindern, ist allein Aufgabe des Staates.

7. Um einem Eingriff des EuGH in das in Deutschland bestehende Normdurchsetzungssystem zuvorzukommen, sind folgende Änderungen nötig: In erster Linie muss das Whistleblowing mit finanziellen Anreizen ausgestattet werden, um die Wahrscheinlichkeit der Entdeckung missbräuchlichen Verhaltens zu erhöhen. Die §§ 37b, c WpHG müssen ersatzlos gestrichen werden. An ihre Stelle hat eine höhere Bebußung der Emittenten zu treten, um die Präventivwirkung des öffentlichen Rechts zu verstärken und eine größere Abschreckungswirkung zu erwirken.
8. Nach diesem Ansatz käme allein im Falle der Marktmanipulation eine zivilrechtliche Haftung nach § 823 Abs. 2 BGB in Betracht. Freilich bedeutet dies keinesfalls, dass für Insiderhandel und Verstoß gegen die Ad-hoc-Mitteilungspflicht kein Schadensersatzanspruch bestünde. Ein solcher richtet sich lediglich nach den strengeren Voraussetzungen des § 826 BGB. Würden diese Vorschläge umgesetzt werden, läge ein effektiv ausgestaltetes Normdurchsetzungssystem vor. Einer Effektuierung durch das Europarecht bedürfte es daher nicht.

Literaturverzeichnis

Adolff, Johannes, Unternehmensbewertung im Recht der börsennotierten Aktiengesellschaft, München 2007 (zugl. Habil. München 2004).

Alexander, Janet Cooper, Rethinking Damages in Securities Class Actions, Stanford Law Review Vol. 48, No. 6 (1996), S. 1487–1538.

Altenhain, Karsten, Die Neuregelung der Marktpreismanipulation durch das Vierte Finanzmarktförderungsgesetz, BB 2002, S. 1874–1879.

Altmeppen, Holger, Haftung der Geschäftsleiter einer Kapitalgesellschaft für Verletzung von Verkehrssicherungspflichten, ZIP 1995, S. 1881–1891.

Altmeppen, Holger, Haftung für Delikte „aus dem Unternehmen", dargestellt am Fall „Dieselgate", ZIP 2016, S. 97–103.

Altmeppen, Holger, Insolvenzverschleppungshaftung Stand 2001, ZIP 2001, S. 2201–2211.

Altmeppen, Holger, Organhaftung gegenüber Dritten – Grundlagen, insbesondere die Haftung aus unerlaubter Handlung und c.i.c., in: *Krieger, Gerd/Schneider, Uwe H.* (Hrsg.), Handbuch Managerhaftung, 3. Aufl., Köln 2017, § 7, S. 169–209.

Altmeppen, Holger, Unbestellte Leistungen: Die Kampfansage eines „Verbraucherschutzes" an die Grundlagen der Privatautonomie, in: *Genzow, Christian/Grunewald, Barbara/Schulte-Nölke, Hans* (Hrsg.), Zwischen Vertragsfreiheit und Verbraucherschutz. Festschrift für Friedrich Graf von Westphalen um 70. Geburtstag, Köln 2010, S. 1–12.

Assmann, Heinz-Dieter, Anmerkung zum Urteil des Hessischen VGH vom 16.3.1998, 8 TZ 98/98, AG 1998, S. 438–441.

Assmann, Heinz-Dieter, Das künftige deutsche Insiderrecht (I), AG 1994, S. 196–206.

Assmann, Heinz-Dieter, Das künftige deutsche Insiderrecht (II), AG 1994, S. 237–258.

Assmann, Heinz-Dieter, Das neue deutsche Insiderrecht, ZGR 1994, S. 494–529.

Assmann, Heinz-Dieter, Prospekthaftung, Köln u.a. 1985 (zugl. Habil. Frankfurt am Main 1984).

Assmann, Heinz-Dieter, Unternehmenszusammenschlüsse und Kapitalmarktrecht, ZHR 172 (2008), S. 635–665.

Assmann, Heinz-Dieter/Kirchner, Christian/Schanze, Erich, Ökonomische Analyse des Rechts, Neubearbeitung, Tübingen 1993.

Assmann, Heinz-Dieter/Schneider, Uwe H. (Hrsg.), Wertpapierhandelsgesetz Kommentar, 3. Auflage, Köln 2003 [zitiert als *Bearbeiter*, in: Assmann/Schneider, 3. Aufl.].

Assmann, Heinz-Dieter/Schneider, Uwe H. (Hrsg.), Wertpapierhandelsgesetz Kommentar, 5. Auflage, Köln 2009 [zitiert als *Bearbeiter*, in: Assmann/Schneider, 5. Aufl.].

Assmann, Heinz-Dieter/Schneider, Uwe H. (Hrsg.), Wertpapierhandelsgesetz Kommentar, 6. Auflage, Köln 2012 [zitiert als *Bearbeiter*, in: Assmann/Schneider, WpHG].

Assmann, Heinz-Dieter/Schütze, Rolf A., Handbuch des Kapitalanlagerechts, 4. Auflage, München 2015 [zitiert als *Bearbeiter*, in: Assmann/Schütze, Kapitalanlagerecht].

Bachmann, Gregor, Ad-hoc-Publizität nach „Geltl“, DB 2012, S. 2206–2211.

Bachmann, Gregor, Anmerkung zum Urteil des BGH vom 13.12.2011 über die Haftung wegen fehlerhafter Kapitalmarktinformation (XI ZR 51/10), JZ 2012, S. 578–582.

Bachmann, Greogor, Reform der Organhaftung? Materielles Haftungsrecht und seine Durchsetzung im privaten und öffentlichen Unternehmen, in: Verhandlungen des 70. Deutschen Juristentages Hannover 2014, Band I, Gutachten E, S. E1 - E124.

Bachmann, Gregor, Reformbedarf bei der Business Judgement Rule?, ZHR 177 (2013), S. 1–12.

Bamberger, Heinz Georg/Roth, Herbert/Hau, Wolfgang/Poseck, Roman (Hrsg.), Beck'scher Online-Kommentar zum BGB, 43. Edition, München 2017 [zitiert als *Bearbeiter*, in: Beck-OK BGB].

v. Bar, Christian, Verkehrspflichten – richterliche Gefahrsteuerungsgebote im deutschen Deliktsrecht, Köln u.a. 1980.

Barnert, Thomas, Deliktischer Schadensersatz bei Kursmanipulation de lege lata und de lege ferenda – Zugleich Besprechung zu den Urteilen LG Augsburg vom 24.9.2001 = WM 2001, 1944 und LG Augsburg vom 9.1.2002 = WM 2002, 592, WM 2002, S. 1473–1483.

Barth, Marcel, Schadensberechnung bei Haftung wegen fehlerhafter Kapitalmarktinformation, Frankfurt am Main 2006 (zugl. Diss. Frankfurt am Main 2006).

Baumbach, Adolf/Hopt, Klaus/Kumpan, Christoph/Merkt, Hanno/Roth, Markus, Handelsgesetzbuch mit GmbH & Co., Handelsklauseln, Bank- und Börsenrecht, Transportrecht (ohne Seerecht), 35. Auflage, München 2012 [zitiert als *Bearbeiter*, in: Baumbach/Hopt, HGB, 35. Aufl. 2012].

Baumbach, Adolf/Hopt, Klaus/Kumpan, Christoph/Merkt, Hanno/Roth, Markus, Handelsgesetzbuch mit GmbH & Co., Handelsklauseln, Bank- und Börsenrecht, Transportrecht (ohne Seerecht), 37. Auflage, München 2016 [zitiert als *Bearbeiter*, in: Baumbach/Hopt, HGB].

Baums, Theodor, Haftung wegen Falschinformation des Sekundärmarkts, ZHR 167 (2003), S. 139–192.

Becker, Joachim, Das neue Wertpapierhandelsgesetz, Berlin 1995.

Beck'scher Bilanz-Kommentar → siehe unter *Grottel/Schmidt/Schubert/Winkeljohann*.

Beck'scher Online-Kommentar zum BGB → siehe unter *Bamberger/Roth/Hau/Poseck*.

Benders, Rolf/Landgraf, Robert/Maisch, Michael/Köhler, Peter, Kein Ende der Verfehlungen, Handelsblatt print, Nr. 126 vom 3.7.2012, S. 34.

Beneke, Moritz/Thelen, Martin, Die Schutzgesetzqualität des Insiderhandelsverbots gem. Art. 14 Marktmissbrauchsverordnung, BKR 2017, S. 12–20.

Bermann, Mario/Drees, Susanne, Das neue Insiderstrafrecht des WpHG und seine Durchsetzbarkeit in der Praxis, StraFo 2005, S. 364–370.

Betsch, Oskar/Groh, Alexander/Lohmann, Lutz, Corporate Finance, 2. Auflage, München 2000.

Bezzenberger, Tilman, Der Vorstandsvorsitzende der Aktiengesellschaft, ZGR 1996, S. 661–673.

Bingel, Adrian, Die „Insiderinformation" in zeitlich gestreckten Sachverhalten und die Folgen der jüngsten EuGH-Rectsprechung für M&A-Transaktionen, AG 2012, S. 685–700.

Bisson, Frank/Kunz, Anna, Die Kurs- und Marktmanipulation nach In-Kraft-Treten des Gesetzes zur Verbesserung des Anlegerschutzes vom 28.10.2004 und der Verordnung zur Konkretisierung des Verbots der Marktmanipulation vom 1.3.2005; BKR 2005, S. 186–190.

Bitter, Stephan, Die Sanktion im Recht der Europäischen Union, Berlin u.a. 2011 (zugl. Diss. Frankfurt am Main 2011).

Bohrer, Andreas, Kapitalmarktrecht zwischen öffentlich-rechtlicher und privatrechtlicher Normdurchsetzung in der Schweiz, in: *Fleischer, Holger/Kalss, Susanne/Vogt, Hans-Ueli* (Hrsg.), Enforcement im Gesellschafts- und Kapitalmarktrecht 2015, Tübingen 2015, S. 243–275.

von Bonin, Gregor/Böhmer, Jörg, Der Begriff der Insiderinformation bei gestreckten Sachverhalten, EuZW 2012, S. 694–698.

Böschen, Mark, Kursziel: negativ, manager magazin, Nr. 6 vom 27.5.2016, S. 108.

Brächer, Michael, Tückische Aktienkultur, Handelsblatt print, Nr. 25 vom 3.2.2017, S. 31.

Brand, Oliver, Schadensersatzrecht, 2. Auflage, München 2015.

Braun, Franz, Zur Frage der Haftung von Vorstandsmitgliedern für fehlerhafte Ad-hoc-Mitteilungen, BKR 2005, S. 415–417.

Brellochs, Michael, Publizität und Haftung von Aktiengesellschaften im System des Europäischen Kapitalmarktrechts, München 2005 (zugl. Diss Köln 2005).

Brömmelmeyer, Christoph, Neue Regeln für die Binnenhaftung des Vorstands – Ein Beitrag zur Konkretisierung der Business Judgement Rule, WM 2005, S. 2065–2070.

Buck-Heeb, Petra, Informationsorganisation im Kapitalmarktrecht – Compliance zwischen Informationsmanagement und Wissensorganisationspflichten, CCZ 2009, S. 18–25.

Buck-Heeb, Petra, Kapitalmarktrecht, 7. Auflage, München 2014.

Buck-Heeb, Petra, LIBOR- und EURIBOR-Manipulationen – Haftungsrechtliche Fragen, WM 2015, S. 157–168.

Buck-Heeb, Petra, Wissenszurechnung und juristische Person, Tübingen 2001 (zugl. Habil. Tübingen 1999).

Buck-Heeb, Petra, Wissenszurechnung, Informationsorganisation und Ad-hoc-Mitteilungspflicht bei Kenntnis eines Aufsichtsratsmitglieds, AG 2015, S. 801–812.

Bulst, Friedrich Wenzel, Zu Umfang und Grenzen kartelldeliktsrechtlicher Ansprüche, ZEuP 2008, S. 183–195.

von Buttlar, Julia, BaFin-Veranstaltung zur Ahndungspraxis in der Wertpapieraufsicht, AG Report 2013, R115–R116.

von Buttlar, Julia, Die Stärkung der Aufsichts- und Sanktionsbefugnisse im EU-Kapitalmarktrecht: ein neues „field of dreams“ für Regulierer?, BB 2014, S. 451–458.

von Caemmerer, Ernst, Wandlungen des Deliktsrechts, in: *von Caemmerer, Ernst/ Friesenhahn, Ernst/Lange, Richard*, Hundert Jahre Deutsches Rechtsleben, Festschrift zum hundertjährigen bestehen des Deutschen Juristentages, Band II, Karlsruhe 1960, S. 49–136.

Cahn, Andreas, Grenzen des Markt- und Anlegerschutzes durch das WpHG, ZHR 162 (1998), S. 1–50.

Cahn, Andreas/Müchler, Henry, Die Verantwortlichkeit der Organmitglieder einer Sparkasse für den Erwerb riskanter Wertpapiere, in: *Burgard, Ulrich/Hadding, Walther/Mülbert, Peter O./Nietsch, Michael/Welter, Reinhard* (Hrsg.), Festschrift für Uwe H. Schneider zum 70. Geburtstag, Köln 2011, S. 197–228.

Calliess, Christian/Ruffert, Matthias, EUV/AEUV Kommentar, 5. Auflage, München 2016 [zitiert als *Bearbeiter*, in: Calliess/Ruffert, EUV/AEUV].

Canaris, Claus-Wilhelm/Habersack, Mathias/Schäfer, Carsten (Hrsg.), Großkommentar zum Handelsgesetzbuch, Band 7/1 (§§ 316–330), 5. Auflage, Berlin/New York 2010 [zitiert als *Bearbeiter*, in: Großkomm. HGB].

Canzler, Sabine/Hammermaier, Steffen, Die Verfolgung und Ahndung wertpapierrechtlicher Delinquenz durch die Wertpapieraufsicht der BaF in: Das Kapitalmarktrechtliche Bußgeldverfahren, AG 2014, S. 57–73.

Carlton, Dennis W./Fischel, Daniel R., The Regulation of Insider Trading, Stanford Law Review Vol. 35 (1982), S. 857–895.

Caspari, Karl-Burkhard, Die geplante Insiderregelung in der Praxis, ZGR 1994, S. 530–546.

Casper, Matthias, Insiderverstöße bei Aktienoptionsprogrammen, WM 1999, S. 363–370.

Claussen, Carsten P., Das neue Insiderrecht, DB 1994, S. 27–32.

Claussen, Carsten P./Scherrer, Gerhard (Hrsg.), Kölner Kommentar zum Rechnungslegungsrecht, Köln 2011.

Coase, Ronald, The Problem of Social Cost, Journal of Law & Economics Vol. 3 (1960), S. 1–44.

Coffee, John C. Jr., Reforming the Securities Class Action: An Essay on Deterrence and Its Implementation, Columbia Law Review Vol. 106, No. 7, Symposium: Litigation Reform since PSLRA: A Ten-Year Retrospective (2006), S. 1534–1586.

Cramer, Peter, Strafbarkeit der Ausnutzung und Weitergabe von Insiderinformationen nach dem Recht der Bundesrepublik Deutschland, in: *Schmoller, Kurt* (Hrsg.), Festschrift für Otto Triffterer zum 65. Geburtstag, Wien u.a. 2011, S. 323–342.

Dauner-Lieb, Barbara/Langen, Werner (Hrsg.), Nomos-Kommentar zum BGB, Band 2/1: §§ 241–610, 3. Auflage, Baden-Baden 2016 [zitiert als *Bearbeiter*, in: Dauner-Lieb/Langen, NK-BGB].

Derleder, Peter/Knops, Kai-Oliver/Bamberger, Georg, Handbuch zum deutschen und europäischen Bankrecht, 2. Auflage, Heidelberg 2009 [zitiert als *Bearbeiter*, in: Derleder/Knops/Bamberger, Handbuch Bankrecht].

Dickersbach, Volker, Das neue Insiderrecht der Bundesrepublik Deutschland vor dem Hintergrund des Europäischen Gemeinschaftsrechts, Berlin 1996 (zugl. Diss. Berlin 1996).

Diekmann, Hans/Sustmann, Marco, Gesetz zur Verbesserung des Anlegerschutzes (Anlegerschutzverbesserungsgesetz - AnSVG), NZG 2004, S. 929–939.

Dingeldey, Thomas, Insider-Handel und Strafrecht, Köln 1983 (zugl. Diss. Göttingen 1983).

Dirigo, Alexander, Haftung für fehlerhafte Ad-hoc-Publizität, Berlin 2011 (zugl. Diss. Freiburg 2011).

Dogan, Sezer, Ad-hoc-Publizitätshaftung, Baden-Baden 2005 (zugl. Diss. Köln 2004).

Dose, Stefan, Die Rechtsstellung der Vorstandsmitglieder einer Aktiengesellschaft, 3. Auflage, Köln 1975.

Dreier, Thomas, Kompensation und Prävention, Tübingen 2002 (zugl. Habil. München 2000).

Drexl, Josef, Wissenszurechnung im Konzern, ZHR 161 (1997), S. 491–521.

Dreyling, Georg/Schäfer, Frank A., Insiderrecht und Ad-hoc-Publizität, Köln 2001.

Dühn, Matthias, Schadensersatzhaftung börsennotierter Aktiengesellschaften für fehlerhafte Kapitalmarktinformation, Frankfurt am Main 2003 (zugl. Diss. Osnabrück 2003).

Ebenroth, Thomas/Boujong, Karlheinz/Joost, Detlev/Strohn, Lutz, Handelsgesetzbuch, Band 1 (§§ 1–342e), 3. Auflage, München 2014 [zitiert als *Bearbeiter*, in: Ebenroth/Boujong/Joost/Strohn, HGB].

Ebenroth, Thomas/Boujong, Karlheinz/Joost, Detlev/Strohn, Lutz, Handelsgesetzbuch, Band 2 (§§ 343–475h, Transportrecht, Bank- und Börsenrecht), 3. Auflage, München 2015 [zitiert als *Bearbeiter*, in: Ebenroth/Boujong/Joost/Strohn, HGB].

Ebert, Ina, Pönale Elemente im deutschen Privatrecht, Tübingen 2004 (zugl. Diss. Berlin 2004).

Edelmann, Hervé, Haftung von Vorstandsmitgliedern für fehlerhafte Ad-hoc-Mitteilungen – Besprechung der Infomatec-Urteile des BGH, BB 2004, S. 2031–2033.

Eger, Thomas/Weise, Peter, Grenzen einer privaten Durchsetzung des Verbots von Preiskartellen, in: *Eger, Thomas/Ott, Claus/Bigus, Jochen/von Wangenheim, Georg* (Hrsg.), Internationalisierung des Rechts und seine ökonomische Analyse Internationalization of the Law and its Economic Analysis, Festschrift für Hans- Bernd Schäfer zum 65. Geburtstag, Wiesbaden 2008, S. 509–524.

Ehricke, Ulrich, Prospekt- und Kapitalmarktinformationshaftung in Deutschland, in: *Hopt, Klaus J./Voigt, Hans-Christoph* (Hrsg.), Prospekt- und Kapitalmarktinformationshaftung, Tübingen 2005, S. 197–325.

Eichelberger, Jan, Das Verbot der Marktmanipulation (§ 20a WpHG), Berlin 2006 (zugl. Diss. Jena 2006).

Eichele, Hans, Finanzanalysten und Wirtschaftsjournalisten als Primärinsider, WM 1997, S. 501–509.

Eidenmüller, Horst, Der homo oeconomicus und das Schuldrecht: Herausforderungen durch Behavioral Law and Economics, JZ 2005, S. 216–224.

Eidenmüller, Horst, Effizienz als Rechtsprinzip, 2. Auflage, Tübingen 1998.

Eisenberg, Melvin A., The Structure of the Corporation, Boston u.a. 1976.

Ekkenga, Jens, Fragen der deliktischen Haftungsbegründung bei Kursmanipulationen und Insidergeschäften, ZIP 2004, S. 781–793.

Ekkenga, Jens/Mass, Heyo, Das Recht der Wertpapieremissionen, Berlin 2006.

Escher-Weingart, Christina/Lägeler, Alexander/Eppinger, Christoph, Schadensersatzanspruch, Schadensart und Schadensberechnung gem. der §§ 37b, 37c WpHG, WM 2004, S. 1845–1856.

Esser, Josef/Schmidt, Eike, Schuldrecht Band I Allgemeiner Teil, Teilband 2 Durchführungshindernisse und Vertragshaftung, Schadensausgleich und Mehrseitigkeit beim Schuldverhältnis, 8. Auflage, Heidelberg 1999.

Esterhazy, Yvonne/Reimann, Annina, Deutsche Börse – Traurige Taktiker, WirtschaftsWoche print, Nr. 7 vom 10.2.2017, S. 44.

Europäische Kommission, Zusammenfassung der Folgenabschätzung, Begleitdokument zur Mitteilung an das europäische Parlament, den Rat, den europäischen Wirtschaft- und Sozialausschuss und den Ausschuss der Regionen, Stärkung der Sanktionsregelungen im Finanzdienstleistungssektor, endgültig, abrufbar unter: https://publications.europa.eu/de/publication-detail/-/publication/0027f27a-5e88-4597-8111-0478e4dec5f4/language-de (zuletzt abgerufen am 2.1.2017) [zitiert als KOM (2010) 716].

Fasse, Markus/Menzel, Stefan/Murphy, Martin, Rechnung mit vielen Unbekannten, Handelsblatt print, Nr. 124 vom 30.6.2016, S. 24.

Fleischer, Holger, Ad-hoc-Publizität beim einvernehmlichen vorzeitigen Ausscheiden des Vorstandsvorsitzenden – Der DaimlerChrysler-Musterbescheid des OLG Stuttgart, NZG 2007, S. 401–407.

Fleischer, Holger, Behavioral Law and Economics im Gesellschafts- und Kapitalmarktrecht – ein Wettbewerbsbericht, in: *Fuchs, Andreas/Schwintowski, Hans-Peter/Zimmer, Daniel*, Festschrift für Ulrich Immenga zum 70. Geburtstag: Wirtschafts- und Privatrecht im Spannungsfeld von Privatautonomie, Wettbewerb und Regulierung, München 2004, S. 575–587.

Fleischer, Holger, Das Haffa-Urteil: Kapitalmarktstrafrecht auf dem Prüfstand, NJW 2003, S. 2584–2586.

Fleischer, Holger, Das Vierte Finanzmarktförderungsgesetz, NJW 2002, S. 2977–2983.

Fleischer, Holger, Der Inhalt des Schadensersatzanspruchs wegen unwahrer oder unterlassener unverzüglicher Ad-hoc-Mitteilungen, BB 2002, S. 1869–1874.

Fleischer, Holger, Empfiehlt es sich, im Interesse des Anlegerschutzes und zur Förderung des Finanzplatzes Deutschland das Kapitalmarkt- und Börsenrecht neu zu regeln?, in: Ständige Deputation des Deutschen Juristentages (Hrsg.), Verhandlungen des 64. Deutschen Juristentages Berlin 2002, Band I, Gutachten F.

Fleischer, Holger, Gesetz und Vertrag als alternative Problemlösungsmodelle im Gesellschaftsrecht, ZHR 168 (2004), S. 673–707.

Fleischer, Holger, Grundfragen der ökonomischen Theorie im Gesellschafts- und Kapitalmarktrecht, ZGR 2001, S. 1–32.

Fleischer, Holger, Zukunftsfragen der Corporate Governance in Deutschland und Europa, ZGR 2011, S. 155–181.

Fleischer, Holger, Zur deliktsrechtlichen Haftung der Vorstandsmitglieder für falsche Ad-hoc-Mitteilungen, DB 2004, S. 2031–2036.

Fleischer, Holger, Zur zivilrechtlichen Teilnehmerhaftung für fehlerhafte Kapitalmarktinformation nach deutschem und US-amerikanischem Recht, AG 2008, S. 265–273.

Fleischer, Holger/Bueren, Eckart, Cornering zwischen Kapitalmarkt- und Kartellrecht, ZIP 2013, S. 1253–1264.

Fleischer, Holger/Bueren, Eckart, Die Libor-Manipulation zwischen Kapitalmarkt- und Kartellrecht, DB 2012, S. 2561–2568.

Fleischer, Holger/Schmolke, Klaus Ulrich, Finanzielle Anreize für Whistleblower im Europäischen Kapitalmarktrecht?, NZG 2012, S. 361–368.

Fleischer, Holger/Schmolke, Klaus Ulrich, Insiderrecht, Ad-hoc-Publizität, Marktmanipulation, AG 2007, S. 841–854.

Fleischer, Holger/Zimmer, Daniel, Der Beitrag der Verhaltensökonomie (Behavioral Economics) zum Handels- und Wirtschaftsrecht, Frankfurt am Main 2011 in der Reihe Beihefte der ZHR [zitiert als *Bearbeiter*, in: Fleischer/Zimmer].

Fleischer, Horst, Erweiterte Außenhaftung der Organmitglieder im Europäischen Gesellschafts- und Kapitalmarktrecht, ZGR 2004 S. 437–479.

Fox, Merritt Baker, Civil Liability and Mandatory Disclosure, Columbia Law Review Vol. 109, No. 2 (2009), S. 237–308.

Franke, Günter/Hax, Herbert, Finanzwirtschaft des Unternehmens und Kapitalmarkt, 5. Auflage, Berlin 2004.

Fuchs, Andreas (Hrsg.), Wertpapierhandelsgesetz (WpHG) Kommentar, 2. Auflage, München 2016 [zitiert als *Bearbeiter*, in: Fuchs, WpHG].

Fuchs, Andreas/Dühn, Matthias, Deliktische Schadensersatzhaftung für falsche Ad-hoc-Mitteilungen – Zugleich Besprechung des Urteils des OLG München vom 01.10.2002 – 30 U 855/01, BKR 2002, S. 1063–1071.

Fundel, Stefan, Die Haftung für Gehilfenverhalten im Bürgerlichen Recht, Tübingen 1999 (zugl. Diss. Tübingen 1999).

Fürhoff, Jens, Kapitalmarktrechtliche Ad hoc-Publizität zur Vermeidung von Insiderkriminalität, Frankfurt am Main 2000 (zugl. Diss. Bayreuth 1999).

Gebauer, Martin/Teichmann, Christoph (Hrsg.), Europäisches Privat- und Unternehmensrecht, 1. Auflage, Baden-Baden 2014 [zitiert als *Bearbeiter*, in: Gebauer/Teichmann, Europäisches Privat- und Unternehmensrecht].

Gehling, Christian, Insiderinformationen mit Zukunftsbezug, in: *Hoffmann-Becking, Michael/Hüffer, Uwe/Reichert, Jochem* (Hrsg.), Liber Amicorum für Martin Winter, Köln 2011, S. 129–152.

Gehrmann, Philipp, Das Spector-Urteil des EUGH – Zur Beweislastumkehr beim Insiderhandel, ZBB 2010, S. 48–52.

Gehrt, John Alexander, Die neue Ad-hoc-Publizität nach § 15 Wertpapierhandelsgesetz, Baden-Baden 1997 (zugl. Diss. München 1997).

Goette, Wulf/Habersack, Mathias/Kalss, Susanne (Hrsg.), Münchener Kommentar zum Aktiengesetz, Band I (§§ 1–75), 4. Auflage, München 2016 [zitiert als *Bearbeiter*, in: MüKo AktG].

Goette, Wulf/Habersack, Mathias/Kalss, Susanne (Hrsg.), Münchener Kommentar zum Aktiengesetz, Band II (§§ 76–117 MitbestG – DrittelbG), 4. Auflage, München 2014 [zitiert als *Bearbeiter*, in: MüKo AktG].

Goshen, Zohar/Parchomovsky, Gideon, The Essential Role of Securities Regulation, Duke Law Journal 55 (2006), S. 711–782.

Grabitz, Eberhard/Hilf, Meinhard/Nettesheim, Martin, Das Recht der Europäischen Union Kommentar Loseblatt, Stand: 62. Ergänzungslieferung Juli 2017, München 2017 [zitiert als *Bearbeiter*, in: Grabitz/Hilf/Nettesheim, Das Recht der Europäischen Union].

Grechenig, Kristoffel, Schadensersatz bei Verletzung von § 14 WpHG? – Insiderhandel bei positiver und negativer Information, ZBB 2010, S. 232–241.

Grigoleit, Hans Christoph, Anlegerschutz, ZHR 177 (2013), S. 264–309.

von der Groeben, Hans/Schwarze, Jürgen/Hatje, Armin, Europäisches Unionsrecht Kommentar, 7. Auflage, Baden-Baden 2015 [zitiert als *Bearbeiter*, in: von der Groeben/Schwarze/Hatje, Europäisches Unionsrecht].

Grossfeld, Bernhard, Die Privatstrafe – Ein Beitrag zum Schutz des allgemeinen Persönlichkeitsrechts, Berlin 1961 (zugl. Diss. Münster 1960).

Groß, Wolfgang, Haftung für fehlerhafte oder fehlende Regel- oder ad-hoc-Publizität, WM 2002, S. 477–486.

Großkommentar zum Aktiengesetz → siehe unter *Hopt/Wiedemann* und *Hirte/Mülbert/Roth*.

Großkommentar zum Handelsgesetzbuch → siehe unter *Canaris/Habersack/Schäfer*.

Grottel, Bernd/Schubert, Wolfgang J./Schmidt, Stefan/Winkeljohann, Norbert (Hrsg.), Beck'scher Bilanz-Kommentar, 10. Auflage, München 2016 [zitiert als *Bearbeiter*, in: Beck'scher Bilanz-Kommentar].

Grüger, Tobias W., Kurspflege – Zulässige Kurspflegemaßnahmen oder verbotene Kursmanipulation?, Baden-Baden 2006 (zugl. Diss. Bonn 2005).

Grüger, Tobias W., Verstoß gegen Lock-up-Vereinbarungen – Sanktionslose Veräußerung (Versilbern) des Aktienbesitzes durch Aktionäre entgegen einer Stillhaltevereinbarung?, BKR 2008, S. 101–109.

Grüger, Tobias W., Veräußerung von Aktien entgegen einer Lock-up-Vereinbarung, WM 2010, S. 247–253.

Grunewald, Barbara, Die Haftung von Organmitgliedern nach Deliktsrecht, ZHR 157 (1993), S. 451–463.

Grunewald, Barbara, Neue Regeln zum Insiderhandel, ZBB 1990, S. 128–133.

Grunewald, Barbara/Schlitt, Michael, Einführung in das Kapitalmarktrecht, 2. Auflage, München 2009.

Gulati, Mitu, When Corporate Managers Fear a Good Thing is Coming to an End: The Case of Interim Nondisclosure, 46 UCLA Law Review (1999), S. 675–756.

Gunßer, Christian, Ad-hoc-Veröffentlichungspflicht bei zukunftsbezogenen Sachverhalten, NZG 2008, S. 855–858.

Gurlit, Elke, Die Entwicklung des Banken- und Kapitalmarktaufsichtsrechts in den Jahren 2015/16, WM 2015, S. 2053–2063.

Haas, Ulrich, Geschäftsführerhaftung und Gläubigerschutz, München 1997 (zugl. Habil. Regensburg 1996).

Habersack, Mathias, 19 Jahre „ARAG/Garmenbeck" – und viele Fragen offen, NZG 2016, S. 321–327.

Habersack, Mathias/Mülbert, Peter O./Schlitt, Michael, Handbuch der Kapitalmarktinformation, 1. Auflage, München 2008 [zitiert als *Bearbeiter*, in: Habersack/Mülbert/Schlitt, Handbuch der Kapitalmarktinformation, 1. Aufl. 2008].

Habersack, Mathias/Mülbert, Peter O./Schlitt, Michael, Handbuch der Kapitalmarktinformation, 2. Auflage, München 2013 [zitiert als *Bearbeiter*, in: Habersack/Mülbert/Schlitt, Handbuch der Kapitalmarktinformation].

Happ, Wilhelm, Zum Regierungsentwurf eines Wertpapierhandelsgesetzes, JZ 1994, S. 240–246.

Harbarth, Stephan, Ad-hoc-Publizität beim Unternehmenskauf, ZIP 2005, S. 1898–1909.

Harnos, Rafael, Einfluss des europarechtlichen Effektivitätsgebots auf das Anlegerschutzrecht, ZEuP 2015, S. 546–568.

Hartmann, Jörg, Juristische und ökonomische Regelungsprobleme des Insiderhandels, Frankfurt am Main 1999 (zugl. Diss. Saarbrücken 1999).

Harzmeier, Lars, Bericht über die Diskussion der Referate von Andreas Bohrer und Rüdiger Veil zum Thema „Kapitalmarktrecht zwischen öffentlich-rechtlicher und privatrechtlicher Normdurchsetzung", in: *Fleischer, Holger/Kalss, Susanne/Vogt, Hans-Ueli* (Hrsg.), Enforcement im Gesellschafts- und Kapitalmarktrecht 2015, Tübingen 2015, S. 311–315.

Hauschka, Christoph/Moosmayer, Klaus/Lösler, Thomas, Corporate Compliance, 3. Auflage 2016 [zitiert als *Bearbeiter*, in: Hauschka/Moosmayer/Lösler, Corporate Compliance].

Hecker, Jan, Marktoptimierende Wirtschaftsaufsicht, Tübingen 2007 (zugl. Habil. Frankfurt (Oder) 2005).

Heidel, Thomas (Hrsg.), Aktienrecht und Kapitalmarktrecht, 3. Auflage, Baden-Baden 2011 [zitiert als *Bearbeiter*, in: Heidel, Aktienrecht].

Hein, Jan v., Die Rolle der US-amerikanischen CEO gegenüber dem Board of Directors im Lichte neuerer Entwicklungen, RIW 2002, S. 501–509.

Heinrich, Tobias A./Krämer, Lutz/Mückenberger, Ole, Die neuen WpHG-Bußgeldleilinien der BaFin – kritische Betrachtungen und europäische Perspektiven, ZIP 2014, S. 1557–1568.

Hellgardt, Alexander, Europarechtliche Vorgaben für die Kapitalmarktinformationshaftung de lege lata und nach Inkrafttreten der Marktmissbrauchsverordnung, AG 2012, S. 154–168.

Hellgardt, Alexander, Fehlerhafte Ad-hoc-Publizität als strafbare Marktmanipulation, ZIP 2005, S. 2000–2008.

Hellgardt, Alexander, Kapitalmarktdeliktsrecht, Tübingen 2008 (zugl. Diss. Hamburg 2008).

Hellgardt, Alexander, Praxis- und Grundsatzprobleme der BGH-Rechtsprechung zur Kapitalmarktinformationshaftung – Zugleich Besprechung des IKB-Urteils des BGH vom 13.12.2011 - XI ZR 51/10, DB 2012, S. 673–678.

Hellgardt, Alexander, Regulierung und Privatrecht, Tübingen 2016 (zugl. Habil. München 2015).

Hempel, Rolf, Privater Rechtsschutz im Kartellrecht, Baden-Baden 2002 (zugl. Diss. Tübingen 2002).

Henssler, Martin/Strohn, Lutz, Beck'sche Kurz-Kommentare Gesellschaftsrecht, 3. Auflage, München 2016 [zitiert als *Bearbeiter*, in: Henssler/Strohn, GesR].

Heppe, Hansjörg/Tielmann, Jörgen, Die Neuerungen des Dodd-Frank Wall Street Reform and Consumer Protection Act, WM 2011, S. 1883–1893.

Herfs, Achim, Weiter im Blindflug – zur Ad-hoc-Pflicht bei gestreckten Geschehensabläufen aus Sicht der Praxis, DB 2013, 1650–1656.

Hertle, Michael, Die geplante VW-Übernahme durch Porsche, Ebersdorf 2011.

Hirte, Heribert/Möllers, Thomas (Hrsg.), Kölner Kommentar zum WpHG, 1. Auflage, Köln 2007 [zitiert als *Bearbeiter*, in: Kölner Kommentar WpHG, 1. Aufl.].

Hirte, Heribert/Möllers, Thomas (Hrsg.), Kölner Kommentar zum WpHG, 2. Auflage, Köln 2014 [zitiert als *Bearbeiter*, in: Kölner Kommentar WpHG].

Hirte, Heribert/Mülbert, Peter O./Roth, Markus (Hrsg.), Großkommentar zum Aktiengesetz, IV. Band Teilband 2 (§§ 92–94), 5. Auflage, Berlin/München/Boston 2015 [zitiert als *Bearbeiter*, in: Großkomm. AktG].

Historisch-kritischer Kommentar zum BGB (HKK zum BGB) → siehe unter *Schmoeckel/Rückert/Zimmermann.*

Hoffmann-Becking, Michael, Vorstandsvergütung nach Mannesmann, NZG 2006, S. 127–131.

Hoffmann-Becking, Michael, Zur rechtlichen Organisation der Zusammenarbeit im Vorstand der AG, ZGR 1998, S. 497–519.

Holzborn, Timo/Foelsch, Martin Eberhard, Schadensersatzpflichten von Aktiengesellschaften und deren Management bei Anlegerverlusten – Ein Überblick, NJW 2003, S. 932–940.

Hopt, Klaus J., Der Kapitalanlegerschutz im Recht der Banken, München 1975 (zugl. Habil. München 1973).

Hopt, Klaus J., Europäisches und deutsches Insiderrecht, ZGR 1991, S. 17–73.

Hopt, Klaus J., Gemeinsame Grundsätze der Corporate Governance in Europa?, ZGR 2000, S. 779–818.

Hopt, Klaus J., Grundsatz- und Praxisprobleme nach dem Wertpapierhandelsgesetz, ZHR 159 (1995), S. 135–163.

Hopt, Klaus J., Ökonomische Theorie und Insiderrecht, AG 1995, S. 353–362.

Hopt, Klaus J., Verbot von Erwerbs- und Veräußerungsgeschäften in Insiderpapieren unter Verwendung von Insiderinformationen (§ 14 Abs. 1 Nr. 1 WpHG), in: *Habersack, Mathias/Hommelhoff, Peter* (Hrsg.), Festschrift für Wulf Goette zum 65. Geburtstag, München 2011, S. 179–190.

Hopt, Klaus J./Wiedemann, Herbert, Großkommentar zum Aktiengesetz, III. Band (§§ 76–94), 4. Auflage, Berlin 2008 [zitiert als *Bearbeiter*, in: Großkomm. AktG, 4. Aufl., 2008].

Hopt, Klaus J./Will, Michael R., Europäisches Insiderrecht, Stuttgart 1973.

Horn, Norbert, Europäisches Finanzmarktrecht. Entwicklungsstand und rechtspolitische Aufgaben, München 2003.

Horn, Norbert, Wertpapiergeschäfte von Innenseitern als Regelungsproblem, ZHR 136 (1792), S. 369–396.

Horn, Norbert, Zur Haftung der AG und ihrer Organmitglieder für unrichtige oder unterlassene Ad-hoc-Informationen, in: *Habersack, Mathias/Hommelhoff, Peter/Hüffer, Uwe/Schmidt, Karsten* (Hrsg.), Festschrift für Peter Ulmer zum 70. Geburtstag, Berlin 2003, S. 817–828.

Huber, Ulrich, Zur Haftung des Verkäufers wegen positiver Vertragsverletzung, AcP 177 (1977), S. 281–348.

Hueck, Götz/Lutter, Marcus/Mertens, Hans-Joachim/Rehbinder, Eckard/Ulmer, Peter/Wiedemann, Herbert/Zöllner, Wolfgang, Arbeitskreis Gesellschaftsrecht: Verbot des Insiderhandelns, Heidelberg 1976.

Hüffer, Uwe, Beck'sche Kurz-Kommentare Aktiengesetz, 12. Auflage, München 2016 [zitiert als *Bearbeiter*, in: Hüffer/Koch, AktG].

Hupka, Jan, Das Insiderrecht im Lichte der Rechtsprechung des EuGH, EuZW 2011, S. 860–865.

Hutter, Stephan/Leppert, Michael, Das 4. Finanzmarktförderungsgesetz aus Unternehmenssicht, NZG 2002, S. 649–657.

Hutter, Stephan/Stürwald, Florian, EM.TV und die Haftung für fehlerhafte Ad-hoc-Mitteilungen, NJW 2005, S. 2428–2431.

Ihrig, Hans-Christoph/Kranz, Christopher, EuGH-Entscheidung Geltl/Daimler: „Selbstbefreiung" von der Ad-hoc-Publizitätspflicht, BB 2013, S. 451–458.

Immenga, Frank A., Das neue Insiderrecht im Wertpapierhandelsgesetz, ZBB 1995, S. 197–206.

Jansen, Nils, Konturen eines europäischen Schadensrechts, JZ 2005, S. 160–173.

Julius, Karl-Peter, Diskussionsbeiträge der Strafrechtslehrertagung 2003 in Bayreuth, ZStW 115 (2003), S. 671–703.

Kaiser, Andreas, Die Sanktionierung von Insiderverstößen und das Problem der Kursmanipulation, WM 1997, S. 1557–1563.

Karlsruher Kommentar zum Gesetz über Ordnungswidrigkeiten → siehe unter *Senge*.

Klöhn, Lars, Ad-hoc-Publizität und Insiderverbot nach „Lafonta", NZG 2015, S. 809–817.

Klöhn, Lars, Das deutsche und europäische Insiderrecht nach dem Geltl-Urteil des EuGH, ZIP 2012, S. 1885–1895.

Klöhn, Lars, Der „gestreckte Geschehensablauf" vor dem EuGH – Zum DaimlerChrysler-Vorlagebeschluss des EuGH, NZG 2011, S. 166–171.

Klöhn, Lars, Der Aufschub der Ad-hoc-Publizität wegen überwiegender Geheimhaltungsinteressen des Emittenten (§ 15 Abs. 3 WpHG), ZHR 178 (2014), S. 55–97.

Klöhn, Lars, Die Haftung wegen fehlerhafter Ad-hoc-Publizität gem. §§ 37b, 37c WpHG nach dem IKB-Urteil des BGH, AG 2012, S. 345–358.

Klöhn, Lars, Die private Durchsetzung des Marktmanipulationsverbots, in: *Kalss, Susanne/Fleischer, Holger/Vogt, Hans-Ueli* (Hrsg.), Gesellschafts- und Kapitalmarktrecht in Deutschland, Österreich und der Schweiz 2013, Tübingen 2014, S. 229–249.

Klöhn, Lars, Kapitalmarkt, Spekulation und Behavioral Finance, Berlin 2006 (zugl. Diss. Göttingen 2005).

Klöhn, Lars, Kapitalmarkt Informationshaftung für Corporate-Governance-Mängel?, ZIP 2015, S. 1145–1156.

Klöhn, Lars, Kollateralschaden und Haftung wegen fehlender Ad-hoc-Publizität, ZIP 2015, S. 53–60.

Klöhn, Lars, Private versus Public Enforcement of Laws – a Law & Economics Perspective, in: *Schulze, Reiner* (Hrsg.), Compensation of Private Losses, München 2011, S. 179–198.

Klöhn, Lars, Supranationale Rechtsformen und vertikaler Wettbewerb der Gesetzgeber im europäischen Gesellschaftsrecht, RabelsZ 76 (2012), S. 276–315.

Klöhn, Lars, Wertpapierhandelsrecht diesseits und jenseits des Informationsparadigmas, ZHR 177 (2013), S. 349–387.

Klöhn, Lars/Bartmann, Niklas, Kapitalmarktkommunikation über soziale Medien, AG 2014, S. 737–748.

Klumpp, Steffen, Die Privatstrafe – eine Untersuchung privater Strafzwecke, Berlin 2002 (zugl. Diss. Mannheim 2001).

Knauth, Oliver/Käsler, Corina, § 20a WpHG und die Verordnung zur Konkretisierung des Marktmanipulationsverbotes (MaKonV), WM 2006, S. 1041–1052.

Koch, Jens, Die schleichende Erosion der Verfolgungspflicht nach ARAG/Garmenbeck, NZG 2014, S. 934–942.

Kocher, Dirk/Widder, Stefan, Ad-hoc-Publizität in Unternehmenskrisen und Insolvenz, NZI 2010, S. 925–932.

Kocher, Dirk/Widder, Stefan, Die Bedeutung von Zwischenschritten bei der Definition von Insiderinformationen, BB 2012, S. 2837–2841.

Kölner Kommentar zum Rechnungslegungsrecht → siehe unter *Claussen/Scherrer.*

Kölner Kommentar zum WpHG → siehe unter *Hirte/Möllers.*

Kokologiannis, Georgios/Wiebe, Frank, Dünne Beweislage, Handelsblatt print, Nr. 053 vom 16.3.2016, S. 29.

Köndgen, Johannes, Die Ad hoc-Publizität als Prüfstein informations-rechtlicher Prinzipien, in: *Schweizer, Rainer J./Burkert, Herbert/Gasser, Urs* (Hrsg.), Festschrift für Jean Nicolas Druey zum 65. Geburtstag, Zürich u.a. 2002, S. 791–815.

Kort, Michael, Anlegerschutz und Kapitalerhaltungsgrundsatz, NZG 2005, S. 708–710.

Kort, Michael, Die Haftung von Vorstandsmitgliedern für falsche Ad-hoc-Mitteilungen – Zugleich Besprechung von BGH, Urt. v. 19.7.2004 – II ZR 217/03, 218/03 und 402/02 „Infomatec“, AG 2005, S. 21–26.

Krauel, Wolfgang, Insiderhandel, Baden-Baden 2000 (zugl. Diss. Hamburg 1998).

Krause, Rüdiger, Ad-hoc-Publizität und haftungsrechtlicher Anlegerschutz, ZGR 2002, S. 799–841.

Kübler, Friedrich/Assmann, Heinz-Dieter, Gesellschaftsrecht, 6. Auflage, Heidelberg 2006.

Kümpel, Siegfried/Veil, Rüdiger, Wertpapierhandelsgesetz, 2. Auflage, Berlin 2006.

Kümpel, Siegfried, Bank- und Kapitalmarktrecht, 2. Auflage, Köln 2000.

Kümpel, Siegfried, Zum Begriff der Insidertatsache, WM 1994, S. 2137–2143.

Kuthe, Thorsten/Rückert, Susanne/Sickinger, Mirko, Compliance-Handbuch Kapitalmarktrecht, 2. Auflage, Frankfurt am Main 2008 [zitiert als *Bearbeiter*, in: Kuthe/Rückert/Sickinger, Compliance-Handbuch Kapitalmarktrecht].

Landgraf, Robert, Kampf dem Missbrauch, Handelsblatt print, Nr. 26 vom 6.2.2017, S. 29.

Lange, Hermann/Schiemann, Gottfried, Schadensersatz, 3. Auflage, Tübingen 2003.

Langenbucher, Katja, Der „vernünftige Anleger“ vor dem EuGH – Zu den Schlussanträgen des GA Mengozzi in der Sache „Schrempp“, BKR 2012, S. 145–149.

Langenbucher, Katja, Kapitalerhaltung und Kapitalmarkthaftung, ZIP 2005, S. 239–245.

Langenbucher, Katja/Brenner, Sebastian/Gellings, Marcel, Zur Nutzung von Insiderinformationen nach der Marktmissbrauchsrichtlinie, BKR 2010, S. 133–136.

Langevoort, Donald C., Capping Damages for Open-Market Securities Fraud, Arizona Law Review Vol. 38, No. 2 (1996), S. 639–664.

Larenz, Karl, Lehrbuch des Schuldrechts, Band I Allgemeiner Teil, 14. Auflage, München 1987.

Larenz, Karl, Methodenlehre der Rechtswissenschaft, 6. Auflage, Berlin 1991.

Laudenklos, Frank/Sester, Peter, Mezzanine-Kapital als wirtschaftliches Eigenkapital im Ratingverfahren - Eine rechtliche Gestaltungsaufgabe, WM 2004, S. 2417–2427.

Lauermann, Hans-Ulrich, Gesellschafts- und zivilrechtliche Aspekte börslichen Insiderhandels, Frankfurt am Main 2003 (zugl. Diss. Bremen 2002).

Lebherz, Axel, Publizitätspflichten bei der Übernahme börsennotierter Unternehmen, WM 2010, S. 154–163.

Leis, Josef/Nowak, Eric, Ad-hoc-Publizität nach § 15 WpHG, Stuttgart 2001.

Leisch, Franz Clemens, Vorstandshaftung für falsche Ad-hoc-Mitteilungen - ein höchstrichterlicher Beitrag zur Stärkung des Finanzplatzes Deutschland - Zugleich Besprechung der BGH-Urteile vom 19.7.2004 - Infomatec, ZIP 2004, S. 1573–1580.

Lenenbach, Markus, Anmerkung zum Urteil des OLG Karlsruhe vom 4.2.2004 - 3 Ws 195/03, BKR 2004, S. 376–377.

Lenenbach, Markus, Kapitalmarktrecht und Kapitalmarktrelevantes Gesellschaftsrecht, 2. Auflage, Köln 2010.

Lenzen, Ursula, Das neue Recht der Kursmanipulation, ZBB 2002, S. 279–287.

Lepsius, Oliver, Steuerungsdiskussion, Systemtheorie und Parlamentarismuskritik, Tübingen 1999 (zugl. Habil. München 2000).

Leuering, Dieter, Behandlung zukünftiger Umstände im Recht der Ad-hoc-Publizität, DStR 2008, S. 1287–1290.

Leuschner, Lars, Zum Kausalitätserfordernis des § 826 BGB bei unrichtigen Adhoc-Mitteilungen, ZIP 2008, S. 1050–1059.

Linder, Ludwig, Privatklage und Schadensersatz im Kartellrecht, Baden-Baden 1980 (zugl. Diss. Hamburg 1980).

Loesche, Marco, Die Eignung zur erheblichen Kursbeeinflussung in den Insiderhandelsverboten des Wertpapierhandelsgesetzes, Gießen 1998 (zugl. Diss. Gießen 1998).

Longino, Marcus, Haftung des Emittenten für fehlerhafte Informationen, DStR 2008, S. 2068–2075.

Löwe, Henning, Der Gedanke der Prävention im deutschen Schadensersatzrecht, Frankfurt am Main 2000 (zugl. Diss. Hamburg 1999).

Lübbig, Thomas, Anmerkung zum Urteil des EuGH vom 13.7.2006, Rs. C-295/04 bis C-298/04 u.a., EuZW 2006 S. 536–537.

Lücker, Volker, Der Straftatbestand des Mißbrauchs von Insiderinformationen nach dem Wertpapierhandelsgesetz (WpHG), Köln 1998 (zugl. Diss. Bochum 1997).

Lutter, Marcus, Haftungsrisiken des Geschäftsführers einer GmbH, GmbHR 1997, S. 329–335.

Lutter, Marcus, Interessenkonflikte und Business Judgement Rule, in: *Heldrich, Andreas/Prölss, Jürgen/Koller, Ingo u.a.* (Hrsg.), Festschrift für Claus-Wilhelm Canaris zum 70. Geburtstag Band II, München 2007, S. 245–256.

Lutter, Marcus, Zur persönlichen Haftung des Geschäftsführers aus deliktischen Schäden im Unternehmen, ZHR 157 (1993), S. 464–482.

Lutter, Marcus/Bayer, Walter/Schmidt, Jessica, Europäisches Unternehmens- und Kapitalmarktrecht, 5. Auflage, Berlin u.a. 2012.

Lutter, Marcus/Hommelhoff, Peter, GmbH-Gesetz Kommentar, 19. Auflage, Köln 2016 [zitiert als *Bearbeiter*, in: Lutter/Hommelhoff, GmbHG].

Macey, Jonathan, Getting the Word out about Fraud: A Theoretical Analysis of Whistleblowing and Insider Trading, 105 Michigan Law Review (2007), S. 1899–1940.

Maier, Angela, Teilen, spalten, zerschlagen, manager magazin, Nr. 11 vom 23.10.2015, S. 68.

Maier-Reimer, Georg/Webering, Anabel, Ad-hoc-Publizität und Schadensersatzhaftung, WM 2002, S. 1857–1864.

Manne, Henry G., Insider Trading and the Stock Market, New York 1966.

Marsch-Barner, Reinhard/Schäfer, Frank A. (Hrsg.), Handbuch börsennotierte AG, 3. Auflage, Köln 2014 [zitiert als *Bearbeiter*, in: Marsch-Barner/Schäfer, Handbuch börsennotierte AG].

Martens, Klaus-Peter, Der Grundsatz gemeinsamer Vorstandsverantwortung, in: *Goerdeler Reinhard/Hommelhoff, Peter/Lutter, Marcus/Wiedemann, Herbert* (Hrsg.), Festschrift für Hans Joachim Fleck zum 70. Geburtstag, Berlin 1988, S. 191–208.

Masing, Johannes, Die Mobilisierung des Bürgers für die Durchsetzung des Rechts: Europäische Impulse für eine Revision der Lehre vom subjektiv-öffentlichen Recht, Berlin 1997 (zugl. Habil. Freiburg 1997).

Mavrakis, Nicholas/Legg, Michael, The Dodd-Frank Act whistleblower reforms put bounty on corporate non-compliance: Ramifications and lessons for Australia, 40 Australian Business Law Review (2012), S. 26–42.

Mayer-Uellner, Richard, Kapitalmarktrechtliche Unternehmenspublizität über soziale Medien, NZG 2013, S. 1052–1055.

Medicus, Dieter, Zur deliktischen Eigenhaftung von Organpersonen, in: *Pfister, Bernhard/Will, Michael R.* (Hrsg.), Festschrift für Werner Lorenz zum 70. Geburtstag, Tübingen 1991, S. 155–170.

Meier-Schatz, Christian J., Wirtschaftsrech und Unternehmenspublizität, Zürich 1989 (zugl. Habil. Zürich 1989).

Mennicke, Petra R., Ad-hoc-Publizität bei gestreckten Entscheidungsprozessen und die Notwendigkeit einer Befreiungsentscheidung des Emittenten, NZG 2009, S. 1059–1063.

Mennicke, Petra R., Anmerkung zum Urteil des Hessischen VGH vom 16.3.1998, 8 TZ 98/98, BB 1999, S. 76–77.

Mennicke, Petra R., Sanktionen gegen Insiderhandel, Berlin 1996 (zugl. Diss. Göttingen 1995).

Mennicke, Petra R., Steine statt Brot – Weiterhin keine Rechtssicherheit zur Ad-hoc-Publizität bei sog. gestreckten Entscheidungsprozessen, ZBB 2013, S. 244–252.

Menzel, Stefan, Aufatmen in Wolfsburg, Handelsblatt print, Nr. 024 vom 2.2.2017, S. 14.

Menzel, Stefan/Murphy, Martin, VW: Das Land schert aus, Handelsblatt print, Nr. 120 vom 24.6.2016, S. 30.

Merkner, Andreas/Sustmann, Marco, Insiderrecht und Ad-Hoc-Publizität – Das Anlegerschutzverbesserungsgesetz „in der Fassung durch den Emittentenleitfaden der BaFin", NZG 2005, S. 729–738.

Merkner, Andreas/Sustmann, Marco, Reform des Marktmissbrauchsrechts: Die Vorschläge der Europäischen Kommission zur Verschärfung des Insiderrechts, AG 2012, S. 315–324.

Merkt, Hanno, Unternehmenspublizität, Tübingen 2001.

Mertens, Hans-Joachim, Insiderproblem und Rechtspolitik, ZHR 138 (1974), S. 269–277.

Mertens, Hans-Joachim/Mertens, Georg, Zur deliktischen Eigenhaftung des Geschäftsführers einer GmbH bei Verletzung ihm übertragener organisatorischer Pflichten, JZ 1990, S. 488–490.

Meyer, Andreas/Kiesewetter, Matthias, Rechtliche Rahmenbedingungen des Beteiligungsaufbaus im Vorfeld von Unternehmensübernahmen, WM 2009, S. 340–349.

Mock, Sebastian, Gestreckte Verfahrensabläufe im Europäischen Insiderhandelsrecht, ZBB 2012, S. 286–292.

Möller, Andreas, Die Neuregelung des Verbots der Kurs- und Marktpreismanipulation im Vierten Finanzmarktförderungsgesetz, WM 2002, S. 309–317.

Möller, Reinhard, Das Präventionsprinzip des Schadensersatzrechts, Berlin 2006 (zugl. Diss. Tübingen 2004).

Möllers, Thomas M.J., Das europäische Kapitalmarktrecht im Umbruch, ZBB 2003, S. 390–409.

Möllers, Thomas M.J., Der BGH, die BaFin und der EuGH: Ad-hoc-Publizität beim einvernehmlichen vorzeitigen Ausscheiden des Vorstandsvorsitzenden Jürgen Schrempp, NZG 2008, S. 330–333.

Möllers, Thomas M.J., Effizienz als Maßstab des Kapitalmarktrechts, AcP 208 (2008), S. 1–36.

Möllers, Thomas M.J., Insiderinformation und Befreiung von der Ad-hoc-Publizität nach § 15 Abs. 3 WpHG, WM 2005, S. 1393–1400.

Möllers, Thomas M.J., Konkrete Kausalität, Preiskausalität und uferlose Haftungsausdehnung - ComROAD I - VIII, NZG 2008, S. 413–416.

Möllers, Thomas M.J./Rotter, Klaus (Hrsg.), Ad-hoc-Publizität, München 2003 [zitiert als *Bearbeiter*, in: Möllers/Rotter, Ad-hoc-Publizität].

Möllers, Thomas M.J./Seidenschwann, Sabine, Anlegerfreundliche Auslegung des Insiderrechts durch den EuGH, NJW 2012, S. 2762–2765.

Moloney, Niamh, EC Securities Regulation, Second Edition, New York 2008.

Möschel, Wernhard, Behördliche oder privatrechtliche Durchsetzung des Kartellrechts?, WuW 2007, S. 483–492.

Motive zu dem Entwurf eines Bürgerlichen Gesetzbuches für das Deutsche Reich, Band II, Recht der Schuldverhältnisse, Berlin 1888 (zitiert als Mot. II).

Mülbert, Peter O., Aktiengesellschaft, Unternehmensgruppe und Kapitalmarkt, München 1995 (zugl. Habil. München 1994).

Mülbert, Peter O., Empfiehlt es sich, im Interesse des Anlegerschutzes und zur Förderung des Finanzplatzes Deutschland das Kapitalmarkt- und Börsenrecht neu zu regeln?, JZ 2002, S. 826–837.

Mülbert, Peter O./Steup, Steffen, Emittentenhaftung für fehlerhafte Kapitalmarktinformation am Beispiel der fehlerhaften Regelpublizität, WM 2005, S. 1633–1655.

Müller-Michaelis, Olaf, BGH verschärft Haftung bei unterlassener Ad-hoc-Mitteilung, BB 2012, S. 537–538.

Münchener Kommentar zum Aktiengesetz → siehe unter *Goette/Habersack/Kalss*.

Münchener Kommentar zum BGB → siehe unter *Säcker/Rixecker/Oetker/Limperg*.

Münchener Kommentar zum HGB → siehe unter *Schmidt, Karsten*.

Murphy, Martin/Dörner, Astrid/Menzel, Stefan, Teure Buße in den USA, Handelsblatt print, Nr. 123 vom 29.6.2016, S. 18.

Murphy, Martin/Votsmeier, Volker/Schnell, Christian, Die verpasste Aufklärung, Handelsblatt print, Nr. 045 vom 4.3.2016, S. 26.

Musielak, Hans-Joachim/Voit, Wolfgang, Zivilprozessordnung mit Gerichtsverfassungsgesetz Kommentar, 14. Auflage, München 2017 [zitiert als *Bearbeiter*, in: Musielak/Voit, ZPO].

Narat, Ingo/Demircan, Ozan/Köhler, Peter, Muss Breuer zahlen?, Handelsblatt print, Nr. 038 vom 24.2.2014, S. 32.

Nartowska, Urszula/Walla, Fabian, Das Sanktionsregime für Verstöße gegen die Beteiligungstransparenz nach der Transparenzrichtlinie 2013, AG 2014, S. 891–905.

Nerlich, Heinrich, Die Tatbestandsmerkmale des Insiderhandelsverbots nach dem Wertpapierhandelsgesetz, Osnabrück 1999 (zugl. Diss. Osnabrück 1999).

Nietsch, Michael, Die Verwendung der Insiderinformation, ZHR 174 (2010), S. 556–592.

Nietsch, Michael, Schadensersatzhaftung wegen Verstoßes gegen Ad-hoc-Publizitätspflichten nach dem Anlegerschutzverbesserungsgesetz, BB 2005, S. 785–790.

Noack, Ulrich, Unternehmenspublizität, Köln 2002.

Nowak, Carsten, Anmerkung zum Urteil des EuGH vom 20.9.2001, Rs. C-453/99, Slg. 2001, I- S. 6297 = EuZW 2001, 715 - Courage, EuZW 2001, S. 717–719.

Ott, Claus/Schäfer, Hans-Bernd, Die Anreiz- und Abschreckungsfunktion im Zivilrecht, in: *Ott, Claus/Schäfer, Hans-Bernd* (Hrsg.), Die Präventivwirkung zivil- und strafrechtlicher Sanktionen, Tübingen 1999, S. 131–155.

Ott, Claus/Schäfer, Hans-Bernd, Ökonomische Auswirkungen der EG-Insider-Regulierung in Deutschland, ZBB 1991, S. 226–241.

Palandt, Otto, Bürgerliches Gesetzbuch, 75. Auflage, München 2016 [zitiert als *Bearbeiter*, in: Palandt, BGB].

Pananis, Panos, Insidertatsache und Primärinsider, Berlin 1998 (zugl. Diss. Gießen 1998).

Park, Tido, Kapitalmarktstrafrecht Kommentar, 3. Auflage, Baden-Baden 2013 [zitiert als *Bearbeiter*, in: Park, Kapitalmarktstrafrecht].

Parmentier, Miriam, Ad-hoc-Publizität bei Börsengang und Aktienplatzierung, NZG 2007, S. 407–416.

Paschke, Marian/Jessen, Henning, Effektivere Rechtsdurchsetzung im schiffsbezogenen Umweltrecht durch Whistleblower?, RdTW 2015, S. 1–8.

Peltzer, Martin/v. Werder, Axel, Der „German Code of Corporate Governance (GCCG)" des Berliner Initiativkreises, AG 2001, S. 1–15.

Perridon, Louis/Steiner, Manfred/Rathgeber, Andreas, Finanzwirtschaft der Unternehmung, 15. Auflage, München 2009.

Pfister, Bernhard, Stand der Insiderdiskussion, ZGR 1981, S. 318–347.

Poelzig, Dörte, Die Haftung des Herstellers und des Vertriebsunternehmens im deutsch-russischen Wirtschafts- und Handelsverkehr, Baden-Baden 2005 (zugl. Diss. Konstanz 2004) [zitiert als *Poelzig*, Die Haftung des Herstellers und Vertriebsunternehmens].

Poelzig, Dörte, Durchsetzung und Sanktionierung des neuen Marktmissbrauchsrechts, NZG 2016, S. 492–502.

Poelzig, Dörte, Normdurchsetzung durch Privatrecht, Tübingen 2012 (zugl. Habil. Heidelberg 2010).

Poelzig, Dörte, Private enforcement im deutschen und europäischen Kapitalmarktrecht, ZGR 2015, S. 801–848.

Potacs, Michael, Effet utile als Auslegungsgrundsatz, EuR 2009, S. 465–488.

Ransiek, Andreas, Zur deliktischen Eigenhaftung des GmbH-Geschäftsführers aus strafrechtlicher Sicht, ZGR 1992, S. 203–231.

Ransiek, Andreas, Zur prozessualen Durchsetzung des Insiderstrafrechts, DZWir 1995, S. 53–58.

Reichert, Jochem, „ARAG/Garmenbeck" im Praxistest, ZIP 2016, S. 1189–1198.

Reichert, Jochem/Weller, Marc-Philippe, Haftung von Kontrollorganen – Die Reform der aktienrechtlichen und Kapitalmarktrechtlichen Haftung, ZRP 2002, S. 49–56.

Reimer, Franz, Adverse Publizität. Der Pranger im Verwaltungsrecht, in: *Häberle, Peter* (Hrsg.), Jahrbuch des öffentlichen Rechts Band 58, Tübingen 2010, S. 275–299.

Richter, Rudolf/Furubotn, Eirik, Neue Institutionenökonomik, 3. Auflage, Tübingen 2003.

Riehm, Thomas, „Dieselgate" und das Deliktsrecht, DAR 2016, S. 12–16.

Rittner, Fritz, Das Modell des homo oeconomicus und die Jurisprudenz, JZ 2005, S. 668–671.

Rodewald, Jörg, Informationsmanagement im Unternehmen als Instrument zur Vermeidung von Organhaftung, GmbHR 2014, S. 639–644.

Rose, Amanda M., Reforming Securities Litigation Reform: Restructuring the Relationship between Public and Private Enforcement of Rule 10b-5, 108 Columbia Law Review (2008), S. 1301–1364.

Rössner, Michael-Christian/Bolkart, Johannes, Schadensersatz bei Verstoßes gegen Ad-hoc-Publizitätspflichten nach dem 4. Finanzmarktförderungsgesetz, ZIP 2002, S. 1471–1477.

Roth, Günter/Altmeppen, Holger, GmbHG Kommentar, 8. Auflage, München 2015 [zitiert als *Bearbeiter*, in: Roth/Altmeppen, GmbHG].

Rothley, Oliver/Heinemann, Stephan, Raus aus der Opferrolle, Handelsblatt print, Nr. 187 vom 25.9.2008 (Beilage), S. I20.

Rüffel, Friedrich, Strafrecht als Mittel zur Durchsetzung des Gesellschaftsrechts, in: *Fleischer, Holger/Kalss, Susanne/Vogt, Hans-Ueli* (Hrsg.), Enforcement im Gesellschafts- und Kapitalmarktrecht 2015, Tübingen 2015, S. 317–332.

Ruffner, Markus, Die ökonomischen Grundlagen eines Rechts der Publikumsgesellschaft, Zürich 2000.

Rützel, Stefan, Der aktuelle Stand der Rechtsprechung zur Haftung bei Ad-hoc-Mitteilungen, AG 2003, S. 69–79.

Säcker, Franz Jürgen/Rixecker, Roland/Oetker, Hartmut/Limperg, Bettina (Hrsg.), Münchener Kommentar zum Bürgerlichen Gesetzbuch, Band 1 (Allgemeiner Teil, §§ 1–240, ProstG, AGG), 7. Auflage, München 2015 [zitiert als *Bearbeiter*, in: MüKo BGB].

Säcker, Franz Jürgen/Rixecker, Roland/Oetker, Hartmut/Limperg, Bettina (Hrsg.), Münchener Kommentar zum Bürgerlichen Gesetzbuch, Band 2 (Schuldrecht – Allgemeiner Teil, §§ 241–432), 7. Auflage, München 2016 [zitiert als *Bearbeiter*, in: MüKo BGB].

Säcker, Franz Jürgen/Rixecker, Roland/Oetker, Hartmut/Limperg, Bettina (Hrsg.), Münchener Kommentar zum Bürgerlichen Gesetzbuch, Band 5 (Schuldrecht – Besonderer Teil III, §§ 705–853), 6. Auflage, München 2013 [zitiert als *Bearbeiter*, in: MüKo BGB 6. Aufl.].

Säcker, Franz Jürgen/Rixecker, Roland/Oetker, Hartmut/Limperg, Bettina (Hrsg.), Münchener Kommentar zum Bürgerlichen Gesetzbuch, Band 6 (Schuldrecht – Besonderer Teil IV, §§ 705–853), 7. Auflage, München 2017 [zitiert als *Bearbeiter*, in: MüKo BGB].

Sailer, Kathrin, Prävention im Haftungsrecht, Frankfurt am Main 2005 (zugl. Diss. Würzburg 2005).

Sandow, Jörg, Primär- und Sekundärinsider nach dem WpHG, Frankfurt am Main 2001 (zugl, Diss. Hamburg 2001).

Sauer, Knut, Haftung für Falschinformation des Sekundärmarktes, Frankfurt am Main 2004 (zugl. Diss. Frankfurt am Main 2004).

Sauer, Knut, Kausalität und Schaden bei der Haftung für falsche Kapitalmarktinformation, ZBB 2005, S. 24–35.

Schacht, Marc, Das Insiderhandelsverbot bei Öffentlichen Übernahmeangeboten, Baden-Baden 2002 (zugl. Diss. Freiburg 2001).

Schäfer, Frank A. (Hrsg.), Wertpapierhandelsgesetz, Börsengesetz, Verkaufsprospektgesetz Kommentar, Stuttgart 1999 [zitiert als *Bearbeiter*, in: Wertpapierhandelsgesetz, Börsengesetz, Verkaufsprospektgesetz Kommentar].

Schäfer, Frank A./Hamann, Uwe (Hrsg.), Kapitalmarktgesetze Kommentar Band 1, 2. Auflage einschließlich 7. Lieferung (Stand 1/2013), Stuttgart 2013 [zitiert als *Bearbeiter*, in: Schäfer/Hamann, KMG].

Schäfer, Frank A./Hamann, Uwe (Hrsg.), Kapitalmarktgesetze Kommentar Band 2, 2. Auflage einschließlich 7. Lieferung (Stand 1/2013), Stuttgart 2013 [zitiert als *Bearbeiter*, in: Schäfer/Hamann, KMG].

Schäfer, Hans-Bernd, Die Dritthaftung des Wirtschaftsprüfers für Vermögensschäden auf Primär- und Sekundärmärkten, eine ökonomishce Analyse, in: *Hopt, Klaus J./Voigt, Hans-Christoph* (Hrsg.), Prospekt- und Kapitalmarktinformationshaftung, Tübingen 2005, S. 161–185.

Schäfer, Hans-Bernd/Ott, Claus, Lehrbuch der ökonomischen Analyse des Zivilrechts, 4. Auflage, Berlin 2005.

Schanz, Kay-Michael, Feindliche Übernahmen und Strategien der Verteidigung, NZG 2000, S. 337–347.

Schiffers, Gregor, Haftung von Altaktionären bei Verstoß gegen Marktschutzvereinbarungen (IPO-lock-up-agreements) im deutschen und US-amerikanischem Recht, Frankfurt am Main 2006 (zugl. Diss. Köln 2006).

Schimansky, Herbert/Bunte, Hermann-Josef/Lwowski, Hans-Jürgen, Bankrechts-Handbuch Band I und II, München 2011 [zitiert als *Bearbeiter*, in: Schimansky/Bunte/Lwowski, Bankrechts-Handbuch].

Schlobach, Klaus, Das Präventionsprinzip im Recht des Schadensersatzes, Baden-Baden 2004 (zugl. Diss. Augsburg 2003).

Schmid-Preuß, Matthias, Verwaltung und Verwaltungsrecht zwischen gesellschaftlicher Selbstregulierung und staatlicher Steuerung, VVDStRL 56 (1997), S. 160–343.

Schmidt, Karsten, Kapitalmarktrecht, Kartellrecht und deliktsrechtlicher Drittschutz – wirtschaftsrechtliche Nagelproben des Schutzgesetzprinzips nach

§ 823 Abs. 2 BGB, in: *Windbichler, Christine/Grundmann, Stefan/Schwintowski, Hans-Peter/Raiser, Thomas/Kirchner, Christian/Weber, Martin*, Festschrift für Eberhard Schwark zum 70. Geburtstag, München 2009, S. 753–769.

Schmidt, Karsten, Münchener Kommentar zum Handelsgesetzbuch, Band 4 (§§ 238–342e), 3. Auflage, München 2013 [zitiert als *Bearbeiter*, in: MüKo HGB].

Schmidt-Salzer, Joachim, Die Bedeutung der Entsorgung- und der Schwimmschalterentscheidung des Bundesgerichtshofs für das Produkthaftungsrecht, BB 1979, S. 1–11.

Schmitz, Alexandra, Aktuelles zum Kursbetrug gemäß § 88 BörsG – Zugleich eine Besprechung des Urteils des LG Augsburg v. 24.9.2001 – 3 O 4995/00, wistra 2002, S. 208–213.

Schmoeckel, Mathias/Rückert, Joachim/Zimmermann, Reinhard, Historisch-kritischer Kommentar zum BGB, Band II Schuldrecht Allgemeiner Teil, 1. Teilband (§§ vor 241–304), Tübingen 2007 [zitiert als *Bearbeiter*, in: HKK zum BGB].

Schmolke, Klaus Ulrich, Die Haftung für fehlerhafte Sekundärmarktinformationen nach dem „IKB"-Urteil des BGH, ZBB 2012, S. 165–178.

Schmolke, Klaus Ulrich, Private Enforcement und institutionelle Balance – Verlangt das Effektivitätsgebot des Art. 4 Abs. 3 EUV eine Schadensersatzhaftung bei Verstoß gegen Art. 15 MMVO?, NZG 2016, S. 721–728.

Schmundt, Wilhelm, Wenn Reden Gold ist: Der richtige Umgang mit aktivistischen Investoren, M&A Review, Heft 06/2016, S. 204–210.

Schneider, Dieter, Wider Insiderhandelsverbot und die Informationseffizienz des Kapitalmarkts, DB 1993, S. 1429–1435.

Schneider, Sven H., Selbstbefreiung von der Pflicht zur Ad-hoc-Publizität, BB 2005, S. 897–902.

Schneider, Uwe H., Aktienoptionen als Bestandteil der Vergütung von Vorstandsmitgliedern, ZIP 1996, S. 1769–1776.

Schoch, Friedrich, Individualrechtsschutz im deutschen Umweltrecht unter dem Einfluß des Gemeinschaftsrechts, NVwZ 1999, S. 457–467.

Schockenhoff, Martin, Geheimhaltung von Compliance-Verstößen, NZG 2015, S. 409–419.

Schönhöft, Andreas M., Die Strafbarkeit der Marktmanipulation gemäß § 20a WpHG, Frankfurt am Main 2006 (zugl. Diss. Augsburg 2006).

Schröder, Christian, Handbuch Kapitalmarktstrafrecht, 3. Auflage, Köln 2015.

Schröder, Oliver, Unternehmenspublizität und Kapitalmärkte, Baden-Baden 2002 (zugl. Diss. Heidelberg 2001).

Schubert, Jens M., Punative Damages – Das englische Recht als Vorbild für das deutsche Schadensrecht? JR 2008, S. 138–143.

Schur, Wolfgang, Die Verknüpfung wechselseitiger Leistungen, JuS 2006, S. 673–679.

Schuster, Gunnar, Kapitalmarktrechtliche Verhaltenspflichten von Organmitgliedern am Beispiel des § 15a WpHG, ZHR 167 (2003), S. 193–215.

Schwark, Eberhard, Anlegerschuz durch Wirtschaftsrecht, München 1979 (zugl. Habil. Bonn 1977).

Schwark, Eberhard, Kurs- und Marktmanipulation, in: *Ekkenga, Jens/Hadding, Walther/Hammen, Horst* (Hrsg.), Festschrift für Siegfried Kümpel zum 70. Geburtstag: Bankrecht und Kapitalmarktrecht in der Entwicklung, Berlin 2003, S. 485–499.

Schwark, Eberhard/Zimmer, Daniel, Kapitalmarktrechtskommentar, 4. Auflage, München 2010 [zitiert als *Bearbeiter*, in: Schwark/Zimmer, KmRK].

Seibt, Christoph H., Europäische Finanzmarktregulierung zu Insiderrecht und Ad hoc-Publizität, ZHR 177 (2013), S. 388–426.

Seibt, Christoph H./Cziupka, Johannes, Rechtspflichten und Best Practices für Vorstands- und Aufsichtsratshandeln bei der Kapitalmarktrecht-Compliance, AG 2015, S. 93–109.

Seibt, Christoph H./Wollenschläger, Bernward, Revision des Europäischen Transparenzregimes: Regelungsinhalte der TRL 2013 und Umsetzungsbedarf, ZIP 2014, S. 545–554.

Seibt, Christoph H./Wollenschläger, Bernward, Revision des Marktmissbrauchsrechts durch Marktmissbrauchsverordnung und Richtlinie über strafrechtliche Sanktionen für Marktmanipulation, AG 2014, S. 593–608.

Semler, Johannes, Rechtsvorgabe und Realität der Organzusammenarbeit in der Aktiengesellschaft, in: *Schneider, Uwe H./Hommelhoff, Peter/Schmidt, Karsten/Timm, Wolfram/Grunewald, Barbara/Drygala, Tim* (Hrsg.), Festschrift für Marcus Lutter zum 70. Geburtstag, Köln 2000, S. 721–734.

Senge, Lothar (Hrsg.), Karlsruher Kommentar zum Gesetz über Ordnungswidrigkeiten, 4. Auflage, München 2014 [zitiert als *Bearbeiter*, in: Karlsruher Kommentar zum OWiG].

Siebold, Hanns Christoph, Das neue Insiderrecht, Berlin 1994 (zugl. Diss. Münster 1994).

Soergel, Hans Theodor, Kommentar zum Bürgerlichen Gesetzbuch, Band 2 Allgemeiner Teil 2 (§§ 104–240), 13. Auflage, Stuttgart 1999 [zitiert als *Bearbeiter*, in: Soergel, BGB].

Soergel, Hans Theodor, Kommentar zum Bürgerlichen Gesetzbuch, Band 3/2 Schuldrecht 1/2 (§§ 243–304), 13. Auflage, Stuttgart 2014 [zitiert als *Bearbeiter*, in: Soergel, BGB].

Soergel, Hans Theodor, Kommentar zum Bürgerlichen Gesetzbuch, Band 12 Schuldrecht 10 (§§ 823–853, ProdHG, UmweltHG), 13. Auflage, Stuttgart 2005 [zitiert als *Bearbeiter*, in: Soergel, BGB].

Sommer, Ulf, Am Würstchenbüffet abgehängt, Handelsblatt print, Nr. 126 vom 4.7.2016, S. 22.

Sorgenfrei, Ulrich, Zum Verbot der Kurs- oder Marktmanipulation nach dem 4. Finanzmarktförderungsgesetz, wistra 2002, S. 321–331.

Spindler, Gerald, Finanzanalyse vs. Finanzberichterstattung: Journalisten und das AnSVG, NZG 2004, S. 1138–1147.

Spindler, Gerald, Haftung für fehlerhafte und unterlassene Kapitalmarktinformation – ein (weiterer) Meilenstein, NZG 2012, S. 575–579.

Spindler, Gerald, Persönliche Haftung der Organmitglieder für Fehlinformationen des Kapitalmarkts – de lege lata und de lege ferenda, WM 2004, S. 2089–2098.

Spindler, Gerald/Stilz, Eberhard (Hrsg.), Kommentar zum Aktiengesetz, I. Band (§§ 1–149), 3. Auflage, München 2015 [zitiert als *Bearbeiter*, in: Spindler/Stilz, AktG].

Stadler, Wilfried (Hrsg.), Die neue Unternehmensfinanzierung, Frankfurt am Main 2004 [zitiert als *Bearbeiter*, in: Stadler, Unternehmensfinanzierung].

Staudinger, Julius von/Hager, Johannes (Begr.), J. von Staudingers Kommentar zum Bürgerlichen Gesetzbuch: Staudinger BGB, Buch 2 (Recht der Schuldverhältnisse: §§ 249–254 (Schadensersatzrecht)), Neubearbeitung Berlin 2017 [zitiert als *Bearbeiter*, in: Staudinger, BGB].

Staudinger, Julius von/Hager, Johannes (Begr.), J. von Staudingers Kommentar zum Bürgerlichen Gesetzbuch: Staudinger BGB, Buch 2 (Recht der Schuldverhältnisse: §§ 823 A-D (Unerlaubte Handlungen 1 – Teilband 1)), 15. Auflage, Berlin 2016 [zitiert als *Bearbeiter*, in: Staudinger, BGB]. Erscheint erst im Nov.

Staudinger, Julius von/Hager, Johannes (Begr.), J. von Staudingers Kommentar zum Bürgerlichen Gesetzbuch: Staudinger BGB, Buch 2 (Recht der Schuldverhältnisse: §§ 823 E-I, 824, 825 (Unerlaubte Handlungen 1 – Teilband 2)), 14. Auflage, Berlin 2010 [zitiert als *Bearbeiter*, in: Staudinger, BGB].

Steinhauer, Carsten, Insiderhandelsverbot und Ad-hoc-Publizität, Baden-Baden 1999 (zugl. Diss. Freiburg 1999).

Streinz, Rudolf, Europarecht, 10. Auflage, Heidelberg 2016.

Strumpf, Gerrit Hellmuth, The Never Ending Story? Schadensersatzansprüche unmittelbar und mittelbar Geschädigter bei Kartellverstößen, Forum Mergers & Aquistions 2012, S. 163–207.

Thaler, Christian, Sanktionen bei Marktmissbrauch – Marktmanipulation, Insiderhandel und Ad-hoc-Publizität, Wien 2014 (zugl. Diss. Wien 2012) [zitiert als *Thaler*, Sanktionen bei Marktmissbrauch].

The High-Level Group on Financial Supervision in the EU, Chaired by Jacques de Larosière, Report, Brüssel 2009, abrufbar unter: http://ec.europa.eu/internal_MMVOket/finances/docs/de_larosiere_report_en.pdf (zuletzt abgerufen am 21.4.2017).

Tippach, Stefan U., Das Insider-Handelsverbot und die besonderen Rechtspflichten der Banken, Köln 1995 (zugl. Diss. Bonn 1995).

Tountopoulos, Vassiliios D., Market Abuse and Private Enforcement, ECFR, 2014, S. 297–332.

Ulmer, Peter, Anmerkung zum Beschluss des BGH vom 1.3.1993 – II ZR 292/91, ZIP 1993, S. 769–772.

Veil, Rüdiger, Die Ad-hoc-Publizitätshaftung im System Kapitalmarktrechtlicher Informationshaftung, ZHR 167 (2003), S. 365–402.

Veil, Rüdiger/Brüggemeier, Alexander, Kapitalmarktrecht zwischen öffentlichrechtlicher und privatrechtlicher Normdurchsetzung in Deutschland, in: *Fleischer, Holger/Kalss, Susanne/Vogt, Hans-Ueli* (Hrsg.), Enforcement im Gesellschafts- und Kapitalmarktrecht 2015, Tübingen 2015, S. 277–309.

Veil, Rüdiger/Lerch, Marcus P., Auf dem Weg zu einem Europäischen Finanzmarktrecht: die Vorschläge der Kommission zur Neuregelung der Märkte für Finanzinstrumente, WM 2012, S. 1557–1565.

von der Linden, Klaus, Das neue Marktmissbrauchsrecht im Überblick, DStR 2016, S. 1036–1041.

Votsmeier, Volker/Bognanni, Massimo, Der Albtraum kehrt zurück, Handelsblatt print, Nr. 97 vom 23.5.2016, S. 32.

Votsmeier, Volker/Dörner, Astrid/Menzel, Stefan, VW droht nächste Milliardenlast, Handelsblatt print, Nr. 137 vom 19.7.2016, S. 18.

Waas, Bernd, Zum Anwendungsbereich des § 278 BGB im Verhältnis von Werkunternehmer und Besteller, VersR 1999, S. 1202–1208.

Wackerbart, Ulrich, Investorvertrauen und Corporate Governance, ZGR 2005, S. 686–725.

Wagner, Gerhard, Neue Perspektiven im Schadensersatzrecht – Kommerzialisierung, Strafschadensersatz, Kollektivschaden, Gutachten A für den 66. Deutschen Juristentag, München 2006, S. A5–A135.

Wagner, Gerhard, Prävention und Verhaltenssteuerung durch Privatrecht – Anmaßung oder legitime Aufgabe?, AcP 206 (2006), S. 352–476.

Wagner, Gerhard, Präventivschadensersatz im Kontinental-Europäischen Privatrecht, in: *Apathy, Peter/Bollenberger, Raimund/Bydlinski, Gert Iro/Karner, Ernst/Karollus, Martin* (Hrsg.), Festschrift für Helmut Koziol zum 70. Geburtstag, Wien 2010, S. 925–942.

Wahner, Theodor R. M., Zivilrechtlicher Anlegerschutz in der Marktmissbrauchsverordnung, Hamburg 2017 (zugl. Diss. Hannover 2017).

Waldhausen, Stephan, Die ad-hoc-publizitätspflichtige Tatsache, Baden-Baden 2002 (zugl. Diss Bochum 2001).

Walla, Fabian, Die Konzeption der Kapitalmarktaufsicht in Deutschland, Baden-Baden 2012 (zugl. Diss. Hamburg 2011).

Waschkeit, Indre, Marktmanipulation am Kapitalmarkt, Baden-Baden 2007 (zugl. Diss. Hamburg 2005).

Weber, Martin, Die Entwicklung des Kapitalmarktrechts 2001/2002, NJW 2003, S. 18–26.

Weber, Ulf Andreas, Das neue deutsche Insiderrecht, BB 1995, S. 157–166.

Weichert, Tilman, Der Anlegerschaden bei fehlerhafter Kapitalmarktpublizität, Baden-Baden 2008 (zugl. Diss. Augsburg 2007).

Weimann, Stephan, Insiderrechtliche Aspekte des Anteilserwerbs, DStR 1998, S. 1556–1561.

Weiss, Susanne/Buchner, Markus, Wird das UMAG die Haftung und Inanspruchnahme der Unternehmensleiter verändern?, WM 2005, S. 162–171.

Weitnauer, Wolfgang, Haftung für die Außendarstellung des Unternehmens, DB 2003, S. 1719–1725.

Wendehorst, Christiane, Anspruch und Ausgleich, Tübingen 1999 (zugl. Habil. München 1998).

Werner, Kai, Ein Publizitätskonzept, Berlin 2011 (zugl. Diss. Freiburg 2010).

Weyer, Hartmut, Schadensersatzansprüche gegen Private kraft Gemeinschaftsrecht, ZEuP 2003, S. 318–344.

Weyer, Hartmut, Zu den zivilrechtlichen Folgen eines Verstoßes gegen das Kartellverbot des EG Art. 81, GRUR Int 2002, S. 57–60.

Widder, Stefan/Bedkowski, Dorothea, Ad-hoc-Publizität im Vorfeld öffentlicher Übernahmen – Kritische Überlegungen zu § 15 WpHG im übernahmerechtlichen Kontext, BKR 2007, S. 405–409.

Wilhelm, Jan, Kapitalgesellschaftsrecht, 3. Auflage, Berlin 2009.

Wilhelmi, Rüdiger, Risikoschutz duch Privatrecht, Tübingen 2009 (zugl. Habil. Tübingen 2007).

Wilsing, Hans-Ulrich/Goslar, Sebastian, Ad-hoc-Publizität bei gestreckten Sachverhalten – Die Entscheidung des EuGH vom 28.6.2012, C-19/11, „Geltl", DStR 2012, S. 1709–1713.

Windbichler, Christine, Zur Trennung von Geschäftsführung und Kontrolle bei amerikanischen Großgesellschaften, ZGR 1985, S. 50–73.

Witt, Carl-Heinz, Aus- und Einbaukosten in der Sachmängelhaftung bei einem Kaufvertrag zwischen Unternehmern, NJW 2014, S. 2156–2158.

Wolf, Martin, Die Haftung des Werkunternehmers für Lieferantenverschulden, ZIP 1998, S. 1657–1663.

Wu, Hsiu-Kwang, An Economist Looks at Section 16 of the Securities Exchange Act of 1934, Columbia Law Review, Vol. 68 No. 2 (1968), S. 260–269.

Wundenberg, Malte, Perspektiven der privaten Rechtsdurchsetzung im europäischen Kapitalmarktrecht, ZGR 2015, S. 124–160.

Würdinger, Markus, Doppelwirkungen im Zivilrecht: Eine 100-Jährige juristische Entdeckung, JuS 2011, S. 769–774.

Zetzsche, Dirk, Der Einfluss des Europäischen Wirtschaftsrechts auf das Deliktsrecht, ZHR 179 (2015), S. 490–526.

Zetzsche, Dirk, Insider-Information beim verdeckten Beteiligungsaufbau („Anschleichen") mittels Total Return Swaps?, AG 2015, S. 381–388.

Zimmer, Daniel/Höft, Jan, „Private Enforcement" im öffentlichen Interesse?, ZGR 2009, S. 662–720.

Ziouvas, Dimitris, Das neue Recht gegen Kurs- und Marktpreismanipulation im 4. Finanzmarktförderungsgesetz, ZGR 2003, S. 113–146.

Zöttl, Johannes, Anmerkung zu einer Entscheidung des EuGH vom 05.06.2014 (C-557/12; EuZW 2014, 586) – Zur Frage der Schadensersatzhaftung bei Kartellverstößen, EuZW 2014, S. 588–589.

Zumbansen, Peer/Lachner, Constantin, Die Geheimhaltungspflicht des Vorstands bei der Due Diligence: Neubewertung im globalisierten Geschäftsverkehr, BB 2006, S. 613–618.

www.ingramcontent.com/pod-product-compliance
Ingram Content Group UK Ltd.
Pitfield, Milton Keynes, MK11 3LW, UK
UKHW021235031026
15588UKWH00001B/94